东北师范大学教育科学

博士论文文库

DONGBEI SHIFAN DAXUE JIAOYU KEXUE
BOSHI LUNWEN WENKU

儿童观及其
时代性转换

● 姚 伟 ∥著

ERTONGGUAN JIQI
SHIDAIXING
ZHUANHUAN

东北师范大学出版社
长 春

图书在版编目（CIP）数据

儿童观及其时代性转换/姚伟著. —2 版. —长春：
东北师范大学出版社，2015.3（2024.8重印）
ISBN 978 - 7 - 5681 - 0336 - 7

Ⅰ.①儿…　Ⅱ.①姚…　Ⅲ.①儿童教育—研究　Ⅳ.G61

中国版本图书馆 CIP 数据核字（2015）第 280599 号

□责任编辑：吴东范　　□封面设计：李冰彬
□责任校对：王　红　　□责任印制：刘兆辉

东北师范大学出版社出版发行
长春净月经济开发区金宝街 118 号（邮政编码：130117）
网址：http：//www.nenup.com
东北师范大学出版社激光照排中心制版
河北省廊坊市永清县晔盛亚胶印有限公司
河北省廊坊市永清县燃气工业园榕花路 3 号（065600）
2015 年 3 月第 2 版　2024 年 8 月第 3 次印刷
幅面尺寸：170mm×227mm　印张：16.25　字数：228 千

定价：48.00 元

东北师范大学教育科学博士文库
顾问委员会
（以姓名笔画为序）

儿童 —— 一个仍待揭开的奥秘（代序）

作为"人之初"的真实存在，儿童是什么？这似乎已成为不是问题的问题。可是，稍较真地问一下，儿童究竟是什么，却真的成了问题。对这个问题，不论每个儿童自己和同辈，每个从童年走过来的人，还是每个将儿童作为交往对象的人，特别是将儿童作为研究对象和教育对象的人们，他们或凭"内省"和日常感觉的描绘，或靠不同样本的调查，或据某项生理学、心理学实验和教育改革实验的报告，或据某种哲学思维的推导，都形成了自己的答案。历史和现实诸多答案表明，不论这些答案被认为是模糊的还是精确的，是正确的还是错误的，是局部的还是普适的，总的看来，仍处于见智见仁、众说纷纭的状态，迄今仍难达成高度的共识。长期以来，本人虽对这个问题有浓厚的兴趣，可是也陷入了说不准、剪不断、理还乱的困境。也许正是这个困惑和上下求索，迫使我悟出一种愚见，即人是至今各门相关科学仍未揭开的奥秘。而作为"人之初"的儿童亦然成了这个奥秘中的奥秘。

古往今来，人们出于对儿童的各种需要，对儿童奥秘的探索从未中断，各种儿童观的博弈嬗变也从未停息。当今世界，人类社会进入新一轮时代的转型期，对儿童奥秘的探索和儿童观的更新也带来更多更严峻的挑战。人们在应对诸多新挑战中，确实窥视到一些符合以人为本和谐发展的儿童存在的奥秘，为新时代新儿童观的形成提供了丰富的思想资源。不过，我们也应同时看到，在新的挑战面前，"迷茫"现象大量涌现。仅从与儿童观关联最紧密的亲子关系和师生关系来看，诸如：既把儿童看做玩偶、宠物、宝贝、小皇帝、小公主、小贵族，同时又视为使役无限的小奴隶，"知识袋""美德袋""摘星手"，暴利无限的"原始股"和"摇钱树苗"；更为忧患的，视为永远还不完债的小债主、寄生虫，攀比与暴力者，身缠百病的病原体、原罪源，小冤家、小敌人。这些现象既是当今负面儿童观的具体表现，又是其形成的现实资料源。作为新时代的新现象，既不能怪罪儿童，也不能完全怪罪成人，而是新的社会转型期人的异化表象之一。

从背景意识探视，在新的社会转型期，儿童观的多元化、正负面同在的背后，存在着经济、政治、法制、文化、宗教、科技、家庭、社区、人口、就业、自然环境、教育、生活方式、信息网络时空等交织速变的有形和无形的影响。如果再深一层地探寻，更会看到各种自然科学和人文社会科学中的相关"新论"的影响。诸如中国传统文化中的儒家、道家、民俗思想，中外各色遗传决定论（特别是先天潜能无限论、基因预定论和为己论、血型性格论、特长细胞论等），神造设计论和天命论，天赋个体权利无限论和选择绝对自由论，自我建构生成论，利益个体和利益群体的各种需要膨胀论、博弈论、和谐论，人类学的代沟论、文明冲突论、优胜劣汰论、新的教育万能论和无用论，等等，都无不直接或间接地影响儿童观和教育观的形成和变异。

前述种种只表明，人（含儿童）的奥秘并不神秘，奥秘有其复杂的成因，而且是可认识的。只是相关科学的发展水平尚未达到可提供揭开人之奥秘的有效手段而已。如果说人的奥秘完全揭开之日很难预测，那么是否可以说"要教育人首先要了解人"这条教育"金规"就成了虚妄之言或"罢教"之理呢？我认为不能这样机械理喻。人类教育的成功经验表明，在教育行动开始之前，如能对受教育者有所了解，当然有助于有的放矢，提高效率，避免对牛弹琴。这种事前的了解虽然很难做到彻底，但力争做一些还是可能的。再看在教育行动过程中，边教育边了解，边应用边积累，也是可行的。尽管如此，也难以解决"要教育人首先要了解人"和不了解人也可以开始教育行动这对矛盾。这是教育学上的一个较大的悖论。

人类的教育活动一直在这条悖论的夹缝中忍受着盲目、单向、低效的烦恼度日。不过令人欣慰的是，人们在教育行动前后总是想方设法对受教育者多些了解，并将粗略的了解记录传递给后来的教育者，成为他们在教育之前了解受教育者的可贵资源。更令人欣慰的是，从教育进入近现代社会以来，在教育之前，为了解儿童世界，不仅在人类学、医学、心理学、伦理学、社会学、法学等多门学科中设置了儿童专项或亚层次专门学科，而且在教育学科群中，也较早地将儿童教育学作为独立分支学科。人类对儿童世界专门提前研究的成果，为教育者按"要教育人首先要了解人"这条教育"金规"开始教育活动提供了良好条件。实事求是地说，迄今的儿童科研成果与彻底揭开儿童奥秘的目标还相当遥远，但毕竟为缓解上述那条教育悖论增添了若干弥合剂。儿童学的研究功不可没。

恰逢儿童科学兴旺之际，东北师范大学姚伟教授的《儿童观及其时代性转换》专著即将付梓，由于本人与作者在同一个单位工作，有幸先目睹书稿。从概览中粗识这本专著是作者在其博士论文基础上，经过继续钻研补充而成的一项新成果。成果显示了作者对儿童和儿童教育事业怀有浓厚的人文关怀精神和强烈的社会责任感，才勇于选择了这个极为敏感、难度较大和具有奠基性的课题。这项研究从人文哲学角度，史论结合，博采众长，又走向时代发展挑战的前沿，紧紧围绕儿童发展的自然属性、社会属性和法权属性，为构建科学儿童观的理论体系，进行了开拓性的探讨，提出许多独到的学术见解，为儿童学的发展输入了新鲜血液。如果这项成果能给儿童学、儿童教育理论的研究和实践带来导向性的启迪，当然是关注者所乐见的。

　　说实话，儿童教育不是本人的直接专业，又因年老智衰，难能对本书作出专业性的、全面准确的中肯评价，只能分享作者的成果和学术劳动的美乐。我在本文中多说了些"序"外话，只是想借机宣泄本人长期以来对人和人之初的儿童之奥秘所积淀的一些忧思。好在"借序言己"已不乏先例，希望得到谅解。

　　最后还想说，学无止境，世上任何一项公认的学术精品，都难达到"天衣无缝"和真理的终点，本书关于科学儿童观的一家之言亦不例外。书中的长和短，相信读者会自有评论，也相信作者本人会虚心听取来自各方面的意见，并能吸引更多关注者共同参与这个课题的后续研究，不断攀登高峰。

引　言

一

随着现代社会的不断发展和终身教育思想的提出，儿童和儿童教育问题成为全球性的热点问题。"为了孩子要保护好我们的地球"，"让每个孩子都受到教育"，"倾听孩子的声音"成为联合国舞台上的声音。我国改革开放之后，随着社会的持续发展和人们生活水平的不断提高，儿童教育，尤其是儿童早期教育越来越受到社会和家庭的关注。二十世纪七十年代末到八十年代初，在四个现代化建设的热潮中，改革开放中的中国人从介绍国外早期教育重要性的研究文章中，在对独生子女的加倍珍惜和望子成龙的期望中，开始重视儿童的早期教育，并形成"早期教育热"，可以说这种热潮一直持续到今天。

在热潮中，我国早期教育的理论与实践经历着艰难的探索过程，其中，有幼儿教育事业的不断发展，有幼儿教育研究的不断进步，同时也有由于体制改革带来的幼教事业的滑坡，更有商家利用人们浮躁的心态所引发的"不让孩子输在起跑线上"的残酷的竞争。

作为一名从事儿童教育事业的人，我深切地体会着改革开放以来，儿童早期教育的重要性逐渐被社会认可和重视，深切感受着每个家庭对独生子女的高期望和面对众多早期教育项目与宣传的迷茫与无奈。我也在幼儿园教育实践的观察中，同情着今天所谓"幸福的一代"的生活质量。一个四岁男孩在幼儿园"我最希望发生的事情"的谈话活动中说："我最想让我家的钢琴被人偷走了，我就不用再练琴了。"有的幼儿园从小班开始进行抽象数学知识的教学，把对孩子没有意义的抽象知识灌输给孩子。许多幼儿园老师对"不听话"的孩子的态度就是严厉批评，冷面相对。……面对儿童早期教育中存在的种种问题，我在努力寻找着答案，探寻其背后的思想根源，并开始对影响教师与家长教育行为的儿童观问题产生越来越浓厚的兴趣。

带着这种思考，我开始了攻读博士学位的研究与学习。在导师王逢贤教授充满人生智慧、以教育学的视角审视一切现实的高屋建瓴的指导与点拨下，在教育基本理论层面研究儿童观的价值跃然而出，当前教育中存在的种种问题，都可以找到其行为背后的思想根源——把儿童看做什么。关于人的哲学研究更开阔了我的视野。哲学一直是我喜欢的学科，我拜读了高清海先生的著作，还有幸亲耳聆听了先生的讲座，人学研究的视域让我对儿童和儿童观的研究上了一个新台阶，也让我对人、人的价值、人生的意义有了新的思考。在高扬的人文精神的旗帜下，在充满人文关怀的视域中，以哲学的反思方法为主要研究方法，以逻辑与历史相统一为基本研究原则，在综合相关学科研究成果的基础上，儿童的形象越来越突出，越来越丰富。

二

对于"儿童是什么"这一问题，每个人都有自己的问答，"儿童是花朵"、"儿童是未来"、"儿童是希望"、"儿童是种子"、"儿童是天真的孩童"、"儿童是可爱的小孩"……也许因为每个人都曾经历过难忘的童年，也许因为我们会成为一个儿童的父亲或母亲，也许我们一生中不可避免地带着童年表现最明显的游戏之心，也许因为我们作为教育者，每天都在面对儿童的种种表现，所以我们总是以为自己天经地义地知道什么是儿童，而往往忽略了对"儿童本身是什么"的进一步追问，忽略了寻找儿童本真的意义。

从二十世纪八十年代开始，我国教育改革的步伐从未停止过。随着教育改革的不断深入，教育理论与实践的探索从关注教育内容的更新与教学方法的改革，转向研究儿童，研究如何激发儿童学习的积极性、主动性和创造性。在实践中，人们逐渐认识到落后的观念是落后的教育的根源所在，是教育改革与发展的障碍所在。教育现代化的核心是教育观念的现代化，没有教育观念的转变，就没有真正意义上的教育现代化，而教育观念体系中儿童观和教育观的转变是关键。

儿童观作为对儿童总的看法与观点，是建构教育理论的基础，是进行教育实践的前提。在我国的教育学体系中，没有关于"儿童"的命名研究，有的是"受教育者"、"教育对象"、"学生"。"儿童"在我们的教育里是以概念化的形式出现的，而不是以本真生命状态形式出现。儿童教育总是按照事先设定的儿童该怎样成人和儿童该成为什么样的人的模式去实施影响，在按照标准去塑造儿童的过程中，作为儿童的真正意义在塑造性的教育中失落了。尽管联合国的《儿童权利公约》、我国的《未成年人保护法》和《90年代中国儿童发展规划纲要》等法律文件明确了儿童应享有的社会地位和权利，尽管在公众的意识中，儿童被看做"祖国的花朵"、"民族的未来"，在教育中也提倡热爱儿童，尊重儿童，按儿童发展的规律教育儿童，儿童观的问题看似已经解决了。但实际上，教育中落后的"国本位"、"家本位"、"成人本位"的儿童观依然存在，突出表现在：把儿童期看做成人生活的准备时期，强迫儿童牺牲今天的幸福去为未来作准备；把儿童视为实现成人未了心愿的工具，否认儿童期自身的价值；不承认儿童有自己的生活世界，强迫儿童去适应成人的规则与环境；在教育教学中把儿童看做任意填充的容器，是有待标准化加工的零件，是分数的奴隶，儿童的生命情感、需要、个性统统成为了牺牲品。由落后的儿童观所产生的"异化"教育，完全背离了儿童教育丰富生命内涵、提升生命境界的意义，不仅严重影响着儿童的身心健康，也影响着中华民族整体素质的提高和文化的可持续发展。"更新教育观念"、"转变儿童观"成为有志于教育改革人士的共同追求。

分析与反思教育中存在的种种问题，可以看到，不仅关于儿童的理论没有在实践中发挥其应有的指导作用，而且对儿童观的理论研究并不十分充分，教育理论与实践的发展迫切要求对儿童观这一教育基本理论问题给予深入的研究与理论阐述。构建新世纪教育需要以新的教育观念的构建为起点，儿童观的时代性转换与构建是时代发展的必然要求，对儿童观问题的理论研究是构建新的教育理论大厦的基础工程，任重而道远。

儿童观是在哲学层面上对儿童这一生命存在的认识与观照。儿童观是人观的缩影，对儿童的认识就是对人类自身的认识，对儿童的看法反映着一个时代、一种文化对个体人的地位和价值的基本认识。梳理教育领域中儿童观演进的历史、构建面向未来并体现时代精神的儿童观，是人类自我意识发展成熟的表现，对儿童认识的时代性转变表征着人类对自身认识的深化。

海德格尔指出，只有人关心存在的意义，追问自己为什么存在，应该如何存在。当人询问"在"的时候，人已经"栖息于"对"在"的某种理解之中。儿童的生命是人的生命的第一乐章，人类对自身的认识自然地包括对"人之初"的认识。人类渴望了解自己，不断寻求自身存在的意义，这意义的寻求必然包括对自己过去的追问，也必然包括对自己曾经岁月的回首，因为这构成人存在意义不可缺少的一部分。对儿童的理解就是对人自身的理解，对儿童的认识就是对自我的追寻。认识儿童是我灵魂深处的信念使然，认识儿童是对人生存意义的终极性关怀与追问。在"以人为本"的时代精神的感召下，笔者满怀着对儿童、对生活的无限热爱和对美好未来的憧憬，用自己微薄之力展开了探索儿童、儿童观的漫漫里程。

目　　录

第一章

儿童观的立论起点
与研究方法

当我们正在思的时候，我们渐知去思意味着什么。但是，如果我们的努力是卓有成效的，那么，我们就必须准备学习思。

一旦我们让自己涉身这样的学习，我们就已经承认自己还无能去思。

最激发思想的事是我们至今还不思——甚至还尚未思。

——海德格尔

　　古希腊神话传说中有这样一个故事：在遥远的古代，忒拜城附近的山崖上盘踞着一个名叫斯芬克斯的狮身怪兽，它扼守着通向忒拜城的道路。斯芬克斯有一个谜语，无论什么人，要想通过就必须猜出那个谜语，否则就被吃掉。许多人都被她的谜语难住了，直到忒拜的英雄俄狄浦斯揭开这个谜语。谜语是：有种东西，早晨用四条腿走路，中午用两条腿走路，傍晚用三条腿走路。答案是人。早晨象征生命的初期，人在婴儿时期匍匐爬行；中午象征着生命的青壮年，此时，身体强壮，两脚步行；晚上象征着生命的衰老期，须拄杖而行。谜语解开了，怪兽羞愧跳崖而死。从此，通往忒拜城的路被打开了。在古希腊的神庙里也镌刻着这样的格言:"认识你自己。"无论是神话中的斯芬克斯之谜,还是神庙的警言,都表达了人类了解自身的渴求。从古到今,无论西方和东方,人类对自身的认识从没有停止过。为了认识世界,为了塑造自身,为了创造未来,人类在不懈地努力着。

对儿童的认识与人类对自身的认识一样久远,一样来自于人类自身的需要。儿童具有超越文化和时代的意义,儿童是未被社会污染或较少受污染的纯洁的人,西方文化中孩子的天使形象和中国文化中对孩子"童心"、"天真无邪"的描述,都表现了对儿童纯洁性的想象与向往;所有的人都曾经是儿童,孩童世界是成年人心灵的故乡;儿童作为延续人类生命的载体,是人们慈爱的对象,也是人类生命力和未来希望的象征。尼采认为理想的人生境界应该是:最初表现为骆驼的形态,其特质是忍耐;随后骆驼会在千里沙漠的负重行旅中,突然变成狮子,其精神特征是战斗的勇气;不过,就是这种狮子也还有不足,它在什么时候一定要变成"幼儿"。尼采这里所讲的"幼儿"就是指幼儿的心性,这种心性能够完全天真无邪地开创一切。童年的天真活泼,童年的纯真无邪,童年的无忧无虑,童年的生机勃勃,构成可贵的童心、童趣,飞翔的童心是追求上进风貌的铺垫,自由的想象是未来创造的萌芽。"童年的人性得到充分发展的某些成人身上,保有着另一个自己,童年的自己。"①

童年是我们生命的根基,认识儿童就是认识人类自身。对儿童的认识与理解水平代表着人类对自身认识的水平。随着人类自我意识的不断成熟,主体性的不断增强,对儿童的认识不断有新的视角与深度。

一、认识儿童就是认识人类自身——认识儿童的动因

只有意识到自己、理解自己的生命才是成熟的生命。认识儿童、理解儿童是人类理解自身、发现自身的过程,是人类体验生命、感悟生命

---

① 朱自强.儿童文学的本质.北京:少年儿童出版社,1997:76.

的过程，是培养人的教育活动的使命和出发点。我们是意识到自己，渴望了解自己的过去、现在和将来的存在；我们身在儿童教育之中，理解儿童是儿童教育的基础和起点；我们都从童年走来，向未来走去，认识儿童就是认识我们人类自身。"即使对教育史作粗略考察的人也几乎不会忽视这一点：关于人的本质、人的命运、人的行为动力和目的以及人的发展规律等见解从一开始就对教育思想有着重要作用，不管教育工作者和教育理论家是从宗教、神学、哲学或其他科学和社会生活中接受这方面学说的，还是从其本身经验和独立思考中获得这方面认识的。人们可能会同博尔诺夫（O. F. Bollnow）一致地相信：每一种教育学体系都产生于'某种关于人的完全确信的观念'，这种观念乃是'产生一切个别思想并使它们相互联系在一起'的统一的中心；关于人的这种观念是深入探索教育学学说各种细节'很灵的钥匙'并在某种程度上了解它们纯正风格及其相互关系的内部必然性'很灵的钥匙'。"①

（一）认识儿童是人类自我意识的应有之义

"认识自我乃是哲学探究的最高目标——这看来是众所公认的。在各种不同哲学流派之间的一切争论中，这个目标始终未被动摇过：它已被证明是阿基米德点，是一切思潮的牢固而不可动摇的中心。即使连最极端的怀疑论思想家也从不否认认识自我的可能性和必要性。"② 对"我是谁"、"人是什么"的永恒追问，表达了人类与生俱来的内在要求。思考这些问题正是人与动物的分界线。动物不必问自己是什么，它生来就已经按照物种的规定是它自己了。而人则不同，人必须反思自己，研究自己，了解自己，只有这样，人才能称为人，才能生成为人。"只有人才生活在对于实际的思想传递和传递关系中，换句话说，只有人才处在对

---

① ［奥］茨达齐尔．教育人类学原理．李其龙译．上海：上海教育出版社，2000：20.

② ［德］恩思特·卡西尔．人论．甘阳译．上海：上海译文出版社，1997：3.

实际反思着和反思过的关系中，只有人才有反思性。"①

纵观人类思想史，"人是什么"的问题就像人类的影子一样，与人类形影不离。人类对自身的认识形成了区别于动物的一个重要标志——自我意识，人类自我意识的发展和成熟经历了长期的历史过程。

1．人类自我意识的历史发展

（1）人类自我意识的最初萌发

在古希腊，无论是斯芬克斯之谜的神话故事，还是特尔斐神庙的神谕传说，都象征着人类自我意识的最初觉醒。尽管当时人类关于人自身的思想还是初见端倪，但其影响是长远的，正如马克思所说："在希腊哲学的多种多样的形式中，差不多可以找到以后各种观点的胚胎、萌芽。"②人类自我意识的最初萌发与人类直接依赖自然环境的生活有关，人类在发现外部世界奥秘的同时，也在发现人自身的秘密，因此在当时对人的认识与当时的自然哲学一样，具有朴素的性质。人类最初把人和万物看成天然统一的物质实体，来源于共同的自然物质。古希腊的天文学家和数学家泰勒斯看到万物有生有灭，唯独水一直不变，认为"水是一切的始基"③，人起源于水。另一位著名的唯物主义哲学家赫拉克利特首先做的是"我寻找过我自己"④，他从"万物的始基是火"出发，认为人是火的产物。古希腊哲学家、智者派代表人物普罗塔哥拉提出了"人是万物的尺度，是存在的事物存在的尺度，也是不存在的事物的尺度"⑤的著名命题。尽管这种论断是主观唯心主义的，但它肯定了人的主体地位，强调了人的尊严和价值。

从苏格拉底开始，"人是什么"的问题成为思想者关注的重要问题。

① ［奥］茨达齐尔．教育人类学原理．李其龙译．上海：上海教育出版社，2000：35.

② 马克思，恩格斯．马克思恩格斯选集：第3卷．北京：人民出版社，1995：468.

③ 北京大学哲学系．古希腊罗马哲学．北京：商务印书馆，1961：4.

④ 北京大学哲学系．古希腊罗马哲学．北京：商务印书馆，1961：28.

⑤ 北京大学哲学系．古希腊罗马哲学．北京：商务印书馆，1961：138.

苏格拉底认为人应该"研究自己","了解自己"。他强调人的理性的作用，提出"美德是知识"，"美德是一种善"。他从人体结构和情感心灵等方面揭示了人与动物的区别，但他把这一切归为是神的安排。柏拉图认为人是神按照善的理念创造出来的，他把人的灵魂即人的精神看做独立于人的肉体而永恒存在的一种非常的物质实体。他强调理性的重要意义，认为"符合于理性的生活就是最好的和最愉快的，因为理性比任何其他的东西更加是人的"①，并认为理智、意志和情感是构成人的灵魂的三个组成部分，相对于这三个部分，人有三种美德，即智慧、勇敢和节制，通过教育可以发现和发掘人的天赋特质。亚里士多德以"人类生来就有合群的性情"为基础，提出"人类在本性上，也正是一个政治动物"②，不仅指明了人与动物有区别，而且揭示了人的社会性。他发展了柏拉图的有关思想，认为人的灵魂和肉体互不可分地存在着，就像形式和质料。人的灵魂由三部分构成：植物部分，即身体的生理部分；动物部分，指本能、欲望和情感；理性部分，真正的人性部分，并由此主张进行三种教育——体育、德育和智育，使人得到和谐发展。

人类要认识自身必需的一个前提条件是，人类必须能够自觉地将自身与外部世界区分开。在古希腊和古罗马时期，人类虽然试图从人与动物的区别中探寻人的本质，但还没有把自身作为对象来认识，还没有从根本上确立人本的哲学视界。

在漫长的欧洲中世纪，基督教取得了绝对的统治地位，宗教神学取代了古希腊的传统理性主义哲学。基督教倡导神性，大肆宣扬神道主义、蒙昧主义和禁欲主义，用对上帝的认识代替对人的认识，神学家们把人当做上帝的附属物来论证"人是什么"的问题。基督教心目中的人是上帝创造的，人是罪人，人要靠圣灵而得生，人也要靠圣灵行事，人只有遵从神的旨意，才能进入天国。被基督教会尊称为"教会之父"的奥古斯丁认为，世界上的一切实体都是天主创造的，所以都是好的，都是善

① 北京大学哲学系．古希腊罗马哲学．北京：商务印书馆，1961：328.
② ［古希腊］亚里士多德．政治学．吴寿彭译．北京：商务印书馆，1981：7.

的。作为个人是没有意志自由的，个人只有在上帝恩赐给你时，你才会有意志自由。总之，这一时期人类的自我意识被对神的尊崇所取代，人类将本属于自身本质力量象征的理性抽象化和绝对化，使之成为远离尘世、高于人类并支配人类的上帝，人类则成为上帝在人间的奴隶和工具。人类被自身的理性力量异化了，人被神所湮灭。

（2）文艺复兴"人的发现"

文艺复兴时期，人文主义者的格言是"我是人，人的一切特性我无所不有"。人文主义的基本精神就是弘扬人性论和人道主义，认为人类是自由的，人类只有通过自己才能认识自己。人文主义者坚决反对中世纪的割裂灵魂与肉体、天堂与尘世，并用上帝来统一各种对立的虚幻教条的思想，要求回到现实的人生和自然中来，确立人对自身和世界的主宰地位，将人类本来的面目还给人。"于是人们就来到了这样一个阶段，自己知道自己是自由的，并争取他们的自由得到承认，并且有充分的力量为了自己的利益和目的而活动，精神重又觉醒起来，它能够深入看见自己的理性，就像看见自己的手掌一样。"①著名文化史学家雅各布·布克哈特称这一时期是"人的发现"的时期。

人文主义所提倡的新的人类观认为，宇宙的主宰是人而不是神；人是自然的产物，而不是神的创造；人生的目的是为了现世的幸福，而不是为了死后的永生。人文主义者强调人的价值、人的尊严、人的高贵和伟大，反映了人类自我意识的复兴。人文主义的先驱者，被马克思称为"中世纪的最后一位诗人，同时也是新时代的最初一位诗人"的但丁在其作品中歌颂人的伟大和人的高贵。他提出，人的高贵就在于人类具有天赋的理性和自由意志，具有追求真理和幸福生活的目的。人世间的幸福是人所创造的成果，"人的高贵，就其许许多多的成果而言，超过了天使的高贵"②。人文主义者、荷兰文学家爱拉斯谟在其著作《愚神颂》

---

① ［德］黑格尔．哲学史讲演录：第3卷．贺麟译．上海：商务印书馆，1981：334.

② 北京大学古语系资料组．从文艺复兴到十九世纪资产阶级文学家艺术家有关人道主义人性论言论选辑．北京：商务印书馆，1973：3.

中，借"疯狂"之口，歌颂人性的解放，鼓励人们追求快乐的生活。文艺复兴后期法国著名人文主义者蒙田指出"世界上最重要的事情就是认识自己"①，只有对自己有了正确的认识，才能认识他物。

文艺复兴时期的思想家站在时代的高度，将古希腊对人类理性的认识纳入新的关于现实人的思想体系中，在完整人的基础上全方位揭示和挖掘了人的本性，在更高更广的层次上肯定了人的价值和尊严。文艺复兴时期对"人的发现"是对古希腊关于人的思想的超越，是对人自身进行的总体性理性反思，从总体上确立了人本的哲学视界。

（3）人类自我认识的经验论和唯理论

文艺复兴之后，人类的自我认识和实践活动都有了重要发展，进入了人类历史的一个新时期。一方面由于文艺复兴时期对宗教神学否定人性的无情揭露和批判，使西方长期受压抑的人文精神得以解放；另一方面，西方在天文学、物理学、机械力学等方面取得了新的科学成就，使人类认识自然和改造自然的实践活动进一步展开，人类的主体性不断发展。由于吸收和概括自然科学的研究方法的角度不同，在认识论上形成了不同的派别。"英国唯物主义和整个现代实验科学的真正始祖"②、经验论的创始人弗兰西斯·培根称自己的时代为理性的大复兴时代，新的时代需要新的认识方法，只有以经验为基础的科学方法——归纳法才能给人新的知识，"知识就是力量"。培根对人与自然、人与社会等关系进行了较深刻的论述，指出人要获得对自然的认识，取得改造自然的能力，就要在实践中服从自然。"要控制自然就不得不服从自然"③，不仅人的知识的获得依赖自然，而且人从事实践活动的能力和力量的获得，也依赖于对自然的观察。但人们服从自然不是目的，服从自然的目的在于控制自然，为人类造福。培根强调人对自然必须采取客观科学的态度，同

---

① ［德］恩思特·卡西尔. 人论. 甘阳译. 上海：上海译文出版社，1997：3.
② 马克思，恩格斯. 马克思恩格斯全集：第 2 卷. 北京：人民出版社，1965：163.
③ 北京大学古语系资料组. 从文艺复兴到十九世纪资产阶级文学家艺术家有关人道主义人性论言论选辑. 北京：商务印书馆，1973：75.

时又认定人对自然有能动性。他认为实验比静止的观察优越，因为自然的真相常常要在人的主动干预时才会现露出来。按照培根的观点，人们掌握科学知识不仅能认识自然和改造自然，而且能正确认识自身，"求知可以改进人的天性"，"知识能塑造人的性格"①。英国哲学家洛克系统论证了培根的经验论，认为在人的意识内没有任何天赋观念，人生下来时，其心灵犹如白纸一张，可以在上面任意涂写，人的观念的发生是外部世界作用于人的感官的结果；人的一切认识都是"由感觉"或"从经验"中产生的，也就是从对客观世界的感觉积累而成的。"凡是存在于理智中的，没有不是已存在于感觉中的"②，只有通过感觉获得的知识才是可靠的。受洛克思想的影响，卢梭、裴斯泰洛齐等人重视经验、感觉在教育中的作用。

十七世纪法国杰出的哲学家和数学家笛卡儿以二元论的哲学世界观为指导，提出了人的理性思维的主体性原理，论述了人的精神或思维的本质问题，奠定了近代唯理论的基础。笛卡儿认为，人与其他物的区别是人有思想，能思维，人能凭借知识和理性做出动物和其他事物不能做出的事情。"正因为我清楚地认识到我的存在，同时认识到除了我是一个在思想的东西之外，我觉察不到任何别的东西必然地属于我的本性或我的本质，所以我极其恰当地得出结论说：我的本质只是在于我是一个在思想的东西（或者我是一个仅仅以思想为全部本质或本性的实体）。"③他把人的思维从存在中划分出来，把思维看做比存在更具本原性的东西，认为思维活动是人的能动性的最高抽象形式。他提出的哲学第一原理是"我思故我在"，其含义是：我在认识一切时都可以怀疑它们是否存在，怀疑我对它们的认识是不是幻觉，是否正确，包括我对自己的身体在内也无法确认。但是，我却能肯定我在思维，因为我能够怀疑这件事本身就是一种思维活动，所以我从怀疑一切中就得到了一个最无可怀疑的结

① ［英］培根. 培根论人生. 何新译. 上海：上海人民出版社，1983：12-14.
② ［英］洛克. 人类解释论：上册. 北京：商务印书馆，1991：68.
③ 北京大学哲学系. 十六——十八世纪西欧各国哲学. 关文运译. 北京：商务印书馆，1975：179.

论：我的思维必定是存在的①。笛卡儿的表述充分肯定了人的主体能动性，不仅把自我作为自己哲学体系中的第一概念提出来，而且把自我规定为以思维为根本属性的精神性的实体。由此，教育的目的开始强调人的理性和思维能力的培养，强调使儿童从本能支配行动发展成靠理性支配行动，成为真正的人。

十八世纪法国资产阶级进行了一场反对和推翻封建专制统治的社会革命。法国的启蒙思想家以无神论和唯物主义为特征，继承和发展了英国经验主义的哲学思想，从人的本性出发对人的问题和社会问题进行了影响深远的探讨。启蒙思想家、哲学家伏尔泰从人与动物的比较中强调人的理性和人的社会性。他认为，人与动物相比，人的特点就在于人具有"理性、勤劳的双手，一个能够概括观念的头脑，一套灵活得足以可以表达这些观念的语言"②。启蒙思想家卢梭论证了自由平等是人的自然本性，是不可剥夺的"天赋人权"，以此反对造成人类不平等的封建社会制度。在《社会契约论》中，卢梭指出，"每个人都生而自由、平等"，人与动物的区别在于人是"自由主动者"。法国唯物主义哲学家狄德罗认为："人是一个有感觉的、能反映的、有思想的生物。"③ 因此他特别强调人的价值，认为人是真正的财富。

（4）人类自我认识的理性主义特征

十八世纪末至十九世纪初的德国思想家对人的理性推崇备至，他们认为社会的进步必须依靠理性的改善和知识的增加。他们以提高人的理性为基础来提高人的地位，用理性作为人们评判一切的标准，形成了理性主义哲学思潮。

康德从人性二重论出发，提出人是一个理性的存在者，并以此作为人区别于物并高于物的本质特征。康德认为人既是感性存在者，又是理性存在者。作为感性存在者，人与动物一样受自然界规律的支配；作为理性存在，人以自身"作为目的"而存在着，他已经超越了作为感性存

---

①　杨适．中西人论的冲突．北京：中国人民大学出版社，1997：132.

②　北京大学哲学系．十八世纪法国哲学．北京：商务印书馆，1979：71.

③　周辅成．西方伦理学名著选．北京：商务印书馆，1964：34.

在者的经验世界，只受理性自身所制定的普遍规律制约。"大自然中的无理性者，他们不依靠人的意志而独立存在，所以它们至多具有作为工具或手段用的价值，因此，我们称之为'物'，反之，有理性者，被称为'人'，这是因为人在本性上就是作为目的自身而存在，不能把他只当做'物'看待。"① 康德认为理性具有能动作用，通过这种能动作用，人可以完善自身，"建立自己人类的尊严"，"自己立法"。在康德之后的德国古典哲学，经费希特、谢林，最终在黑格尔的绝对理性哲学中达到了顶峰。黑格尔把整个世界看做"绝对精神"的外化或派生物，把世界的发展变化看做"绝对精神"发展变化的结果，人和动物是"绝对精神"的外在表现。他认为人与动物的本质区别在于，人是动物生命发展的最高阶段，人除了有感觉，还有思维。至此在西方社会，理性开始成为支配一切的上帝，人成为绝对理念实现自己的工具，理性和科学技术的结合所形成的科学理性主义成为西方工业文明的主导文化精神。再加上科学技术的进步带来了社会生产力的迅猛发展，物质财富的不断增加，使人们更加确信科学和理性是能创造一切、解决一切问题的神性力量。可以说，到这个时候，文艺复兴所发现和解放的人开始被理性主义所吞没。

马克思深刻揭示了工业文明条件下工人阶级的劳动异化，并在揭示劳动者和劳动产品的异化基础上，进一步分析了劳动本身的异化和由此导致的人的本质的异化。马克思指出，在私有制社会中劳动者不得不出卖自己的劳动力，从劳动的最开始，劳动就不是自由自觉的劳动，而是被迫的强制劳动，在劳动过程中，"不是自由发挥自己的体力和智力，而是使自己的肉体受折磨，精神遭摧残"②，"只要肉体的强制或其他强制一停止，人们就会像逃避鼠疫那样逃避劳动"③。马克思提出在异化的劳动条件下，劳动中发展起来的人的本质退化了，丧失了，"劳动对工人说

---

① 周辅成. 西方伦理学名著选. 北京：商务印书馆，1964：371.
② 马克思，恩格斯. 马克思恩格斯全集：第42卷. 北京：人民出版社，1979：93.
③ 马克思，恩格斯. 马克思恩格斯全集：第42卷. 北京：人民出版社，1979：93.

来是外在的东西，不属于他的本质的东西；因此，他在自己的劳动中不是肯定自己，而是否定自己，不是感到幸福，而是感到不幸"①。"人只有在运用自己的动物机能——吃、喝、性行为，至多还有居住、修饰的时候，才觉得自己是自由活动，而在运用人的机能时，却觉得自己不过是动物。动物的东西成为人的东西，而人的东西成为动物的东西。"②马克思认为，这种异化的直接后果是人类社会整体的全面发展和劳动者个人的片面发展，"劳动创造了美，但是使工人变成畸形。劳动用机器代替了手工劳动，但是使一部分工人回到野蛮的劳动，并使另一部分工人变成机器。劳动生产了智慧，但是给工人生产了愚钝和痴呆"③。

（5）人类自我认识的人本主义思潮

随着资本主义的发展，资本主义社会的经济实力不断在扩大，但资本主义市场经济的负效应也表现出来。经济上的逐利活动成为赤裸裸的功利主义的自私自利、尔虞我诈，人与人之间变成了赤裸裸的金钱关系。现代化提高了人们的生活水平，但人们并不感到生活的自由和幸福；社会劳动生产率的提高和科学技术的进步展示了人的理智的力量，但同时使人陷入深深的危机之中；人们为了过上幸福生活而追求理性，而理性主义肆虐使人失去了人生目标，人的精神处于孤立无援的境地。正是基于如此的观察和反思，面对危机，现代思想家从十九世纪后期开始，改变传统的思维方式和研究方法，从人本身出发，研究人的生命、人的存在和人的情感、意志、本能等，突出强调人的主体能动性。

现代人本主义思潮以恢复人的非理性世界的地位为重要内容。叔本华的命题是"世界是我的表象"、"世界是我的意志"，他认为世界上的一切都具有以主体为条件，并为着主体而存在的性质，而作为主体人的

---

① 马克思，恩格斯．马克思恩格斯全集：第42卷．北京：人民出版社，1979：94.

② 马克思，恩格斯．马克思恩格斯全集：第42卷，北京：人民出版社，1979：93.

③ 马克思，恩格斯．马克思恩格斯全集：第42卷，北京：人民出版社，1979：94.

内在的、本质的东西是人的生存意志，只有生存意志才是本体，整个世界就是生存意志的世界。尼采继承了叔本华的唯意志主义，但不同的是，尼采认为表象世界背后的本质是一种"权力意志"，生命的意义就在于需要释放自己的力量，以征服事物，主宰世界，驱使它物为自己的目的服务。尼采说"上帝死了"，现在需要"重估一切价值"。按尼采的说法，"兴趣不再放在肯定上，而是放在怀疑上；感兴趣的不再是'原因和结果'，而是坚忍不拔的创造力；不再是自我保存的意志，而是权利意志；不再是'一切都只是主观的'这种恭顺的用语，而是'一切都是我们的事业！'——让我们为之自豪吧！"① 他强调生命是"必须永远超越自己"的东西，扩大自身、超越自身之力就是生命的本质。尼采坚决反对和批判压制个性发展的世俗观念，强调每个人都应成为"我们所应是的那种人——新人、独特的人、无以伦比的人，那种为自己制定法则的人，那种创造自我的人"②。

生命哲学的主要代表人物柏格森承袭了叔本华、尼采的唯意志论的基本思想，认为世界的本质在于某种神秘的"生命之流"，它是一种宇宙精神或宇宙意志，表现为一种"生命冲动"，整个世界都是由"生命之流"的冲动而创造出来的。柏格森认为，要认识和把握"生命之流"，获得实在的知识，只能运用直觉，人的理智是无能为力的。理智是一种自我生命的向外观察，所以根本没有能力理解自身生命和宇宙生命，没有能力理解生命的存在和意义。胡塞尔的现象学坚决反对传统理性主义对人本身的遗忘，强调哲学的对象应该是内在于个体意识之中的纯粹意识现象。要认识意识现象的本质，只能采用主体"直观"、"体验"或"本质自觉"的方法。胡塞尔指责理性主义和科学主义忽视知识对人生的意义，他认为，唯理主义和科学主义在涉及我们生命攸关的需要方面，什么也没有说，什么也不能说，但我们知识的最终源泉和基础恰恰在于人类自身的实际生活。这日常的"生活世界"是一个充满个人喜好的世

---

① ［德］尼采．权利意志．张念东，凌素心译．北京：商务印书馆，1993：135.

② ［德］尼采．上帝死了：尼采文集．戚仁译．上海：三联书店，1989：313.

界，是一个"意义的世界"，"信仰的世界"，是并非理性思维和科学思维所能告诉我们的世界。他声称，现象学的认识就是要教导人们通过"还原"的方法，还自己一个真实的"生活世界"，一个活生生的"现象世界"。只有在这样的世界中，人才能体验到自己的价值和人生的意义。

存在主义注重人的存在，注重现实的人生，强调对人的主观体验、自由意志等非理性方面的研究。存在主义的开创者克尔凯郭尔认为，理性主义知识片面强调对自然的认识，而忽视了人自身的"存在"及其意义。他提出应把人的"存在"作为认识对象，并把它作为知识的基础。克尔凯郭尔认为，人的"存在"是一种自我的存在，一种非理性的情感、意愿、欲望、意志等主观心理的"存在状态"，对这种"存在状态"的认识，只能通过人的内心感受，通过对"痛苦"、"快乐"、"绝望"、"死亡"等具体心理状态的体验才能认识。雅斯贝尔斯继承了克尔凯郭尔对个性自由的重视，认为理性根本不能对自由作出规范。海德格尔对存在主义的"存在"作了详细的阐述，他说："存在的东西叫做人。只有人才存在。岩石只有'有'，而不是存在；树林只有'有'，而不是存在；马只有'有'，而不是存在；……'人存在'这句话的意思是说：人是一种东西，这种东西的'存有'，其特色在……人之存在性乃是人所以能够表现存在事物的理由，也是他所以能够意识到它们的理由。"①在海德格尔看来，只有人才是真正的"存在"，其他事物只不过是"有"，只有人才赋予"有"以形式、意义和内容。离开了人的存在，一切存在着的事物就不能被揭示和证明，就会成为无意义的、混沌的东西。他认为，人总是在"存在"中不断选择自己，改变自己，规定自己的本质。萨特把"存在"分为两类，一类是"自在"的存在，是指个人所面对的物质世界的存在，它是完满的、充实的、无知觉的，同时又是呆滞的、无目的的、无因果性的、杂乱无章的偶然的存在；一类是"自为"的存在，它是自我意识的活动，具有主动性、本原性，是不断超越自身

---

① ［美］W. 考夫贝 . 存在主义 . 陈鼓应，孟祥森等译 . 北京：商务印书馆，1987：223.

而又否定自身的存在。萨特认为，人的存在才是真正的存在，是既能意识到自身又能意识到自在的存在。人不但把自己显现在人的面前，而且是"万物借以显示自己的手段"①。萨特提出人的"存在先于本质"，"人，不外是由自己创造的东西，这就是存在主义的第一原理。这原理，也即是所谓的主观性"②。在萨特看来，人的尊严和高贵就在于人的主体性或主观性，在于他成为一个什么样的人是由他自己造成的。萨特说："假如存在确实是先于本质，那么，就无法用一个定型的现成的人性来说明人的行动，换言之，不容有决定论。人是自由的，人就是自由的。"③自由对人来说具有绝对性、无条件性，它与人生共命运，它不是需要人从外面争取的东西，而是人本身就有的。

弗洛伊德的精神分析学在二十世纪后，超出了心理学的范围，逐渐扩展到社会科学的各个领域，形成了产生较大影响的社会思潮。弗洛伊德认为，只有"无意识"才能体现人类的本性，成为人类精神的最深层的基础，只有认识"无意识"，才能真正揭示人类精神的本质。弗洛伊德对人的本能、潜意识等非理性因素的研究开辟了人类自我认识的新视野。

二十世纪后期兴起的后现代主义思潮与现代其他文化思潮对人文主义的反思一样，反对理性主义的绝对权威，试图将人们从形形色色的"先验的"、"自明的""公理"、"原则"和"绝对"中解放出来。后现代主义在深刻批判理性至上、"人类中心主义"的价值观的同时，深切关注人类在地球上的命运和价值，提出了一种新的具有非中心性、多元性、异质性、开放性、非连续性等特征的思维方式，为人们重建人与人、人与自然以及人与社会之间的关系提供了一种新的视角。

从人类自我认识的历史过程中，我们看到人类对自我的认识不断成

---

① 柳鸣九. 萨特研究. 北京：中国社会科学出版社，1981：3.
② ［法］萨特. 存在主义是一种人道主义. 周煦良，汤永宽译. 上海：上海译文出版社，1988：326.
③ ［法］萨特. 存在主义是一种人道主义. 周煦良，汤永宽译. 上海：上海译文出版社，1988：12.

熟，人类的主体性不断增强，人类对自身的认识不再是出于好奇，而是一种责任。人的存在取决于人的活动方式和行为准则，取决于人的选择、决定和行动，而这些又取决于人认为人是什么和人应怎样，也就是人对自我的认识与理解。人作为一切活动和关系的主体，创造历史和存在，人类对自身的认识越来越自觉，越来越深入。这种创造与这种认识没有尽头，因为人类在认识自身的同时也在创造着新的自身。

2. 认识儿童是人类自我意识的应有之义

人是在意识到"我是人"或"我是作为人存在着"的基础上开始认识儿童的。人类对自身的认识，无论宏观上还是微观上都包括对儿童的认识。"人通过对他自我的意识，最终能够对自己采取某种态度。他能够对自己上升的欲望提出恰当的应该如何办的要求。他可以联系他的态度、能力和局限性采取态度，对自己作斗争或表示接受。如果说到自爱的话，那么'爱你的下一代如爱你自己一样'这句神圣的话也许正是意味着人的这种自我接受。"①

人类对自身的认识包括"我从哪里来"，也包括"我是怎样成为人的"，"我曾经是怎样的"。人类认识自己，除了认识作为"类"的人的过去、现在与未来，还必然包括认识作为个体的人的存在与发展。弗洛姆提出："能够给'我是谁'这个问题的唯一回答是'一个人'。"②在弗洛姆看来，每个人身上都具有全部的人性，人就是一个个人，就是他自己，探讨人性要从人自身去寻找答案。我们所面对的儿童，既是作为具有"类"特征的人，又是作为正在成长中的活生生的个体的儿童。我们很难把两者分开，从儿童身上，我们能够看到人的全貌。

对儿童的认识就是对人自身的认识。个人永远处于未完成、未确定，因而需要不断实现其本质力量的生成过程之中。就是在从儿童走向成人的过程中，人才生成为人。儿童从来到这个世界开始，就是属人的，"甚至个人的身心结构按特性也是人类的身心结构，甚至我们的生物学部分，

---

① ［奥］茨达齐尔. 教育人类学原理. 李其龙译. 上海：上海教育出版社，44.
② ［美］弗洛姆. 说爱. 王建朗，胡晓春译. 合肥：安徽人民出版社，1987：226.

也全部是属人性的"①。尽管儿童和成人相比是不成熟的，幼稚的，脆弱的，但这是人类"非特定化"特性的表现，也正是由于人类的"非特定化"，使人类走了与动物完全不同的进化和发展路线，使人最终成为"人"；正是"非特定化"，使儿童身上蕴藏着人类一切发展的可能性，这种可能性和可塑性使儿童可能发展为成熟的人，可能继承人类的文化遗产，并使人类文化世代相传。儿童的成长过程体现着人类环境的特性与作用，表现的是人的发展过程。在人的文化环境中，在人的自然性和超自然性、历史性和超越性、有限性和无限性的辩证的矛盾斗争中，儿童不断生成为人，获得人的本质规定性。儿童生成为人的过程在一定程度上也是人类从古猿进化成人过程的重演，在儿童身上，文化"化"人的过程一定程度上反映着文化创造人类的过程。对儿童的认识即儿童观，实质上是一种人的观念问题。

对儿童的认识是人类自我意识的重要组成部分，其认识水平标志着人类自我意识的成熟水平。儿童观的历史演进与人类对自身认识的深化程度是一致的。在人类对自身认识还非常有限的古代社会，儿童被看做成人的雏形，人们甚至从没有想过儿童还有自己的天性。古希腊和古罗马把儿童看做未来的公民，期望通过训练使他们承担成人的任务。在中世纪，人被认为是上帝创造的，是有"原罪"的，儿童也被认为是罪人，成人要通过严格管教和惩罚驱走儿童天生而来的罪恶。在很长的历史时期中，没有成人与儿童的区分。到十二世纪左右，在西方艺术作品中开始出现儿童的形象，但与其说那是儿童，还不如说是缩小的成人。文艺复兴"发现了人"，人们也注意到了儿童纯洁、可爱的天性。之后，卢梭"发现了儿童"，提出儿童根本上不同于成人，应"把儿童当做儿童看待"。

在整个二十世纪，人类对自身认识不断深入，对人类自身的研究成为众多学科的研究对象，在研究人的许多学科中都包括对人之初的研究。随着人的价值和权利的确认，儿童的地位与作用也日益受到重视，儿童逐渐成为全世界关注的中心与热点，人们为"儿童世纪"努力和奋斗了

---

① ［德］蓝德曼. 哲学人类学. 彭富春译. 北京：工人出版社，1988：219.

一百年。在当代，人类对自身认识的反思也促使我们重新审视儿童，研究儿童。总之，可以说，在儿童那里，我们可以看到一个时代或一种文化对个体人的地位和价值的基本认识，或者说，一个时代或一种文化中对儿童的看法也体现着该时代或文化中人的自我意识的发育程度。

　　"人具有一种以自我的现实存在为原点对自己作为人的由来和人的过去、现在和未来连续不断地穷根究底、反思前瞻的探索精神。"① 对儿童的认识正是人类的这种探索精神的弘扬。儿童的心灵结构是人类共同的心灵结构，是永远展示无限可能性的光明的源泉。儿童的存在状态一定程度上反映着人类总体的存在状态，认识儿童就是认识人类"还原"的自我，但这种"还原"性原则"决不意味着把问题拉到较低水平的一种尝试。更确切地说，这个概念意味着主张不断地对发生这样那样事物的可能性作反思和逆向推断。还原本身并不触及丰富现象的某些方面，但却尝试使一定现象在人的生活中所起的原始作用反映出来，并从已说明的结构中重新获得在人类学上可以表述的意义"②。当我们解释儿童的天性、认识儿童的发展、理解儿童丰富的精神世界时，我们就是在表述人类自己。人与动物不同，人需要不断确认自己，研究儿童就是人类的自我确证。

　　人的本质不是固定不变的，是在逐渐发展的，从这个意义上说，人对自身的认识永远没有终点。德国生命哲学家狄尔泰提出："人是一种历史的东西"，"人的历史性并不仅仅意味着人具有历史，人在历史中生活，而且从更深的意义上说，人是通过对历史的贡献而创造性地发展自己的，同时又是在其本质的不断发展中被理解的。人并不是仅仅存在于历史之中，而且是在历史中发展成长的"③。对儿童的认识不仅使我们看到历史上和现实中的儿童与自我，而且认识儿童本身就是人类塑造儿童

① 夏甄陶．人是什么．北京：商务印书馆，2000：3.
② ［德］博尔诺夫．教育人类学．李其龙译．上海：华东师范大学出版社，1999：24.
③ ［德］博尔诺夫．教育人类学．李其龙译．上海：华东师范大学出版社，1999：12.

与自我、完善儿童与自我的过程。儿童与成人互相映照。

3. 认识儿童是为了创造美好的未来

人类开始认识外在世界的同时，也在努力地探寻自身的秘密。"从人类意识最初萌芽之时起，我们就发现一种对生活的内向观察伴随着并补充着那种外向观察。人类的文化越往后发展，这种内向观察就变得越加显著。人的天生的好奇心慢慢地改变了它的方向。我们几乎可以在人的文化生活的一切形式中看到这种过程。在对宇宙的最早的神话学解释中，我们总是可以发现一个原始的人类学与一个原始的宇宙学比肩而立：世界的起源问题与人的起源问题难分难解地交织在一起。"① 认识自我不仅是人类从没有动摇过的目标，而且是越来越突出的目标，即使在神话形态的原始意识中，人的世界观也同时包括两方面的内容：如何认识世界，如何认识人自己。

人类是自然界进化的产物，是一种高级的物质、信息存在状态，在人身上集中了自然物所具有的全部精华。"人能够回忆什么时候发生了什么事件，只有人有记忆，因为人需要了解过去，以便以过去的经验控制现在的行为，而并非仅仅为了了解过去的这种经验——这与在动物身上发现的记忆能力是不同的。只有人知道未来，因为人能预测未来和预见未来。人拥有时间意识，因为他不像动物'天生的那样……只盯住眼前'，人知道昨天、今天和先后出现的事件。人是一种历史的生物，因为他能够洞察他个人的过去，国家的过去，文化或人类的过去，并能把它作为统一体来加以说明。只要人类历史是一个我们所了解的事件过程，它与'自然历史'有根本区别。"②

人类是世界的一部分，从历史联系来看，认识世界包括认识人类，认识人类也属于认识世界。一部人类发展史既是一部人类认识自然改造自然的历史，也是一部人类认识自我、塑造自我的历史。人类认识自身不仅是人类实践活动的必要条件，也是人类认识环境和整个世界所必需

---

① ［德］恩思特·卡西尔. 人论. 甘阳译. 上海：上海译文出版社，1997：5.
② ［奥］茨达齐尔. 教育人类学原理. 李其龙译. 上海：上海教育出版社，1999：35.

的，"认识人类自身乃是人类最重要的实践需要"①。从世界未来发展看，人类的未来很大程度上代表着世界未来的发展方向，可以说认识人类自身就是为了认识未来。人是不确定的、可能性的存在，人生活在希望中。布洛赫（Ernst Bloch）在《希望原理》一书中指出，人借助于自身的主动性与超越性，为自身创造他的未来，他的生命进程就是不断地走向一个他所期待的目标。所以，布洛赫认为人的希望是人性的根本，而希望的基础则是人永远"指向前面的意向"，即不懈的自我超越。人类的自我意识就是人类不断自我超越的结果。

人作为超越性的存在也体现在儿童的"明天性"上。儿童是人类文化火炬的传递者，承接着人类祖先进化的结晶，表征着人类的未来。儿童与未来相连，儿童具有"明天性"。"即使儿童很少对明天的活动有所安排，而且在某种程度上似乎只在现实中成长，但如果没有外界的压力，他们在生活中却已具有了愉快地面向未来的感觉。""这种'明天性'就是快乐地向人类美好的、吉祥的未来敞开大门。"② 例如，儿童在旅游中希望认识新的地方，在学习中希望获得新知识，在生活中向往新的一年等等。"儿童是成人之父"，我们继承了儿童的"明天性"，儿童的"明天性"就是人类的"未来性"、"希望性"，它构成人的乐观主义的一部分，是人类生存的基础。"现代童年的范例也是现代成人的范例。当我们谈论我们希望孩子成为什么的时候，我们其实是在说我们自己是什么。我们甚至可以大言不惭地说，如果说在西方文明中的移情和情感，即单纯的人性，有所成长的话，那么它始终是跟随童年的脚步一起成长起来的。"③

认识儿童和研究儿童是我们的主动选择，如果人类对儿童的认识完全像最初对自然的认识那样被动，其认识成果便承担不了创造未来的重

---

① 韩民青. 当代哲学人类学：第一卷. 南宁：广西人民出版社，1998：5.

② ［德］博尔诺夫. 教育人类学. 李其龙译. 上海：华东师范大学出版社，1999：46.

③ ［美］尼尔·波兹曼. 童年的消逝. 吴燕莛译. 桂林：广西师范大学出版社，2004：92.

任。对儿童的认识不单纯是出于人的好奇心，也不仅仅是对儿童存在的过去和现状进行反思，更重要的是通过反思而启迪对未来的探索，而对未来的探索又丰富现在的实践。因此，对儿童的认识不仅是事后的，而且是超前的，在本质上是现在的，具有实践性。儿童的一切都是成长中的、生成中的，是面向未来的。未来是尚未存在的事物，要依赖于人类的创造才能达到。我们今天的努力就是为了未来，也是在创造未来。我们对儿童的认识充满着理想主义的色彩，满载着我们对未来的憧憬和希望，认识儿童就是为了创造美好的未来。

对儿童的认识没有终点。因为"终点从没有给出，终点是随着我们跑向它而创造和计划的"①。

（二）认识儿童是面对生命、认识生命本质的过程

在现代社会，关注人类自身、关注人的生命成为社会文明进步的重要标志，哲学也实现着把人的存在问题作为首要问题的本体论转向。认识儿童就是认识生命、珍爱生命的过程。

儿童是人生的幼年，是展开生命的画卷，开始人生之旅的起点。人生的一切都在这一时期孕育，这一时期的一切都是鲜活的生命的律动，是充满浪漫的诗篇。儿童之学就是承载着生命内涵和意蕴的生命之学。对童年的认识使我们更深入地认识生命的本质，体会生命内涵之丰富和生命展开历程之壮美，同时体认教育使命之神圣。

1. 童年的生命最接近自然，最接近生命的本真含义

儿童是真、善、美的象征。在儿童身上，我们看到了身心的纯洁和道德的纯粹，看到了我们成人所缺少的生命特质：纯洁、乐观、富有生命力、拥有未来。"孩子崇拜"表达了成年人对孩子种种美好的想象与向往。德国诗人、小说家诺瓦里斯说："无论什么地方，只要有孩子，就会有一个黄金时代。"② 由于孩子的纯洁和孩子的幼小，孩子具有很强的

---

① ［法］萨特. 存在与虚无. 陈宣良等译. 北京：三联书店，1987：275.
② ［西］希梅内斯. 小银和我·作者小序. 达西安娜，菲萨克译. 北京：人民文学出版社，1984.

象征意义。"救救孩子"成为任何一个时代都能唤起人的恻隐之心的呼叫。"为了孩子"，提醒成年人履行保护孩子的责任和义务，还提醒人关注人类未来的危机，不仅体现着成人与孩子的关系，更体现着今天的人类与未来的人类的联系。

儿童与自然紧密相连，儿童是大自然的礼物，秉承着天、地、人的造化的结晶。儿童的表现是最自然的，毫无掩饰。袁宏道推崇儿童毫无掩饰的个性，认为"趋得之自然者深，得之学问者浅，当其为童子也，不知有趣，然无往而非趣也。面无端容，目无定睛，口喃喃而欲语，足跳跃而不定，人生之至乐，真无逾于此时也"。老舍曾写过："看小女儿写字，最为有趣，倒画逆推，任意创作，兴之所致，加灭笔画，前无古人，自成一家，至指黑眉重，墨点满身，亦其淋漓之致。"在《皇帝的新装》中，一小孩道出他所看到的真相，童言无忌。

古今中外的哲人、诗人在对童心的赞扬之中表达着他们对自然的热爱。在《老子》、《庄子》中，用"天"、"真"、"纯"、"婴儿"、"赤子"、"童子"等语言说明人的自然无伪的天性。明代思想家李贽反对文化强权的理学禁欲主义，用《童心说》表现其自然人性论思想："夫童心者，真心也。若以童心为不可，是以真心为不可也。夫童心者，绝假纯真，最初一念之本心也。若失却童心，便失却真心；失却真心，便失却真人。"这里的"童心"、"真心"、"本心"就是人的本真之性。儿童的表现最为逼近诗和真理的本质。黑格尔曾写道："一个小男孩把石头抛到河水里，以惊奇的神色看着水中的圆圈，觉得这是一个作品，在这个作品中他看到了自己活动的成果。"葆有惊异的童心是人类开启思源、追寻意义的动力，是"爱智慧"的样态，所以有人说"儿童是哲学家"。

印度诗人泰戈尔把儿童视为善良的化身，在《新月集·儿童天使》中，他写道：

　　　他们喧哗争斗，

　　　他们怀疑失望，

　　　他们辩论而没有结果。

我的孩子，

让你的生命到他们当中去，

如一线镇定而纯洁之光，

使他们愉悦而沉默

……

我的孩子，

去，去站在他们愤懑的心中，

把你的和善的眼光，

落在它们上面，

好像那傍晚的宽宏大量的和平，

覆盖着日间的骚扰一样。

我的孩子，

让他们望着你的脸，

因此能够知道一切事物的意义；

让他们爱你，

因此他们能够相爱。

　　儿童身上反映着人类美好的本性。德国优秀的儿童文学作家、国际安徒生大赛得主凯斯特纳曾说："在我们当前这个世界里，只有对人类持有信心的人才能对少年儿童有所帮助。他们还应当对诸如良知、榜样、家庭、友谊、自由、怀念、想象、幸福与幽默……的价值有所了解。所有这些就像恒星一样在我们上空闪耀，并一直存在于我们当中。谁能把它们展现给儿童并讲给儿童听，谁也就引导儿童从沉寂中走出来，跨入充满友爱的世界。"① 在凯斯特纳眼里，成人已没有改善之可能，唯有儿童才是人类得以拯救的某种保证，因为天真的儿童身心没有沾染世俗的丑习恶德——他们才是有希望被培养成理想人类的人。近代儿童文学奠

---

① 韦苇. 外国童话史. 南京：江苏少年儿童出版社，1991.

基人安徒生之所以能写出经久不衰的儿童文学作品，重要的基础是他对生命和人生充满了真挚的爱，他在自己的肖像上写道："人生是所有故事中最美的一个故事。"他在儿童身上投射了对生命和人生的积极乐观态度。法国文学家波尔·阿扎尔曾写道：

> 儿童们阅读安徒生的美丽的童话，并不只是度过愉快的时光，他们也从中自觉到做人的准则，作为人必须承担的重大责任。虽说是孩子，但也仍然非体味痛苦的滋味不可。由于玩具娃娃的死，他们也会遭受到不可言喻的悲伤的打击。对恶，尽管模糊，他们也会感觉到。恶的东西，既存在于他们的周围，也被感受于他们的内心。但是，这种活生生的苦恼和疑惑都不过是一时的东西。他们无论遇到什么事情都不会失去心中的光明。生存于这个世上的他们的使命就是给这个世界再次带来信仰和希望。如果人类的精神不能经常被这一充满自信的年轻力量而唤醒，这个世界会成为什么样子呢？我们的后继者走过来了。孩子们再次开始美丽地装饰这片土地。一切都重返青春，映照着绿色，人生的价值被重新发现。在安徒生诗情充沛的童话里，浸透着梦想更加美好的未来的坚强信仰。这一信仰使安徒生的灵魂和孩子们的灵魂直接融合在一起。安徒生就是这样倾听着潜藏于儿童们心底的愿望，协助他们去完成使命。安徒生和儿童们一起，并依靠儿童们的力量，防止着人类的灭亡，牢牢地守护着导引人类的那一理想之光。[①]

儿童是爱的源泉。儿童能唤起人类本能的爱的情感，在儿童那里，成人感受到生命的鲜活和可爱。蒙台梭利曾说："儿童是每一个人的温情和爱的感情汇聚的唯一焦点。一谈到儿童，人的内心就会变得温和和愉快。整个人类都享受他所唤起的这一深厚情感。儿童是爱的泉源。我们

---

① 朱自强. 儿童文学的本质. 北京：少年儿童出版社，1997：48.

一触及到儿童便触及到爱。""在儿童身边，我们感到其生命的火焰燃放出的温暖。人的生命就发端于这一火焰。"① 人文主义者、荷兰文学家爱拉斯谟认为，人来自于自然，是自然的产物，自然赋予人更多的是快乐和幸福，追求快乐是人的本性。在人生的第一时期——儿童时代，这是一个受到成人喜欢、吻、拥抱、抚摸和照料的时代，因此也是最快活和最可爱的时代。成人对儿童的爱抚和关心，不仅培育了儿童对欢乐或"疯狂"追求的心理，同时也是成人们追求欢乐或"疯狂"的一种实现。"因为，他们一生下来，大自然这位有远见的母亲，就在他们周围散播了一种疯狂的气氛，这气氛迷住了抚养他们的人，使这些人的辛苦得到补偿，使小东西们得到他们所需要的仁爱和保护。"②

儿童是美的。不仅儿童的形象与表现让我们感受到自然与纯洁之美，而且儿童从幼稚走向成熟的成长变化过程更使我们感受到生命的力量，体会到生命展开的诗情画意。当我们回忆童年，每每触及到的都是我们生命深处的情思，对童年的留恋是我们对生命本真的渴求。

2. 未泯的童心是生命中最美好的部分

海德格尔借用诗人的话说："人，诗意地安居。"在诗化的人生中，在如歌的生命中，第一乐章是充满玫瑰色彩的童年。童年是人生的童话。每一个人都有对童年最美好的回忆，童年的天真活泼，童年的纯洁无邪，童年的无忧无虑，童年的生机勃勃让每个人都难以释怀。自由飞翔的童心和追求上进的精神风貌是无数人们的追求，更让浪漫的诗人们去崇拜。雪莱在《西风颂》里充满激情地写道：

> 如果我有你的锐势和冲劲，
> 即使比不上你那不羁的奔放，
> 但只要能拾回我的当年的童心，

---

① ［意］蒙台梭利. 蒙台梭利幼儿教育科学方法. 任代文译. 北京：人民教育出版社，1993：587-588.

② 北京大学古语系资料组. 从文艺复兴到十九世纪资产阶级文学家艺术家有关人道主义人性论言论选辑. 北京：商务印书馆，1973：29.

我就能陪你遨游天上，

那时候追上你未必只是梦想。

英国十九世纪浪漫主义诗人威廉·华兹华斯写了一首著名的短诗——《我的心充满激情》：

每当我目睹

彩虹横贯天宇

我的心便充满激情：

我的生命开始时，是这样，

我长大成人了，是这样，

但愿我老了，也还是这样，否则不如死去！

儿童是成人的父亲，

因而我但愿今后的岁月，永远

贯穿着对自然的虔诚爱戴。

诗人把对自然的挚爱之情和希望永葆儿童时代天真纯洁的强烈愿望融为一体。他把儿童称做父亲，既体现了对童心的尊崇，也意指成人个性和精神中的美好部分在于保持童年时代的品质。《圣经·新约》的福音书里记耶稣的话说："你们若不回转，变成小孩的样式，断不得进天国。"老庄亦以"复归于婴儿"、"复归于朴"为存在之真实。孟子也说"大人者，不失其赤子之心者也"。按耶稣的讲法，人的始祖偷吃禁果，因而有了原始的罪、恶，也就是人的"失乐园"。人在前行中必须有一种向自然的"回转"、"复归"，当然，这种"回转"、"复归"不是说回到原始的混沌，把成人变成小孩，而是孟子所说的"大人"而"不失其赤子之心"，即人能仍葆有那个"婴儿"的纯真，从而达成人格的完整。十八世纪哲学家维柯赞赏儿童的好奇心和想象力，把儿童的本性看做"语言学——哲学的公理"，认为"在世界的儿童期，人们按照本性就都是崇高的诗人"①。马克思也有相关的论述，他说："一个人不能再变成儿童，否则就变得稚气了。但是，儿童的天真不使他感到愉快吗？他自己不该努力在一个更高的阶梯上把自己的真实再现出来吗？在每一个时代，它的固有的性格不是在儿童的天性中纯真地复活着吗？为什么历史上的人类儿童时代，在它发展得最完美的地方，不该作为永不复返的阶段而显示出永久的魅力呢？"②

童年有着"只有儿童才可能拥有的纯粹幸福"，即使是物质匮乏的童年，回味起来，也让人有一种亲切和甜蜜的忧伤。许多人在白首暮年，望着夕阳西下，回顾自己的一生，恐怕会感到童年最富有欢乐和光彩。就像王蒙在他的小说《蝴蝶》中写的："童年的欢乐是不可逾越的高峰。"《小熊温尼·菩》和《菩角小屋》的作者米尔恩曾这样讲述儿童时代的幸福："有各种各样的游戏会出现让人心旷神怡的瞬间。在人生中，即使除了游戏，也还有消除烦闷的时刻。但是，如果想延长那心旷神怡的瞬间的话，则必须重返飘荡在空中的秋千——正值一年之春天，一日之早晨，人一下子年轻了许多。儿童时代未必能称做人生中最幸福的时代，不过却有一种只有儿童才可能拥有的纯粹幸福。儿童时代一旦逝去，人即使很幸福，也会担心这幸福能否会长久，自己是否会为此付出代价，这样一来，纯粹的幸福就被污染了。"③

每一个人都有童年，童年的影响伴随人的终身。童年的童话承载着我们对未来生活的无限遐想，透视着我们对生命的理解。当我们结束了童年时代，面对第一次的责任，我们每个人都感到自己就像童话故事中的小红帽，要独自穿越树林，去给奶奶送东西。美国心理分析学家玛利亚·科克认为，许多童话都涉及旅行的主题，这并非偶然，它将人们带回到古老的启蒙仪式，预示着从童年到成年的过渡。在童话中，主人公常常被迫远离家园，去完成一项使命，其间都要经受各种难以预测的考

---

① 伍蠡甫．西方文论选：上卷．上海：上海译文出版社，1979：537.

② 马克思，恩格斯．马克思恩格斯选集．北京：人民出版社，1976：114.

③ 朱自强．儿童文学的本质．北京：少年儿童出版社，1997：193.

验，如迷了路、被吃掉、被迫害，最后战胜困难凯旋而归。那种感受想起来就像我们通过了一次次考试，或在工作中因克服困难而得到了一份意外奖励一样。童话告诉我们有一条艰辛的生活之路要走，主人公在争取到作为成年人的权利后归来，也把童年的魅力埋藏在心里。但是童年的美好并非一去不复返，"成长并非是一种支解。成为大人并不意味着'杀死'从前的那个孩子，而是把他藏在我们内心深处，这就是童心未泯，并在适当的时候重新得到它"①。童年是人生的一段美好时光，我们需要把童年时代的精神个性保存下去，并使之成为人类向着未来健康成长的动力基因。

3. 儿童教育的根本是促进生命成长，赋予生命以意义

儿童生命的成熟过程体现着人的生命的本质力量。儿童刚来到这个世界时，主要依靠大自然赋予的自然生命或本能生命生存，其需要主要是自然的、生物的需要。以自然生命为基础，儿童在人的文化环境中，不断展开生命画卷，发挥生命潜能，不断获得自为的、超越的"类生命"，不断生成为人。认识儿童、了解儿童不仅能体会人的生命之纯、之美，更让我们通过个体生命丰富的成熟过程而认识人之为人的生成过程，认识在这一过程中教育的重要作用。

认识儿童就是我们通过活生生的灵性和鲜活的体验去感受生命的节奏，去倾听自然生命的声响。尤其在文明高度发展的今天，"人创造了种种新的、更好的方法以征服自然，但他却陷入在这些方法的网罗中，并成为自己所创造的机器的奴隶"②。认识儿童，体会生命的真实，不仅让我们重新审视人生，追问人生的意义，更使我们深切地体会到发展生命潜能、提升生命价值是教育的终极目标。"人还能够对生命的意义提出问题，因为他的行为并不像动物由本能引导的行为那样，自然而然地针对目标，人会思考自己行为的目标，所以当他把过去与未来行为作为统一

---

① ［意］伊泰洛·长尔维诺. 你生活在哪个童话里. 魏怡译. 科学世界，2000
　　(7).

② ［美］弗洛姆. 为自己的人. 孙依依译. 北京：三联书店，1988：25.

体时，也就要思考生命的意义了。"① 教育价值中没有什么比发展生命的
价值更重要了，发展生命是教育对人的终极关怀。儿童教育的一个重要
特点是生命性，教育者面对的是活生生的生命，其神圣职责是促进生命
的生长，赋予生命以意义。如果在儿童教育中抽去儿童活泼的生命，那
么教育就成了冷冰冰的加工机器；如果教育者仅仅把成年人的生命作为
完整的生命或"真正人"的生命，忽视儿童生命的价值与意义，那么教
育不可能达到促进生命成长，赋予生命以意义的目标。

（三）认识儿童是教育的起点

从人类社会产生起，就开始了对下一代的教育，对教育对象的认识构成
教育的起点，对教育对象的认识直接影响着对构成教育过程的其他要素的认
识。对教育对象的不同认识也导致教育观的差异。乌申斯基说过："如果教
育学希望从全面地去教育人，那么它就必须首先全面地去了解人。"② 尽管人
类社会发展到今天，教育民主化和教育终身化使教育对象扩展到每一个
人、人生的每一个阶段，但儿童仍是受教育的主体，是第一个，也是目
前唯一一个法律保护其受教育权利的教育对象群体。教育要关注教育对
象，了解教育对象，必须要回答"儿童是什么"的问题。

1. "教育"一词的原初意义是儿童教育

教育的历史是久远的。"教育"一词最初的意义是儿童教育。在我
国最早的甲骨文中，"教"字的形象是有人在旁执鞭演卜，下面有小孩
学习。汉代许慎在《说文解字》中曾解释说："教，上所施，下所效
也。""育"字在甲骨文中，似妇女养育小孩的形象，《说文解字》中说：
"育，养子作其善也。"由此可知，我国古代把教育看做上和下、施和效
的双向活动，是长者对儿童的培养过程。英语、法语和德语中的"教
育"一词都来自于拉丁语 Educane，本义为诱导、引出，引申意义是指

---

① ［奥］茨达齐尔. 教育人类学原理. 李其龙译. 上海：上海教育出版社，
1999：35.
② ［俄］乌申斯基. 人是教育的对象：上卷. 郑文樾译. 北京：人民教育出版
社，1989：10.

引导儿童固有能力的发展，把儿童培养成人。

教育学一词英文为 Pedagogy，是由希腊语 Paidagogia 派生出来的。在古希腊，称儿童为 Pais，仆人为 Agein，专门护送儿童上学的仆人被称为"教仆"（Peidagogis），意思是"引导儿童的人"。教育学一词的英文语义由此转化而来，含有"保护儿童之学"的意思。

无论是中国的象形文字"教"、"育"、"学"，还是西语中的教育，表示的都是与儿童有关的一种活动。这种活动在于养育或培养儿童，促进他们成长和成人。因此，我们可以说，"教育"一词在原始的含义即为儿童教育，它是作为儿童的一种生存方式而出现的。

教育的原初意义是儿童教育也表现在关于教育起源的理论之中。教育的生物起源论代表人物利托尔诺从生物学的观点出发，把动物界的生存竞争和天性本能看做教育的基础，他认为，动物基于生存和繁衍的本能产生了把经验和技巧传给小动物的行为，这就是教育的发端。"人类教育的进行与动物的教育差别不大，在低等人种中进行的教育，与许多动物对其孩子进行的教育甚至相差无几。"①教育的心理起源论代表人物孟禄认为，教育起源于儿童对成人的无意识模仿，他在其著作《教育史教科书》中写道：原始社会的教育"普遍采用的方法是简单的无意识的模仿"，这种原始共同体中儿童对年长成员的无意识模仿就是最初的教育的起源与发展。尽管教育的生物起源论和心理起源论有其缺陷，但它们都表达了教育起源关涉于儿童的模仿和对儿童进行教育的思想。

教育的原初之义是儿童教育还表现在历史上的众多思想家和教育家都把研究的重点放在儿童身上，关注儿童教育。从近代的夸美纽斯、卢梭、裴斯泰洛齐、赫尔巴特、福禄贝尔，到现代的杜威、蒙台梭利、霍尔、皮亚杰等等，无不对儿童和儿童教育投入极大的热情。

尽管现在教育概念的内涵扩大了，"职业教育"、"终身教育"、"回归教育"等本身已不再含有把孩子培养成人的意义，教育的对象范围也

---

① 瞿葆奎主编. 教育学文集：教育与教育学. 北京：人民教育出版社，1993：159.

扩大到任何年龄阶段的人，但对人的生命之初——儿童的认识和看法仍然是我们认识了解教育对象的重要部分，而且对儿童的看法会惯性地影响到对人的生命发展以后各阶段的看法，以致影响对整个教育对象的认识。对儿童的认识集中反映着对所有教育对象的观念。

2. 儿童观与教育观

对儿童总的看法和基本观点，就是儿童观。儿童观和教育观紧密相关，儿童教育总是以一定的儿童观为前提。儿童作为受教育者是教育过程的重要因素，是教育目的指向结果的反映者。对儿童的看法影响着对教育过程其他构成要素的认识，对儿童的不同看法会导致不同的教育目标、教育策略和教育行为。

在教育史上，由于对儿童的看法不同，儿童观不同，也就有不同的教育观和教育模式。在古代中世纪的欧洲，儿童时代这个概念是不存在的，人们对儿童没有兴趣，也没有成人和儿童的区分，儿童被看做是成人的缩小，是"小大人"，因此成人要求儿童像成人一样去做每一件事。无论社会教育还是家庭教育都忽视儿童的身心发展特点，忽视儿童的爱好及兴趣，方法粗暴简单。在当时，杀婴和弃婴现象很普遍，社会把儿童当做父母的附属物，双亲和社会对婴儿握有生杀大权。存在杀婴现象有多方面的原因，一方面是经济的原因，在生产力发展水平不能维持所有社会成员生存的社会，杀婴是一种为社会所容许的控制人口的唯一办法；另一方面是宗教的原因，人们出于对神灵的畏惧和崇拜，往往把儿童当做祭品。那些能够生还的儿童也很快被纳入成人世界，被当做"小大人"对待。

文艺复兴时期，倡导人权，反对神权，提倡个人自由，反对封建桎梏，提出了人是完全可以认识的、自由的、有规律的活动体的新人类观。这种新人类观使儿童从传统社会的从属关系中解放出来，从确信人类的尊严与价值出发引申出了儿童是自由的、具有发展可能性的儿童观。对儿童的教育开始强调人道主义化和个别对待的原则。随着卢梭"发现儿童"，提出儿童就是儿童、儿童具有不同于成人的精神生活的思想，儿童教育也开始强调尊重儿童身心发展的规律，提倡让儿童在自然、宽松的条件下自由、和谐地发展。在二十世纪，用科学方法研究儿童的盛况是空前的，人们对儿童有了新的、更完整的认识，人们惊叹儿童丰富的内心世界，儿童越来越被看做独立的、有自身价值和尊严的个体，教育中成人和儿童的关系也发生了"哥白尼式的革命"，以至二十世纪被称为是"儿童的世纪"。以此为基础，儿童在教育中的地位越来越凸现出来，依据儿童的本性进行教育，尊重儿童的权利，儿童是教育中重要的存在等教育观念日益被人们普遍接受，并逐渐成为教育现实。

在我国漫长的封建社会中，强调"君君、臣臣、父父、子子"，"君让臣死，臣不得不死，父让子亡，子不得不亡"的伦理观，儿童在父母面前没有任何权利，父母决定儿童的命运，父母可以任意打骂孩子，按照自己的意愿安排孩子的生活。在儿童教育中，也是"国本位"、"家本位"和"成人本位"，儿童没有选择的自由，他们能够做的就是听父母的话，做"乖孩子"。就是在今天，受浓厚的封建意识的影响，也有很多家长把孩子当做自己的私有财产，为孩子设计将来，让孩子圆自己童年的梦想。如果不如所愿，动辄讽刺挖苦，贬低儿童的人格，甚至拳脚相加，酿成人身伤亡的悲剧。总之，在当今教育中出现的种种妨碍甚至损害儿童健康成长的行为都可以找到其观念的根源——把儿童看做什么。

不同的儿童观指导下会有不同的教育模式。把儿童看做"种子"，就会有相应的任儿童自然展开的"园艺式"教育模式；把儿童看做有待驯化的"小动物"，就会有以机械行为训练为主的"驯化式"教育模式；把儿童看做有待加工的"原材料"，就会有机械加工的"工艺式"教育模式；把儿童看做有丰富内心世界的能动的人，就会有发挥儿童主体作用的"主体式"教育模式。总之，儿童观与教育观有密切联系。在我国当前的教育改革中，儿童观的转变是教育改革的关键，体现时代精神的儿童观必将使儿童教育的面貌焕然一新。

二、以人的方式理解儿童—— 认识儿童的方法论

对儿童的认识由来已久，但如何认识儿童，以什么方法认识儿童的

问题却一直困扰着人们，客也是人们一直探索的问题。人们曾经像认识其他事物一样，把儿童当做客观对象，运用科学研究的方法去认识儿童；曾经像认识小动物一样，解剖式地认识生理的儿童；也曾经像崇拜神一样"仰视"儿童。应该说，正是由于方法论上的限制使我们对儿童的认识远不能满足儿童教育实践发展的需要。随着人类对自身认识的深化和人类主体性的增强，对儿童的认识有了新的方法论基础。对儿童的认识就是对人类自身的认识，必须用认识人的方式去认识儿童。

在一切存在中，只有人追问"人是什么"。只有人能够意识到自己是人，并能按照人的要求去做人。可以说，人是宇宙中独特的生命，对人只能用人的方式去认识和把握，对儿童也只能用人的方式去理解。对儿童的理解就是对人自身的理解，追寻儿童的意义，就是在追寻人类自己。

（一）人是什么？——哲学、人类学的启示

1．人的生命——人类进化的结果

人是一个特别的、高贵的称呼，人是万物之灵，人的生命与动物生命有根本区别，只有对人的生命本质有全面的理解和解释，才能真正把人从动物世界提升出来，进而理解"人"。

（1）人类的进化是生物进化和文化进化相互作用的过程

在地球漫长的进化过程中，生命的产生是自然进化的一次重大飞跃。生命的出现标志着自然界从混沌一团的状态中苏醒过来，开始进入富有生机和活力的境界和运行方式。生命只是主动的自在体，却还不是能动的自为体，生命的生存主动权并不在自己手中，而是完全受自然支配和主宰。"'自在——自为'的矛盾就是生命的根本矛盾。"①人的生命产生是生命自身进化过程中的一项具有关键意义的飞跃，人的诞生，根本改变了生命的存在方式，使生命的本性发生了根本的变化。

---

① 高清海等．人的"类生命"与"类哲学"．长春：吉林人民出版社，1998：34．

关于人类的起源，按照达尔文进化论观点，"人是从某种在组织上不那么高度的形态传下来的。衬托着这个结论的一些基础是永远不会动摇的，因为人和低等动物相比，在胚胎的发育上，既有着密切的相似性，而在结构和素质上，又有着无数的相似之点，其中有高度重要的，也有微不足道的，……此外还有大量可供类比的事实——全部再清楚没有地指向这样一个结论，就是人和其他哺乳动物是同属一个共同祖先的不同支派的后裔"①。依照达尔文的学说，人类产生是自然界生物进化所达到的一个高级阶段。人类由动物进化而来，人类的直接动物祖先是类人猿。在从猿到人的漫长转化过程中，使用工具和集群活动、利用火、产生语言，以及出现种植和饲养活动等都是对转变过程产生影响的重要事件，归纳起来，文化的产生是猿变人的"关节点"②。

在古猿向人的转化过程中，大自然赋予人的机能结构和功能上的可塑性是重要的因素，自然选择也为转化提供了条件。但自然的赋予毕竟有限，如果仅仅依靠自然的恩赐，人难以变成"万物之灵"。人的伟大就在于人的发展既不违背一定的生物规律，又超越一定的生物规律，走出一条新的进化之路。大约在距今三千多万年前，由于环境的变化，古猿不得不从树上来到地面，并采用了直立的行走方式。直立行走给古猿带来了好处，两个前肢腾了出来，为脑提供了活动的器官，前肢可以作为脑思考结果的执行工具。直立行走也给古猿带来了不利因素，用两足行走，影响了奔跑速度，同时脱离森林也使古猿失去了逃避的优势。古化石资料研究表明，腊玛古猿的吻部缩短，犬齿变小，丧失了一般古猿用来攻击和防御的武器。在这种情况下，古猿面临着选择，要么被自然淘汰，要么做出改变，发展新的技能，与环境建立新的平衡。古猿只有一条路可走，那就是以智取胜。

暂时的直立行走和拥有灵活的前肢只是猿向人转变的生物前提，决定古猿进一步向人过渡并趋近于人的是工具的使用。最开始古猿只是使

---

① ［英］达尔文. 人类的由来. 潘光旦等译. 北京：商务印书馆，1983：919-920.

② 韩民青. 当代哲学人类学：第一卷. 南宁. 广西人民出版社，1998：14.

用天然工具，凭灵活的前肢运用石块、树枝等获取食物和保护自己，从而扩大食物来源和生活范围。使用天然工具促进了古猿躯体直立和前后肢的分工，更重要的是，古猿后肢的进化使古猿站得更稳、走得更快。直立行走扩大了古猿的眼界，天然工具的使用延长和扩大了古猿的感官，促进了脑的发展。经过了相当长时间的使用天然工具的活动，古猿迈进了制造工具的时代，开始了真正人的劳动，形成了人类。

自觉使用和制造工具的劳动弥补了早期猿人缺乏狩猎和防身器官的不利，大大提高了他们的生活能力。制造工具也使猿人的活动日益复杂，"为了在发展中脱离动物状态，实现自然界中的最伟大进步，还需一种因素：以群的联合力量和机体动作来弥补个体自己能力的不足。……只有在这种集团中才能实现由动物向人的转变"①。社会性的生活也为种的延续提供了重要条件。使用和制造工具还加速了猿人躯体的改造过程，并最终使人体结构确定下来：躯体直立、前后肢分工、形成手足。随着脑的发展，猿人对事物有了朦胧的认识，产生了原始思维。语言的产生标志着猿人思维达到成熟，同时语言一经产生又极大地促进了猿人思维能力的发展。由于有了语言，知识才能积累并代代相传，文化才得以广泛传播。

"人类产生的过程也是文化的产生过程，也是文化对人的动物躯体实行改造的过程。"② 正是制造和使用工具、产生语言等文化现象，使古猿的躯体直立，形成手足分工，促进大脑的发达，出现了比动物群落更复杂的社会组织。在"人猿相揖别"的过程中，人类的进化不仅仅是自然的生物进化过程，人在自己的实践中形成文化，人以文化的方式在自然中生存和发展。文化进化与生物进化的相互作用使人成为人，使人获得了不同于动物的本质规定性。

（2）人是双重生命的存在

人类的进化是生物进化与文化进化相互作用的结果。人的生命本性

① 马克思，恩格斯．马克思恩格斯全集：第4卷．北京：人民出版社，1972：30.

② 韩民青．当代哲学人类学：第一卷．南宁：广西人民出版社，1998：15.

也是由两方面构成的：一是生物的，这是人类和其他生命共有的；一是文化的，这是人所独有的。从人的生物性看，人依然是动物界的一员，是一个有生有死的动物肌体。然而，人还有文化性一面，从这一方面看，人又是超生物的、超生命的。人的肉体生命是有限的，是自然给予的，具有自在的性质，不能随人所左右；人的文化部分则是超生命的，具有自为的性质，它不受生命规律的支配，可以长期保存、流传。是人把生命变成了"自我规定"的自由存在，使生命摆脱了自然的绝对控制和主宰。当人的生命从环境的支配下解放出来时，同时也把自己同本能生命区别开来，并超越于本能生命活动之上，追求高于生命、具有永恒的东西。马克思说过："动物和它的生命活动是直接同一的。动物不把自己同自己的生命活动区别开来，它就是这种生命活动。人则使自己的生命活动本身变成自己意识和意识对象。"① 这时，人已不再是单一的生命存在，而是有着"超生命本质"的更高级的存在。只有人才能在自然赋予的本能生命基础上，通过自己的活动创造支配生命的生命，即超生命的生命，人这时才称之为"人"。

"人应当被看做有着双重生命的存在——本能生命与超本能生命。双重生命、双重本性，这就是人的特质。只有这样去理解人，把人理解为双重的存在，才能体现人之为人，人之区别于动物的真正本质。"②朱小曼教授把人独有的生命称为"文化生命"，认为"文化生命"与人追求意义世界和人的创造性活动有关。"这种生命所体现的是社会文化在个体身上的延续，它所展露的是不断生成新文化、剔除旧文化的历史过程，是创造文化的生命和展现生命的文化的统一。"③

2. 人是文化的创造物

---

① 马克思，恩格斯. 马克思恩格斯全集：第 42 卷. 北京：人民出版社，1979：96.

② 高清海等. 人的"类生命"与"类哲学". 长春：吉林人民出版社，1998：36.

③ 朱小曼. 教育的问题与挑战：思想的回应. 南京：南京师范大学出版社，2000：9.

人是文化的存在物，在创造文化的实践中实现自己的本质，在文化的获得中生成为人。"文化本身是限制个人行为变异的一个主要因素……我们并不老是感到文化强制的力量，这是因为我们通常总是与文化所要求的行为和思想模式保持一致。然而，当我们真的试图反抗文化教育的强制时，它的力量就会明显地体现出来。"①

（1）人的本质存在于不断创造文化的实践中

人的进化与生物的进化有本质的不同，生物的进化总是被动式的、适应式的，而人类的"优化"则是主动式的、选择式的、创造式的。"不仅我们创造了文化，文化也创造了我们。"②文化决定了人除了承接动物进化的成果，通过精卵结合发育成自然人之外，还必须经历后天自觉的第二次成人过程，才能成为成熟的人、文化的人。因为人的本质不是"预成的"，而是"生成的"，没有文化的接受和创造过程，人不能成为真正的人，人类的文化也不能保持和传承。

人是自然进化的产物，人产生于自然，自然是人的生命之源，这决定人不可能完全脱离动物界，生物性是人的生命内涵中应有之意。但人之为人，就在于人要超越物种生命的限制，以生物性为基础，不断去创造超自然的价值生活。在这个意义上，超生命性即文化性也是人生命中的重要内容。人不同于动物的高贵之处就在于人有高于动物的追求，人的全部要求从本质上说就是要求成为真正的人。

人类所创造的一切及其创造方式、享用方式以及在物质、制度、精神等方面的文明，都是文化存在的具体体现。文化作为人的存在方式，根本追求的是使人"人化"，用人文来化人。文化的这种人性本质说明，只有在创造文化的活动中，人才能成为真正意义上的人，也只有在文化活动中，才能实现真正的文化和自由。

（2）只有在文化中，人才能成为人

"人天生是一种文化生物。""人生来就进入一个文化世界。人要在

① ［美］C. 恩伯，M. 恩伯. 文化的变异. 杜彬彬译. 沈阳：辽宁人民出版社，1987：37.

② ［德］蓝德曼. 哲学人类学. 彭富春译. 北京：工人出版社，1988：273.

这复杂世界中生存，需要学习，受教育。"① 从精子和卵子结合生成人的那一刻起，人就在基因中承载着世代人类文化的信息，从降生到这个世界开始，人便开始了文化"化"人的过程。"没有人完全'从头'开始，我们的诞生并非只伴随个体的天赋，而是同时进入了文化的'外在装置'，这文化装置是由我们的祖先积累承传给我们的。"②在文化的氛围中，我们展开生命的里程，不断学习，与环境中的人与事物相互作用，不断获得人的本质规定性，获得"类生命"，生成为人。人类学家用"文化濡化"（enculturation）表述人从小习得文化、适应文化并学会适应其身份与角色的行为的过程，这个过程纵贯每一个个体的整个生命。文化是人创造的，文化通过人来传递和维持，也需要人去创造和发展，只有在人化中，人才能成为人。

人类学研究告诉我们，与动物相比，人是一种有缺陷的生物。人以外的其他动物在其总的构造上都具有特定化的特性，它们的器官是特定化了的，适合于特定的生存环境，仿佛是一把钥匙开一把锁。例如，动物有皮毛可抵御严寒，有锐爪和牙齿可爬树、防止敌人的攻击以及啃坚硬的食物。人在类人猿进化到人的过程中，这些生存的武器已经退化了，许多先天能力已经丧失，人的器官并不指向某个单一的活动，而是原始的非专门化，或称非特定化（unspecialization）。另外，动物的后代在子宫中度过相对其生命来说较长的一段时间，动物在子宫里依靠纯粹的生物学过程，其本能结构就得以成熟。出生之后，动物并不需要很长的幼年期，自身便显现出其本能，而且一出生便已具有较成熟的本能系统，因此，动物出生不久就能在其本能指导下独立生活。而人则不同，与其他哺乳动物相比，人必须在子宫中度过很长的时间。"人'提早'一年来到世界上，以致人不得不有'子宫外时期'。"③ 人的后代在母体的子宫中并没有获得成熟的独立生存能力，甚至人的一些基本能力，如人的

---

① ［德］博尔诺夫．教育人类学．李其龙等译．上海：华东师范大学出版社，1999：3.

② ［德］蓝德曼．哲学人类学．彭富春译．北京：工人出版社，1988：20.

③ ［德］蓝德曼．哲学人类学．彭富春译．北京：工人出版社，1988：221.

直立姿态和行走都需要在成人的影响和帮助下通过学习而逐渐获得，不能依赖于遗传。

大自然给人留下了巨大的未确定性。"人在本能方面是贫乏的，自然并没有规定人该做什么或不该做什么。"① 意大利文艺复兴时期一位叫皮科的思想家说：创造天地万物的神，给予了一切生物以特定的功能、特定的形态和特定的住所，把它们各自安排在宇宙之中的一定位置上，然而，神给予生物的这些特殊的东西却连一样也没有给人，它只把人放在宇宙的中心位置上。这是因为人的本性就是自由意志。"作为一种禀赋自由意志的存在，人的一切都需要依靠自身的创造去形成，在此意义上，人的存在不是一个'全'、一个'完成'，而是一个'无'、一个'空缺'，人存在的使命就是要超越自然的秩序，去'再生产整个自然界'（马克思语），去创造自己的全部生活。"②

人的非特定化使人有了完全不同于动物的生命与生活。"人生来是一种有缺陷的生物，只能在某种文化中，才有生存能力。"③人的天然缺陷与文化之间从一开始就是相互补充的，而且是一个统一体中的两个互动环节。正是由于存在着要通过较高的能力来弥补现存缺陷的必要性，人成为不断求新的生物，成为虽不完满，但因此而能不断使自己完善起来的生物。人类这个生物界中"不幸"的幸运成员，其"非特定化"不但没有构成其弱点，相反，却"成全"了人。自然没有给人以有特定功能的器官，人便发育了特有的大脑，并充分利用大脑去适应一切环境；自然界没有给人留下现成的家园，人却因此去创造和追寻自己的家园，从而能够"四海为家"；自然界没有留下多少现成的东西可供人享用，于是人便去自己创造所需要的一切，并在创造中不断完善自己。可以说，正是人的这种匮乏性的"不幸"，使人成为真正的人，成为一个能通过

---

① ［德］蓝德曼. 哲学人类学. 彭富春译. 北京：工人出版社，1988：240.
② 高清海等. 人的"类生命"与"类哲学". 长春：吉林人民出版社，1998：26.
③ 高清海等. 人的"类生命"与"类哲学". 长春：吉林人民出版社，1998：26.

反思"认识自己"、"创造自己"的人。

（二）人只能以人的方式去把握

从非人发展成人，人身上既有自然性又有超自然性，人既是物性的存在，又有非物性或超物性的存在，这是人的基本矛盾本性。"人的存在活动与动物的活动根本不同，它是自我创生性的活动，没有对象范围限定。"①人虽来自于自然，但人的本性却不是先天的自然规定，人之为人是自我创生的产物，是文化"化"人的过程。人在宇宙中所处的特殊地位和与其他生物不同的存在方式，决定了人只能用人的方式来把握。

过去人们常常用"对象意识"把人这一认识对象当做物去把握。所谓"对象意识"，就是认为每一个对象都具有区别于他物的确定性质，要认识一个对象，就是按形式逻辑的方法去把握其根本性质。以往人们常常把人视为特定的客观对象，以形式逻辑的方法知性地分析人与其他存在的异同点，而得出人是理性的动物、人是精神的动物、人是有意识的动物、人是社会化的动物等结论。按这种方式分析人，把人归结为某种不变的性质与规定，势必把人"物化"，使人失去人的性质。用物的方式规定人，不仅不能认识人的精神世界的丰富，也无法理解人所特有的双重性质，对人的双重生命性质，往往只承认一种性质的真实性，而否认或忽视另外的性质。例如，只承认人的社会性，而忽视人的自然性，片面地认识人。

对人这一特殊的存在也不能单纯用宗教神学的方式去把握。古代的哲学家已意识到人对物具有某种"超越本质"，但他们能够运用的认识和表现这种本质的方式只有神化方式。神化方式也就是"超对象意识"。在古代，奴隶没有独立的人格，欧洲中世纪，个体更是从属于一个在个人之上的共同体的那种"人"的形象，"我不属于个人，我是属于城邦的"。人不表现为有血有肉的"个人"，而是表现为神圣化了的"大写

---

① 高清海等.人的"类生命"与"类哲学".长春：吉林人民出版社，1998：79.

人"。人的形象不是表现为单个的实实在在的"个体生命",而是表现为神圣化了的"抽象实体"。用宗教神学的方式去把握人,似乎是对人的拔高与升华,其实是把人变成了虚幻的存在,依然使人丧失了现实的本质。作为一种双重存在,人总是在有限中追求无限,在自然的羁绊中超越自身,人的超越、自我创造是一个以实践活动为基础的充满矛盾的辩证过程,以"超对象意识"和神性的思维方式把握的人必然是"神性的人",必然把内心世界丰富多彩的人还原成神性的超自然的存在。

由对象意识把握到的只能是"物性的人",由超对象意识把握到的必然是"神性的人"。运用这两种思维方式认识人,必然导致人的抽象化与片面化。思维方式最终总是受制于事物的生存方式,不同性质的生存方式要求与之相应的思维方式来把握。物的存在方式要求用"物性"的思维方式去把握,人的存在方式则必须用"人性"的思维方式来把握。"适合人存在方式的思维方式是哲学的实践思维方式,是在对人的生命存在方式的自觉反思中所形成的符合人的本性的认识方式。"①对人的认识,既不能单纯运用科学的"对象意识"方式,也不能单纯运用神学的"超对象意识"方式,而只能是"人化"的反思的方式。反思的方法是哲学的方法,是以"思想"为对象,以时代精神为引领,批判吸收以往种种关于人的思想,重新构建关于人的思想的方法。反思的方法可以说就是人本主义的方法。"对教育问题研究来说,最为重要和基本的方法是人本主义的方法。这种方法的核心是强调教育作为生命整体的展开,它是和完整的文化世界相契合的,是直接根植于人的全面发展的本质规定的。"②只有用哲学的"人化"的反思方式把握到的才可能是真实的人、完整的人。

(三) 以人的方式理解儿童

"人化"的反思方法要求我们以理解人的方式理解儿童,把儿童看

---

① 高清海等. 人的"类生命"与"类哲学". 长春:吉林人民出版社,1998:80.

② 朱小曼. 教育的问题与挑战:思想的回应. 南京:南京师范大学出版社,2000:6.

做与理解主体一样具有全方位人性的人；要从儿童之为人和儿童之为儿童的自身根据去理解儿童，把握儿童，把儿童理解为生成性的存在，把儿童理解为自身的创造者；还要从对儿童认识的辨证发展历程去把握儿童的历史性和具体的本性，把儿童理解为规定性和生成性、历史性与超越性、自然性和社会性、现在性与未来性相统一的存在。只有"人化"的思维方式才能认识和把握立体的儿童和丰富的儿童生活。

若以对象意识认识儿童，无异于把儿童当做分析和解剖的"客体"与对象。以这种方式认识儿童，所获得的不是活生生的、能动的儿童形象，而是抽象的儿童概念，儿童完全失去了存在的主体性质，成为与物没有差别的被动的存在。儿童观所"观"到的也只能是客观的、不以人的意志为转移的对象性存在，所得到的只能是尽可能排除主观性的所谓的"科学"的儿童概念，而抽去了活泼的生命，儿童就成了标本。

海德格尔曾明确指出，在追问"哲学之为哲学"时，最重要的不应该是"什么是哲学"，而应该是"什么是哲学的意义"。换句话说，只有首先理解了哲学与人类之间的意义关系，然后才可能理解"哲学是什么"。我们经常问："儿童是什么？"这是一种知识型的提问方式。作为一种知识型的追问方式，起决定作用的是一种单纯的认识关系，而被追问对象则必然以实体的、本质的、认识的、与追问者毫不相关的面目出现。这种提问方式关注的是已经作为认识对象存在的"儿童"，而不是与追问者息息相关、互相映照的"儿童"。"儿童之为儿童"首先要被理解为是对"儿童何为"的追问，在其中起决定作用的不再是一种一般的认识关系，而是一种意义关系，追问者最关注的是儿童的意义。

狄尔泰提出"我们解释自然，我们理解心灵活动"。对人的认识不同于对自然的认识，因为"自然是由外界赋予我们的，对我们来说它是一种陌生的东西。我们设法通过把它分解成一个个最小的简单成分，并借助起初为假设后来由经验证实的法则，再在结构上使这些最小的简单成分重新构成整体，由此而了解它，掌握它。但人的心灵活动不存在这种简单成分，其本身就是一种有一定结构的整体。我们也无需先借助假设去尝试说明心灵活动的状况和人的精神世界的构造，因为我们可以从自身的经历出发由其内部来认识它们"①。狄尔泰把人从内部来认识人的心灵活动称为"理解"。对于儿童，我们必须通过活生生的个体的灵性去感受，去理解，走入儿童的生命世界，把自己的生命与儿童的生命融为一体。在这个过程中，不仅有观察，也有体验；不仅有认识，也有反省，而不是通过理性的逻辑分析解剖儿童，阉割儿童世界。只有以"体验"和"生命"为根据，才能了解真实的儿童，才能真实地了解儿童。

人是一个未完成的生物，必须在文化环境中通过意义的引导使自己真正成为人。"人追求事物的意义，在对意义的追求中实现自己。"②当我们领悟儿童意义时，我们不是闭上眼睛设想一个儿童世界，而是把自己投身于儿童世界之中，爱其所爱，乐其所乐，和他一起快乐，哭泣，成长。与其说我们领悟了儿童世界的意义，不如说儿童的意义占有了我们，影响着我们。当我们寻求意义时，我们已经赋予生命以意义。

对一切事物的认识都是一个无限深入的过程，认识是永无止境的，对人的认识更是如此。人性不是抽象的即定性质，而是在历史的长河中不断生成和发展的东西，处于永恒的流动之中，处于不断迈向未来的开放性生成之中。无论是个体成长过程，还是人类整体的成长史，都是一个永无尽头的不断否定、自我超越的过程，人类就是在此过程中一步一步走向成熟的。当我们问"儿童是什么"时，似乎我们已经知道了所有的"什么"，只是去看儿童是其中的哪一个"什么"。其实，我们忽视了一个关键的问题，那就是我们永远说不出"儿童是什么"的答案，我们只能讨论儿童的"为什么"和"什么样"。

儿童的一切都是成长中的、生成中的，是面向未来的。对儿童的认识过程不是一个封闭的逼近过程，而是一个开放的不断建构的过程。我们不能以为有一个即定的儿童状态供我们的认识去逼近，而应认识到儿童的今天是由我们认识和行动的参与而构成的、不断发展着的存在状态，对儿童的认识和研究就是我们为推进和完善这个状态而作出的努力。

---

① ［德］博尔诺夫. 教育人类学. 李其龙等译. 上海：华东师范大学出版社，1999：10.

② 秦光涛. 意义世界. 长春：吉林教育出版社，1998：7.

第二章

儿童观的本体论思考

> 处在生命源头的正是意识。……意识是一种对创造的需要，它只有在可能进行创造的地方，才对其自身显示出来。当生命注定为自动技能（无意识技能）的时候，意识处于睡眠状态；而一旦恢复了选择的可能性，意识便苏醒了。……在人身上，并且只有在人身上，意识才使自身获得了自由。
>
> ——柏格森：《创造进化论》

人是有意识的动物，人的活动是有目的有意识的社会性活动，意识活动是人特有的活动。儿童观是人的意识活动的产物，是人作为有意识的存在对自身意识的一部分。从词源上看，观念（idea）一词来自希腊文，词源上与 vision（视、视觉形象）有关，原意是指"可见的形象"，中文将它译成观念或理念。上海辞书出版社的《辞海》对"观念"的解释是（1）看法、思想。思维活动的结果。（2）观念（希腊文 idea），通常指思想，有时亦指表象或客观事物在人脑里留下的概括的形象。商务印书馆的《现代汉语词典》中对"观念"的解释是：（1）思想意识。（2）客观事物在人脑里留下的概括的形象（有时指表象）。在哲学范畴中，观念是指个体对真理或事实的认识，是个体长期生活经验和认识过程的综合产物。

儿童观作为意识活动的产物，是对自身的一种意识，以观念的形态存在于每个人的头脑中。由于观念形态的意识具有超物质、超时空性，所以，不仅在历史上形成了不同的儿童观，而且在现实中，儿童观也表现出不同的形态。对儿童观问题进行深入的研究，必须在分析和明确意识的性质与特点的基础上，才能进一步理解作为有意识的存在的人的观念——儿童观的性质与结构。

一、人是有意识的存在

马克思主义的辩证唯物主义和历史唯物主义思想为我们理解人的意识提供了重要方法论。马克思指出，人之所以区别于动物，因为"他的生命活动是有意识的"，"有意识的生命活动把人同动物的生命活动直接区别开来"；人作为社会存在物，"是有意识的存在物"[1]。人通过自己的意识活动，不仅使人的各种活动成为有意识的活动，而且进行着思想、观念的精神生产，形成和发展着人的精神世界。

人的意识是高度组织的、结构复杂的物质单位——人脑的机能和属性，是人脑对客观存在的观念的、心理的反映。换句话说，意识是客观存在在人脑中的主观观念、心理映象。但这种反映不是客观对象直接进入大脑，只是客观对象在人脑中的观念映象，因而其形式是主观的，正如马克思所说："观念的东西不外是移入人的头脑，并在人的头脑中改造过的物质的东西而已。"[2] 意识是人的头脑中主观形式和客观内容的统一。人的意识作为对客观存在的反映，是各种反映形式的总和，包括感觉、知觉、表象等感性反映形式，也包括概念、判断、推理等理性反映形式。

---

① 马克思，恩格斯. 马克思恩格斯全集：第 42 卷. 北京：人民出版社 1979：96.

② 马克思. 资本论：第 1 卷. 北京：人民出版社，1975：24.

根据意识内容的来源不同，意识可分为对象意识和自我意识，或称为"对他物的意识"和"对我自身的意识"。对象意识是对自我以外的对象的观念反映或心理反映，它包括关于对象的知识、理论观念以及道德的、审美的价值判断以及由外部对象所激发的情感、意志等心理体验等。自我意识是对意识主体自身的意识，人能凭借关于自我的意识，把自己在一定社会条件下的存在及所具有的本性、力量、需要、情感、活动等当做对象加以对待，这是人区别于动物、成为自觉自为存在的根本原因和根本标志。马克思指出："动物和它的生活活动是直接同一的，动物不把自己同自己的生命活动区别开来，它就是这种生命活动。人则使自己的生命活动本身变成自己的意志和意识的对象。他的生命活动是有意识的。这不是人与之直接融为一体的那种规定性。有意识的生命活动把人同动物的生命活动直接区别开来。正是由于这一点，人才是类存在物。或者说，正因为人是类存在物，他才是有意识的存在物。也就是说，他自己的生活对他是对象，仅仅由于这一点，他的活动才是自由的活动。"①

人的意识对客观世界的反映不是被动的、消极的，而是能动的、积极的，可以说是一种创造性的反映；人通过意识活动既反映现实世界，又在创造自己的人的世界。人通过有目的的活动同客观世界相互作用，通过自觉、自为、自由的活动不断追求和创造理想世界，人的意识就是人的自觉、自为、自由活动的观念方面。

人的意识以观念形态存在，为人的活动创造观念的对象，设定目的，并指导和调节人的活动，从中使观念的对象和目的现实化。"从根本上说，意识是一种渴望、缺乏性存在。它自身是一种观念世界，但它并不满足于自身，它要认识外界世界，并对外部世界提出自身的要求，外部世界不能满足它，它还要创造外部世界。意识永远不会满足。一个目的实现了，一个目标达到了，但意识并不会因此而止步。目的的实现，不

① 马克思，恩格斯. 马克思恩格斯全集：第 42 卷. 北京：人民出版社，1979：96.

仅提供了意识所要求的东西，而且提供了意识更进一步要求的条件。意识的这种永不满足的渴望特征，使它成为一种巨大的力量，即追求外部世界无限求实化的主体力量。"①

意识不仅具有自身的质的规定性，而且具有自身的独立性。意识不仅形成了自己观念形态的活动法则与活动方式，而且作为与自在的物质世界相对立的力量，意识不断地对物质世界进行认识与改造。人脑通过意识、思维活动反映客观存在的对象，形成观念的、精神的东西，这是人所特有的精神生产能力，同时，意识、思维又从物质过程中分化出来，以相对独立的，具有连续性、继承性和变革性的方式向前发展。

当自我意识的主体把自我当做认识对象来把握时，人既是认识的主体，又是认识的客体，人认识着人的存在，而人的认识本身就在人的存在之中。人在自己的存在中认识自己，没有了认识外在客体所产生的陌生感和疏离感，对人自身的认识把客体的异在性消融了。儿童观是人类的自我意识，当我们认识儿童时，我们就是在用自己的体验、用自己的历史来认识我们熟悉的自己。但同时，正是由于人的存在的特点，决定了人的自我认识是无限的、复杂的，对儿童认识的无限性不仅是指对既有儿童天性与特点的探索是无限的，而且是指我们在认识儿童的同时，也在塑造儿童，儿童自身的性质与特点也处于不断生成与变化之中，这种过程永远不会完成。所以，我们可以说，人正是通过自己有意识的活动，不断自我塑造，自我创造，我们在不断认识与塑造儿童的新形象，也是在不断创造自己新的规定性。

人的意识是一个由极其复杂、多种多样的意识活动和意识因素构成的精神世界、观念性的世界。人的意识在不断的形成与变化之中。"人的观念、观点和概念，一句话，人们的意识，随着人们的生活条件、人们的社会关系、人们的社会存在的改变而改变，这难道需要经过深思才能了解吗？"② 意识的奥妙是无穷的，今天的科学远未能解释人的大脑、思

① 韩民青. 当代哲学人类学：第三卷. 南宁：广西人民出版社，1998：177.

② 马克思，恩格斯. 马克思恩格斯选集：第1卷. 北京：人民出版社，1995：270.

维和意识的机制。但有一点是可以肯定的，人的意识的形成、活动与发展是决定人类的前途与命运、个人行为与发展的重要因素。也正因如此，意识成为人的根本标志之一。研究儿童观成为我们——有意识的存在探寻自身的过程。

二、儿童观的形态

儿童观是对儿童的态度与认识，每个人都有属于自己的儿童观。不同的认识主体对儿童的认识视角不同，形成了不同的儿童观。在教育领域，儿童观是作为教育观念的一部分提出来的，对儿童观的形态与结构分析离不开教育和教育观念的背景。

从文化学的角度，教育可以分为四个层次：物质层面、制度层面、知识层面和价值层面。价值层面主要指教育观念，它是对教育发展起决定作用的层面，正确的教育观念可以使人们从理性上把握教育问题，指导教育行为。儿童观作为教育观念是人们对儿童的总的看法和基本观点，直接影响着人的教育行为。不同的历史时期、不同的社会团体、不同的社会成员对儿童都有不同的看法，形成不同层次、不同类型和不同形态的儿童观。从儿童观的历史进程或从儿童观的观念内容等维度，可划分出不同形态的儿童观。从观念主体的角度，儿童观可分为四种形态：社会法规形态的儿童观、思想理论形态的儿童观、行为动机形态的儿童观和大众观念形态的儿童观。

（一）社会法规形态的儿童观

社会法规形态的儿童观主要是指一定社会中的政府机构以法律、法规形式所表达的对儿童的看法和认识。社会法规形态的儿童观主要体现在一定时期内国家的教育方针、政策、指导思想等文件中，是一种外显的观念形态。社会法规形态的儿童观具有主导性和强制性的特点，社会法规形态的儿童观是一个国家或国际组织提出的对儿童应有的观念，它往往是儿童事业或儿童教育实践的主要指导思想和依据，具有导向、调控作用。社会法规形态的儿童观的实施具有强制性，国家确立的儿童权利依靠国家教育行政机关的行政力量，通过有关教育的政策、纲要、说明等各种正式文件来实现，甚至可能会依靠法律的力量来实现。联合国《儿童权利公约》的缔约国要签署承诺书，承诺履行条约的规定。

　　社会法规形态的儿童观是制度化、规范化、体现社会主流的价值取向的观念形态，以各种法律法规的形式体现。例如，有的国家颁布了《儿童宪章》、《儿童宣言》、《儿童保护条例》等文件，明确了国家对儿童的基本态度。英国在一九〇八年通过了《不列颠儿童宪章》，明确儿童在社会生活中的地位和权利，日本一九四七年公布《儿童福利法》，被视为尊重儿童权利和国家负有养育儿童责任的宣言，一九五一年颁布《儿童宪章》，强调把儿童看做社会的一员，要尊重儿童的各种权利。

童 年 宪 章①

　　所有的儿童都享有他们所需要的一切来充分发挥他们的潜能，从而使他们的头脑、身体和情感得到健康的成长和发展。

　　所有的儿童都有权享受一个安全、快乐和健康的童年。

　　所有的儿童需要在家庭里成长，在那里有特别亲密的成人，让他们体验爱和关怀。

　　所有的儿童应该在童年体验到和平、安全，并得到保护，不受战乱的伤害。

　　所有的儿童享有机会学习并理解自己的恰当需要。

　　所有的儿童有权在安全并有激励性的环境里游玩、成长和学习，不受伤害和烦恼。

　　所有的儿童需要得到机会和支持，逐渐形成对自己和别人宽容、谅解的态度。

---

① 童年宪章是由世界学前教育组织（英国）制订的。世界学前教育组织是为全世界幼年儿童的健康、教育和幸福而工作的团体。童年宪章原文由英国世界学前教育组织提供。载自《早期教育》2001 年第 8 期。

所有的儿童应该为自己的姓名、身份、母语、宗教和文化感到自豪，受到鼓舞。

所有的儿童有权享受在保育、教育、健康、住房、法律和娱乐等方面所需要的高质量服务和设施，这些应该由受过训练的、合格的、有经验的成人为他们提供。

所有的儿童需要得到机会和支持来懂得并考虑所在社会的规则和期望。

所有的儿童需要有机会做某些选择并学会自律。

所有的儿童都不应该受到成人剥削。他们的心、脑和身体是属于他们自己的，必须不受侵犯。

每一个成人应该确认并维护儿童的权利和需要。

任何儿童不应由任何原因包括种族、性别、阶级和伤残受到歧视。

所有儿童的公民权利应该得到尊重。

一个国家如果投资于儿童就是投资于未来。

我国的许多法律文件和政府报告都明确提出了"儿童是社会的未来，是民族的期望"，"全社会都应关心和保护儿童，支持儿童的工作"。我国的《未成年人保护法》、《义务教育法》等都从不同方面表达了社会法规形态的儿童观及其落实途径。《未成年人保护法》规定："父母或其他监护人应当依法履行对未成年人的监护职责和抚养义务，不得虐待、遗弃未成年人；不得歧视女性未成年人或者有残疾的未成年人；禁止溺婴、弃婴。"《义务教育法》规定："国家、社会、学校和家庭依法保障适龄儿童、少年接受义务教育的权利。"

联合国通过的有关文件充分体现了国际社会对儿童共同的认识。联合国《世界人权宣言》（1948 年）表明：儿童有权享受特别的照料和协助，为了充分和谐地发展其个性，应让儿童在家庭里，在幸福、亲爱和谅解的气氛中成长。一九五九年联合国发表的《儿童权利宣言》中规定：儿童应该受到关怀、爱护和了解；儿童应该有足够的营养和医疗照顾；儿童应该有法定的免费规定教育；儿童应有全面的康乐和游戏的权利……，成人和社会应保障儿童的权益。一九八九年通过的《儿童权利公约》要求保护儿童免遭忽视、虐待和剥削，肯定了儿童拥有基本人权：生存权、发展权、受保护权和参与权。

一般来说，社会法规形态的儿童观是一元的、稳定的，是国家以法律形式认可的儿童观。它表明社会对儿童的基本认识与看法，反映社会总体的价值取向。它一方面体现着一定历史时期社会主流文化的倾向性，另一方面也在一定程度上体现着人们对未来的理想追求。

（二）思想理论形态的儿童观

思想理论形态的儿童观是指在哲学、社会学、伦理学、人类学、心理学、教育学等学术领域中由理论家和学者阐述的儿童观，它集中表达着对儿童的理性认识。思想理论形态的儿童观往往以一定的哲学思想为背景，阐述比较系统、全面。尽管这种儿童观不具有法律效应，但当它与社会法规形态的儿童观达成一致时，思想理论形态的儿童观成为社会法规形态儿童观的主要参照源。

思想理论形态的儿童观一般是成文的，有明确的表述形式，表现在研究者的学说、主张和著作、文章之中，体现研究者在研究儿童和儿童教育时的一种价值取向。思想理论形态的儿童观具有理性化的特点。思想理论形态的儿童观不是依靠个人的直觉或凭借个人的感性经验而获得的一些感受或表面认识，它是在一定的哲学、心理学、人类学等理论基础上，经过深入的思考、缜密的分析，用特定的概念、范畴和术语表述出来的，具有抽象和概括性。思想理论形态的儿童观往往也是一种应然状态的观念，反映了理论家和学者对儿童和儿童教育的一种价值追求。这种应然性的儿童观往往是在反思和批判现实的基础上提出的，是一种至少在当时具有一定合理性的价值判断，是对实然的某种超越。

由于思想理论形态的儿童观主要是由思想家个人所持有，个人的思想、信仰、生活经验、家庭背景、所处时代等等因素各不相同，因此存在多种多样的思想理论形态的儿童观，有些儿童观甚至是根本对立的。

例如，中世纪神性教育的"原罪"的儿童观把儿童看做生来就带有"原罪"的罪人；自然主义教育的儿童观把儿童看做具有善良天性的自然的人。由"国"本出发，把儿童看做国家未来的劳动力和兵源，是工具；由"人"本位出发，把儿童看做有自身存在价值的自我生成的主体。思想理论形态的儿童观往往与教育思想流派相一致，例如，以赫尔巴特为代表的"传统教育"，把学生看做教育客体，强调教师的权威，忽视学生在学习和发展中的主体地位；以杜威为代表的"现代教育"，把儿童看做"中心"，强调教育要围绕儿童进行，教师站在儿童的背后，只是一个辅助者。

　　思想理论形态的儿童观深受时代特点和人类认识水平的影响，表现出较明显的历史演进过程。恩格斯曾说："历史从什么开始，思维进程也应从什么开始，而思维进程的进一步的发展不过是历史过程在抽象的、理论上前后一贯的形式上的反映。"[①] 对思想理论形态儿童观的梳理，可以使我们从复杂的历史发展中探寻儿童观演进的轨迹，有助于我们通过逻辑的抽象与概括形成对儿童的看法与观点。

（三）行为动机形态的儿童观

　　教育行为动机形态的儿童观是由教育者所持有，主要表现为教育行为动机的儿童观，是最具有实践意义的儿童观。教育对象观——儿童观是教师教育观念体系的重要组成成分，是教师信念的一部分，也是教师教育实践的重要行为动机。Calderhead（1996）将教师信念归纳为五方面：一是关于学习者和学习的信念；二是关于教学的信念；三是关于学科的信念；四是关于如何学习教学的信念；五是关于自我和教师作用的信念。[②] 其实教师的每一个教育信念都与对儿童的认识有直接或间接的关系。每一个教师都有自己的儿童观，都有自己对教育对象的看法，教

---

① 恩格斯．论马克思的"政治经济学批判"．政治经济学批判．北京：人民出版社，1959：169.

② 马云鹏．课程实施探索：小学数学课程实施的个案研究．长春：东北师范大学出版社，2001：53.

师的观念与信念支配着教师的教育行为，决定着教师的教育方式。但有时我们并不容易直接从教师那里知道他们的儿童观与教育观，这是因为"首先，教师通常并不了解他们自己的思想和信念，因为他们是无意识地用这些东西。第二，教师通常不能把他们的思想用语言表达出来，这样就没有语言可以描述他们的思想。最后，一个人不能简单地从行动中表现出信念和认识，因为教师可以用很不同的理由应用于相同的教学实践"[1]。

关于教师教育观念的形成主要有两种解释，一种观点认为观念是自我建构的过程，产生于个人的直接经验，认为每个人都有不同的建构过程。Nisbett 和 Ross（1980）认为，个体早期得到的信息是从原始生活材料中获得的一种推断，包括个体对自己、对周围环境及所处条件的判断。当这些早期推断与以后的解释存在着矛盾或偏差时，便产生了早期经验的首因效应，甚至在与新的信息发生矛盾时，个体的早期经验也不容易改变。Nisbett 指出，早期的经验极大地影响了个体最终的判断，这种判断继而变成了不易改变的信念，这是信念的持久性现象。[2] 另一种观点认为观念形成是文化建构的过程，主要指个体在通过各种形式、各种途径学习文化、适应文化、接受文化熏陶的过程中，将他人的思想整合到自己的思想中时，便产生信念，信念一旦产生，便不容易改变。Pajares（1992）对教师信念的形成和特征分析研究中也提出，"信念是早期形成的，并且趋向于永久保持"，"个体建立一种信念系统，它包容所有从文化传递过程中获得的观点"[3]。教师的观念的形成应是个体建构与文化适应相辅相承、相互作用的结果。

尽管教师的观念形成是一个复杂的过程，教师的观念系统是一个复

---

① 马云鹏．课程实施探索：小学数学课程实施的个案研究．长春：东北师范大学出版社，2001：56.

② 辛涛，申继亮．论教师的教育观念．北京师范大学学报（社会科学版），1999（1）.

③ 马云鹏．课程实施探索：小学数学课程实施的个案研究．长春：东北师范大学出版社，2001：54.

杂的系统，但我们可以确定的是，社会法规形态的儿童观与思想理论形态的儿童观构成教育行为动机形态儿童观形成的基础，社会法规形态的儿童观和思想理论形态的儿童观都是透过教育行为动机形态的儿童观而对儿童产生影响作用的，同时教育行为动机形态的儿童观也促进社会法规形态的儿童观与思想理论形态的儿童观的发展。同时，我们又要承认这样的事实，即三者互相疏离现象仍然存在，甚至存在三者之间的相互矛盾，或者二对一的矛盾现象。这也从一个侧面说明观念的转变是长期的、复杂的过程。

（四）大众观念形态的儿童观

大众观念形态的儿童观是指每个社会成员对儿童的认识和看法，它渗透于日常生活之中，直接影响着人们对待儿童的态度与行为方式。大众观念形态的儿童观总是与一定的情境、一定的行为相联系，并没有上升为真正的观念，可以说是处于"准观念状态"[①]。不同的人会有不同的儿童观，同一个人在不同情绪和情境下会有不同的观点和看法，甚至出现儿童观与儿童教育行为之间的不一致，甚至矛盾的情况。大众观念形态的儿童观有不同的层次、不同的水平，与每个人的生活经验和文化素质有直接关系，也深受社会法规形态儿童观、思想理论形态的儿童观，尤其是教育行为动机形态的儿童观的影响。

三、儿童观的结构与特征

在教育领域中，儿童观是教育观念的组成部分，关于教育观念的研究对我们理解儿童观的结构、特征有重要启示。

"观念"一词在教育领域中广泛运用。"教育改革的关键是教育观念的转变"，"观念的转变主要是儿童观和教育观的转变"。在教育实践与

---

① 虞永平．学前教育学．南京：江苏教育出版社，1996：30.

教育理论研究中，教育观念指以观念的形式存在于教育工作者和其他社会成员头脑中的，直接影响人们的教育行为的教育主张、教育观点和教育评价标准等，如人才观、质量观、教师观、学生观、方法观、主体观等（柳海民，1999）。教育领域中的"观念"特指"教育观念"，"它是按一定时代的政治、经济、文化发展的要求，反映一定社会群体的意愿，对教育功能、教育对象、人才培养模式、教育体制、教育结构、教育内容、教育过程及方法等根本问题的认识和看法，是一种内在的、具有一定稳定性的主体性认识，是个体行为的心理依据，对个体各方面行为产生直接而深刻的影响（裴娣娜，2001）"。教育观念是指存在于每一个教育者和其他人头脑中的个体或群体对教育的看法或认识。其表现形态就是各种教育观点，如教学观、师生观、人才观、质量观等等。教育观念对于不同的人来说，可以是系统的、完整的，也可以是零散的、局部的，只要是反映对教育的认识和看法，都可以称之为教育观念（高潇怡，2000）。儿童观包含在教育观之中。

　　教育观念按照存在形态可分为两个层次：社会教育观念和个体教育观念。前者属于社会意识层次，一般是以制度形态或理论形态存在的观念体系，相当于公众"倡导的观念"；后者属于社会心理层次，存在于教育实践中，是教师个体所持有的教育观念。社会意识形态的教育观念只有进入教师个体教育观念体系，成为教师个体所持有的教育观念，才可能对教师个体教育行为产生影响。教师个体教育观念对教师个体教育行为起着至关重要的影响作用，是当前教育观念研究的热点和核心问题。庞丽娟教授认为教师个体教育观念有其特定的内涵：教师个体教育观念是在一定的历史文化背景下，教师在日常生活、教育实践与理论学习中，基于对学生发展特征和教育活动规律的主观性认识而形成的有关教育的个体性看法，这些看法直接影响教师对某个教育问题的判断，并进而影响教育行为的实施①，并分析了教师个人教育观念的内涵：教师个人教

---

① 易凌云，庞丽娟．教师个人教育观念的基本理论问题：内涵、结构与特征．湖南师范大学学报（教育科学版），2006（7）．

育观念是特定教师个体所独有的教育观念群；教师个人教育观念受时空的限制，体现着社会历史性与文化性或时代性与地域性；教师个人教育观念可以是有组织、系统化和理论化了的观念体系，也可能是一些零散无序、彼此之间没有很大关系，有时甚至是相互矛盾的观点的简单集合；教师个人的教育观念有些是经过了严密的思维加工的理论认识，有些只是从日常生活中习得的朴素看法或从实际教学实践中得出的经验总结；教师个人教育观念其实反映了教师本人对教育问题的价值取向与价值选择；教师个人教育观念是社会文化适应与教师个体建构共同作用的结果。

从广义知识的角度，教师的教育观念系统可以被看做一个知识体系。作为具有知识特性的教师教育观念具有自身的特点。首先，教师的教育观念具有个体性，决定个体教育行为的教育观念是一种"个体知识"。英国二十世纪著名科学家波兰尼的"个体知识"理论揭示了"个体知识"在科学活动中的重要作用，他认为"个体知识"不是"科学知识"的对应物，而是对科学知识性质的一种表述。"所有的科学知识都是个体参与的"，"所有的科学知识都必然包含着个人系数（the personal coefficient）"，这种观点与传统知识观是针锋相对的。传统知识观建立在理性主义和经验主义之上，认为知识都是客观的，知识价值是绝对的，被纳入知识体系的都是超越个体的绝对客观、普遍的知识，不能包含任何个体因素。波兰尼提出，个体知识和社会知识二者并不是截然分开的，而是存在相互转化的关系。个体知识只有转化为社会知识，才能促进个体和社会的共同发展。社会知识也只有被纳入到个体之中，成为个体知识的一部分，对个体才有真实意义。教师教育观念的个体性使我们认识到，就像每个人有不同的人生观和世界观一样，教师的教育观念是千差万别的，是教师丰富多彩的个性的表现。倡导的理论形态的教育观念只有通过教师的积极参与，化作教师的"个人知识"，才能发挥对教育实践的指导意义。

其次，教师的教育观念具有缄默性，教师的教育观念是一种"缄默知识"（tacit knowledge）。波兰尼的一句名言是："我们所认识的多于我们所能告诉的。"（we know more than we can tell）意思是说人类知识中除了包括那些能够用语言、文字等符号明确表达出来的显性知识，还包括真实存在着的，没有被意识到或者意识到，但很难用语言、文字表达出来的那部分知识，即"缄默知识"。"缄默知识"是相对于"显性知识"（explicit knowledge）而言的。显性知识是指那些通常意义上可以用概念、命题、公式、图形等加以陈述的知识；缄默知识，也称"隐性知识"，是指那些无法言传或不能清晰表述出来的知识。波兰尼认为，从量的角度，人类知识总体可以比喻为一座冰山，显性知识就相当于冰山露出水面的那部分，只占冰山总体的10%，而隐性知识则相当于隐藏在水面以下的那部分，占冰山总体的90%。与显性知识相比，缄默知识不能通过语言进行逻辑说明，不能以规则的形式加以传递，不能加以批判性反思，主要通过直觉、无意识的而不是经过推理的理性过程获得的①。有时内隐的缄默知识会与社会性、制度化、规范化的公共知识相抵触，因而不能言传；有时它是个体从自己生活的经历、经验中得出的一种体验性知识，是非逻辑的，只可意会不可言传。作为一种内隐性缄默知识，它往往"寄寓"于人的心灵最深处，甚至不被观念主体所意识到，但它却对人们的教育行为起着重要的影响。教师要通过反思自己的教育行为，分析自己的缄默性个人教育观念，实现从缄默性知识向外显性知识的转化。只有如此，才能使教师不是停留在只知道"如何做"，不知道"为什么这样做"的水平上。

　　第三，教师的观念具有实践性，教师的教育观念是一种"个人实践理论"。融合了教师掌握的教育理论和实践经验的"个人实践理论"（Personal Practical Theories）是教育理论通过教师作用于实践和实践中积累的教育教学经验通过教师上升为教育教学理论的中介。教师的个人实践理论实际上就是教师个人关于教育的实践理论，是教师在教育实践中形成的个人对教育、教育目的、教与学的关系、课程、儿童、教师自己的角色和责任的认识和看法，是教师真正信奉的、在教育实践中体现出

① 石中英. 波兰尼的知识理论及其教育意义. 上海：华东师范大学学报（教育科学版），2001（6）.

来的教育观念。教师的教育观念是在教育实践中产生、形成和发展的，同时又反作用于教育实践。教育观念源于教育实践，又指导着教育实践活动，同时接受着教育实践的检验。教师教育观念的形成与作用的发挥都离不开教育实践，无论什么样的教育观念都会在教育实践活动的各个方面得到反映和表现。

儿童观是指向儿童的观念，要分析其内容与结构必然体现对人的本质特征与规定性的认识。分析儿童观的结构，首先必须从儿童作为人的整体生命出发，把儿童理解为自然的存在、社会的存在、精神的存在，从这一维度，儿童观包括关于儿童自然构面、儿童社会构面和儿童精神构面三方面的观念。在对儿童自然构面的观念中，主要包括如何看待儿童的天性，如何看待儿童的特质与能力，如何认识儿童期的意义；在对儿童社会构面的观念中，主要包括如何看待儿童的发展、如何看待儿童的地位与权益等；在对儿童精神构面的观念中，主要包括如何看待儿童活动的需要、如何看待儿童的差异等。儿童的天性观、儿童的特质与能力观、儿童发展观、儿童地位与权益观、儿童差异观、儿童活动观等构成儿童观的主要内容。

对儿童每个构面的认识在历史上都存在着不同的观点，同时伴随有不同的教育现象，表现出历史的继承性与超越性。以儿童的特质与能力观为例，从古希腊到十八世纪末十九世纪初，人们在感性直观的水平上看待儿童的特质与能力，依据日常的观察和体验把幼儿看做"软弱无能"和"无知的"。古希腊作家普卢塔克（Plutarch）曾说过：没有什么东西像新生儿那样软弱无助了。哲学家爱比克泰德（Epictetus）曾说："什么是儿童？无知；什么是儿童？需要教训。"古希腊古罗马人认识到了儿童的可塑性，柏拉图提出："凡事之开始，为最重要之点。而于教育柔嫩之儿童，则更宜注意。盖其将来人格之如何，全在此时也。"[①] 英国思想家洛克在《教育漫话》中提出："人心中无天赋的原则。"人心如同

---

① ［古希腊］柏拉图. 理想国：第 1 册. 吴献书译. 北京：商务印书馆，1957：92.

白板，理性与知识从经验而来，经验决定了儿童学到什么和最终成为什么样的人。儿童的心灵好比一张白纸或一块蜡，可以随心所欲地涂画或塑造。卢梭提出要教育好儿童首先必须了解研究人类的一般特点，这些特点表现为年龄差异、性别差异和个别差异，教育必须适应这些差异。卢梭把人的发展与教育划分为四个阶段，并描述了各个阶段的特点，从卢梭的描述中可以看出他对儿童的学习能力估计不足。

十九世纪末二十世纪初，儿童的特质与能力观进入一个新的发展阶段。自然科学的进步揭示了儿童期在人类进化发展中的作用与意义，人们开始用发展变化的观点研究事物的本质与规律，发展变化的观点也成为研究儿童的指导思想。蒙台梭利对儿童进行了较深入的研究，指出儿童心理发展有自身的特点：具有心理胚胎期、具有吸收性心理、具有敏感期等，她对正在发展中的儿童能力予以了较充分的肯定，并提出教育要为儿童提供"有准备的环境"，促进儿童潜能的发展。

二十世纪二三十年代，在以弗洛伊德为代表的精神分析学派的儿童发展理论影响下，人们认识到儿童是有欲望的，儿童期尤其是婴幼儿期是影响和决定人格最终结构的关键时期。弗洛伊德甚至认为五岁前人格基本形成，在这一时期，如果儿童获得的快感太少，冲动和欲望被抑制，就将导致情绪障碍，影响人格发展，甚至影响整个成人生活。到二十世纪中期，生理学和心理学的研究都证明儿童期是可塑性最强的时期，儿童的适应性甚至超过成人。到二十世纪六十年代，随着生理学、脑神经学和心理学的发展，人们对儿童的能力有了新的认识，认为婴幼儿有很大的学习潜力。心理学、生理学研究表明婴儿有惊人的反应能力，表现在他们有较高水平的感知觉，出生后一两天能对环境作出各种反应和适应，出生后第一个月，反应变得越来越协调、完善；他们有较高水平的模仿、学习和推理能力；他们有较精确的、先天的生物周期，婴儿的饿——饱、醒——睡等都有先天预定的节奏。对新生儿和婴儿高水平先天禀赋能力和高水平学习能力的认识是发展心理学的突破，它不仅使人们对婴儿"刮目相看"，也使人们更重视通过教育发展儿童的潜能。布鲁纳在他的《教育过程》中提出大胆的假设："任何学科都能够用智育上是正确的方法，有效地教给任何阶段的任何儿童。"心理学家布卢姆根据对近千名儿童从出生到成年的追踪研究，提出早期经验与智能发展的百分比的假设。他认为，若以十七岁测得的智力成熟度作为 100%，那么出生到四岁获得 50%，五岁至八岁获得 30%，九岁至十七岁获得 20%，就是说四岁儿童已经获得一生智力的一半。这一理论充分表明学前期是智力发展最迅速的时期，也成为我国重视早期教育的重要理论基础之一。

二十世纪八十年代以来，人们开始反思已有的儿童潜能观念，人们认识到儿童有学习潜能，但儿童仍需要时间去成熟。尽管社会和家庭都发生了很大变化，但儿童的基本需要没有变。在教育实践中，开始纠正由于过分强调婴幼儿的学习潜能带来的违背儿童身心发展规律、强迫儿童尽快成熟的教育问题；开始纠正教育中只重视儿童的智力开发，忽视了儿童其他方面发展的倾向。受哲学人文精神的反思以及"以人为本"的时代精神的推动，儿童越来越被看做理性与非理性、灵魂与肉体相统一的完整生命体，儿童教育也越来越强调解放儿童，尊重儿童，给儿童自由，强调儿童个性的全面和谐发展。

从儿童特质与能力观演变过程可以看出，对儿童的特质与能力的认识随着社会的发展、科学研究水平的提高，尤其是人类对自身认识的不断深化而不断发展，儿童观的更新也带来了教育观的转变，使儿童教育呈现出新的面貌。

观念是历史的产物，随着实践的发展而发展，随着社会的推进而变化。观念的变化与发展，一方面是抛弃已有的旧观念，形成和建立适应时代的新观念，另一方面观念本身的内容也在不断变化与更新。应该说儿童观是一个开放的、动态的复杂观念系统，随着人的各种有意识活动的不断展开，随着人类认识自身水平的不断提高，随着教育实践的不断深入和教育理论的不断完善，儿童观的内容将更加丰富，对儿童观结构与特征的认识将进一步深入，更趋近于合理。

第三章

西方儿童观演进
的历史轨迹

> 发展同作为主体和行为者的人有关，
> 同人类社会及其目标和显然正在不断演变
> 的目的有关。一旦接受了发展的观念，就
> 可望出现一系新的发展，与之相应的是人
> 类价值观念方面的相继变革，在历史上，
> 这些价值观念正是以这种方式转化为行为
> 和活动的。
>
> ——［法］弗郎索瓦·佩鲁：《新发展观》

  与人类对自身认识相伴随，人类对儿童的认识也经历了一个长期的演进过程。人是历史的存在，"不仅我们创造了文化，文化也创造了我们。个体永远不能从自身来理解，他只能从支持他并渗透于他的文化的先定性中获得理解"①。人存在于历史中，历史在我们身上留下痕迹；今天的认识是历史认识的延续，是对历史认识的继承与超越。

  在历史发展的不同时期，受当时社会思想、文化、科学的发展水平和人类自我意识发育水平的制约，表现出对儿童不同的认识水平，即不同的儿童观。"对我们的自我认识来说，没有任何现实比历史更重要的

————————————

  ① ［德］蓝德曼. 哲学人类学. 彭富春译. 北京：工人出版社，1988：273.

了，它向我们显示人类最广阔的天地，给我们带来生活所依据的传统的内容，指点我们用什么标准衡量现在，解除我们受自己时代所加予的意识的束缚，教导我们要从人的崇高的潜力和不朽的创造力来看待人。"①历史上那些哲学家、教育家和心理学家通常把对儿童的认识包容在自己深邃的思想中。从他们对人、人性、人的发展的诠释和其儿童教育的理论和实践中，我们可以看到他们心中的儿童形象，捕捉到他们对儿童的理性认识，以及他们对儿童观演进的历史贡献。

应该说我们每个人都有对儿童的看法和认识，在我们个人信仰形成过程中，每个人都在世界文化和民族传统中吸收营养，滋补自己的思想。回顾历史上的儿童观，可使我们清醒地看到先人们的思想在今天生活中的影响，有很多我们认为是新的思想，其实历史上已经存在过，或者能在历史中找到渊源；回顾历史，也让我们更清醒地认识今天，前人的教育理想今天还没有成为现实。梳理历史上不同时期对儿童的认识，可使我们感受儿童观历史发展的脉搏，通过理性的分析，整合我们的思想，使我们从历史的联系中展开我们新的视野。

儿童观与人观、人性观有直接联系，对人的研究是哲学研究的主要内容，是划分教育哲学流派的主要线索，因此，我们对儿童观历史的回顾主要以西方教育流派，尤其是教育哲学派别为主线，同时，考虑历史的连续性，加入对儿童观发展有影响的教育流派和心理学派别的思想，试图勾勒出在教育领域中儿童观演进的历史图景。

对儿童的认识由来已久。古希腊和古罗马文化的伟大思想中包含着对儿童最初的认识。古希腊文化对人类自身有一种积极的看法，这使他们的教育理论充满了对人的发展的乐观态度。具体到对儿童的看法，柏拉图认为儿童是没有理智的，对儿童的教育不能要求用理智，而只能是一种官能的训练。由于儿童无理智，只有感觉、兴趣和欲望，因此儿童不被认为是好的。柏拉图在《普罗泰哥拉》里说起收拾不听话的儿童

---

① ［德］雅斯贝尔斯．人的历史．现代西方史学流派文集．田汝康，金重远译．上海：上海人民出版社，1982：36.

时，提出要用"恐吓和棍棒，像对付弯曲的树木一样"，将他们扳直。但是，他也相信传授知识能使人变好，能使人获得理智。亚里士多德主张，儿童刚出生时无所谓好坏，是中性的。幼儿很像动物，被欲望和情绪所支配。但从本质上看，儿童远远胜于动物，因为他具有动物所没有的潜在力，这种潜在力可以在教育的作用下得到充分的发挥和展现。亚里士多德曾提出按儿童年龄划分受教育阶段的主张。尽管把儿童当做一个特别的年龄阶段进行分类，但是却很少关注儿童本身。有个谚语说，希腊人对天底下所有的事物都有对应的词汇，但这个谚语并不适合于"儿童"这个概念。在希腊文中，"儿童"和"青少年"这两个词至少可以说是含混不清的，几乎能包括从婴儿期到老年的任何人。在希腊人流传下来的塑像中，没有一尊是儿童的①。

古罗马人在借用希腊的教育思想的基础上，发展出了超越希腊思想的童年意识。例如古罗马艺术就表现出"一种不同寻常的年龄意识，包括未成年人和成长中的孩子的意识，这种艺术表现直到文艺复兴以后才在西方的艺术中再现"②，古罗马的修辞学家昆体良讲述了从婴儿期开始培养一个优秀演说家的过程。但是由于社会发展的限制，在当时，儿童不但在社会中没有位置，而且处于被迫害的地位。"在 18 世纪以前，有很大一部分儿童，用我们今天的话来说，是'受虐儿童'。"③

一、神性教育的儿童观

从公元四世纪罗马奴隶制帝国宣布基督教为国教起，到西欧封建社会

---

① ［美］尼尔·波兹蔓. 童年的消逝. 吴燕莛译. 桂林：广西师范大学出版社，2004：7.

② Plumb. J. H. The Great Changein Children. Horizon, Vol. 13, No. 1, Winter 1971.

③ L loydde Mause. The Evolution of Childhood. in The History of Childhood. New York：The Psychohistory Press, 1974.

形成、发展和繁荣的历史时期，被称为欧洲中世纪，这是西方文化作为基督教文化特点表现最显著的时代。在这延续了一千多年的历史时期里，在意识形态领域，基督教在欧洲占居绝对统治地位。正如恩格斯所说，"在中世纪，随着封建制度的发展，基督教形成为一种同它相适应的、具有等阶制的宗教"①，它"把意识形态的其他一切形式——哲学、政治、法学，都合并到神学中，使它成为神学中的科目"②。基督教倡导神性，大肆宣传神道主义、蒙昧主义、禁欲主义，用对上帝的认识代替对人的认识，以对上帝的无限信仰为基础解释人性、人道、人的解放和尊严等问题。把人当做上帝的附属物，认为神性的存在决定了人性的存在，而人性的存在，恰好证明了神性的先知和上帝从虚无中创造世界的无限能力。以基督教神性人学为基础，产生了基督教神性教育及其儿童观。

（一）人是上帝创造的

神性教育的理论基础是基督教的神学人性观。基督教徒都认为，人是上帝创造的。《圣经》一开始就说，是全能的上帝耶和华最初创造了世界和人类。上帝从第一天开始，连续用了五天的时间创造了天地万物，并在第六天，按照自己的形象和样式，用地上的尘土造人，以使他们管理海里的鱼、空中的鸟和地上爬行的昆虫等。上帝创造的第一个男人名叫亚当，为了不使亚当独居，上帝从熟睡的亚当身上取下了一根肋骨，造成一个女人，名叫夏娃，做亚当的妻子，生儿育女。从此，亚当和夏娃不仅成为"男人"和"女人"的代名词，同时也成了人类的祖先。

对基督教教义作出过特殊贡献而被基督教会尊称为"教会之父"的思想家奥古斯丁尽情歌颂和赞美上帝，提出人与万物一样，都为至高、至美、全知全能的天主所造，并为天主所有，是天主赋予人肉体和灵魂，以及人的创造所需要的一切材料和手段。他以儿童为例，指出人体结构

---

① 马克思，恩格斯．马克思恩格斯选集：第 4 卷．北京：人民出版社，1979年：251.
② 马克思，恩格斯．马克思恩格斯选集：第 4 卷．北京：人民出版社，1979年：251.

之和谐全为天主所能，他说："主，我的天主，你给孩子生命和肉体，一如我们看见的，你使肉体具有官能、四肢、美丽的容貌，有渗入生命的全部力量，使之保持全身的和谐。"① 他还以自身为例，说明自我的存在、思想意识的发展以及伦理道德的选择等并不是来自于自己的决定，而是取决于天主的恩赐。

基督教对人的基本认识是：人的最基本部分是物质和非物质部分，即身体和灵魂；人既区别于动物，且高于动物，人和其他生物的主要区别在于人有灵魂，灵魂使人具有上帝一样的品格，使他高踞所有生灵之上，人的个性的关键部分是灵魂或精神，它代表了上帝的本质。按基督教学说，人的发展的最终目标是实现在天国同上帝与基督为伴过永恒的生活，中期目标是在世间的日常生活中执行上帝的意旨。以此为基础的基督教学校的教育目的都带有宗教色彩，强调培养人对上帝的信仰，为来世作准备。

（二）儿童是有原罪的

神性教育的儿童观与基督教对人的本质认识是一致的。在基督教看来，人是罪人，人要靠圣灵得生，人也要靠圣灵行事，人只有从心里遵行神的意旨，才能进入天国乐园。人的一切都是属于上帝的，儿童也必然是上帝的羔羊。

按照基督教的教义，人生来就是罪人。其教义说，在伊甸园中，人类的祖先亚当和夏娃由于听信了蛇的话，违背了上帝的劝告，偷吃了智慧树的果实，犯了罪。这一罪过最初是由亚当和夏娃传给他们的后代的，因而成为整个人类的原始罪过，即所谓"原罪"，这种原罪伴随人类始终。由于人是亚当和夏娃的后代，从祖先那里遗传有原罪，因此，人不可能不犯罪。"原罪"不仅使亚当夏娃被贬到地上，从此离开了永生的伊甸园，也使整个人类经历无数的灾难和痛苦。

基督教义声称，儿童是带着"原罪"来到人世的，故生来性恶。即

---

① ［古罗马］奥古斯丁. 忏悔录. 周士良译. 北京：商务印书馆，1981：10 - 11.

使是刚出世即死去的婴儿，虽然还没有任何罪过，但因为他有与生俱来的原罪，所以也仍然是一个罪人。为此，教会要给刚出世的婴儿施洗礼，以后还要严格控制儿童的欲望。基督教认为，人的灵魂带有神性，是上帝的赋予，主宰着人的肉体，而人的肉体则是人罪过的渊源。人的肉体生活在现实世界中，具有各种欲望，是罪恶产生的温床。因此，基督教宣传"肉体是灵魂的监狱"，只有实行严格的禁欲，对肉体不断地进行惩罚和催残，才能摆脱邪恶的引诱。

由于儿童的本性是罪恶的，要想控制儿童邪恶的本性并使其成为高尚的人，就必须惩罚他们，戒尺、棍棒是教育儿童所必须的。《旧约·圣经》箴言篇中说："不可不管教孩童，你用杖打他，他必不至于死。你要用杖打他，就可以从地狱的深渊救出他的灵魂。"在基督教看来，儿童身上发生的错误行为就是罪恶的标志，教育就是要使他们尽早赎罪，成人对儿童进行身体惩罚，是把邪恶打出去。当时教会兴办孤儿院，收留遗弃的婴儿的目的之一就是帮助儿童赎罪。

在神性教育中，儿童受教育的目的就是学习上帝的旨意，学习信仰上帝和按基督教的原则生活。所有基督徒都相信，人有义务遵从主的诫命，儿童教养和教育活动都是为了这一目的。从基督教观点来看，由于儿童天性是恶的，所以不应由他们自己决定教育目标，相反要由已经进入理性时期并熟知主的教导的成人来规定教育目标。儿童要绝对服从圣书及其讲解人——教师的权威，不能有任何怀疑或创造。在教育内容上，宗教神学高于一切，宗教内容既是最基本的知识，也是最高深的学问，无论初入校的儿童还是大学高年级学生都学习同样的内容。由于孩童时罪恶深重，儿童不代表任何美好的事物。使徒保罗给哥林多教会成员的信中说："我做孩子的时候，话语像孩子，心思像孩子，意念像孩子，既成了人，就把孩子一事丢弃了。"[①] 在基督教的神性教育中，儿童期没有什么自身的价值，更谈不上儿童在社会和教育中有什么地位。

---

① 中央教育科学研究所. 简明国际教育百科全书：人的发展. 北京：教育科学出版社，1989：147.

在奥古斯丁之后，基督教会中一些开明的思想家、教育家对人的本质及儿童观问题提出了不同与罗马教会官方理论的学说，主要是反对奥古斯丁的原罪说，认为人性是善的，人类最初没有罪，有罪的原因在于人的自由意志，在于人们只是转向自己而不是上帝。十三世纪之后，托马斯·阿奎那理论取代了奥古斯丁的学说，成为罗马教会所认可的官方理论。他与奥古斯丁一样认为人是由绝对的最初存在者上帝所创，但他认为人本身并不存在两个实体，而是由灵魂和肉体组成的一个统一的实体。他把人的活动分为两类：人的行为和人性行为。认为人们通常所说的德行实际上是一种人性行为，并不是先天具有的，而是后天获得的。这种说法肯定了人的可塑性以及教育在人的发展中所起的作用。

二、人文主义教育的儿童观

十四至十六世纪，西欧兴起了文艺复兴运动，它是新兴资产阶级在意识形态领域所发动的一场变革，是一场反封建的文化革命运动和思想解放运动，其主要锋芒首先指向教会，目的在于使人从封建教会的束缚下解放出来。文艺复兴时期的人文主义是资产阶级新文化革命的旗帜，也是资产阶级教育革命的旗帜。进步的思想家宣称他们发现了"人"，他们倡导人权，反对神权，提倡个人自由，反对封建桎梏，提出新的人类观。这种人类观认为，人是完全可以认识的、自由的、有规律的活动体；人是仅次于上帝的人，是自然的人，是和谐发展的人。新人类观使儿童从传统社会的从属关系中解放出来，从确信人类的价值与尊严引申出了新的儿童观。

（一）人文主义对"人"的重新理解

文艺复兴时期，进步主义思想家在反对天主教会和宗教神学时，打出了"人文主义"这面大旗。人文主义是一种崇拜现实、崇拜人生，并以世俗的人为中心的世界观。与基督教禁欲主义完全相反，它要求弘扬人性，尊重人性，主张个性自由、个人幸福，强调人能创造一切，也必须能享受一切。人文主义者强调个性，而且强调把主体意识最终落实在个体身上。从绘画中可以看出，中世纪绘画中的人物往往表情呆板，千篇一律，而文艺复兴期间的艺术却着力刻画个人、个性，达·芬奇的《蒙娜丽莎》、《最后的晚餐》表现的都是有血有肉的、活灵活现的人。另外，文艺复兴时代的文人格外重视日记和自传，着力描写自己，由此也可见一斑。

　　人文主义思想家坚决反对宗教神学把人看成是有罪的，是上帝的奴仆，人生的意义在于赎罪，侍奉上帝，并不断折磨自己的精神和肉体。他们声称重新发现了"人"，倡导由人性取代神性的中心地位，把人摆在第一位。他们提出人所追求的只是人自己，要解除人和上帝之间的主奴关系，还给人自由和尊严。人文主义广泛宣传乐观、积极的现实主义精神，鼓舞人们不仅重新认识世界，也要重新认识人类自己。人文主义新的世界观促使文学、艺术、科学、哲学都获得了新生，并生气勃勃地发展起来，涌现出众多的"巨人"，如但丁、薄伽丘、莎士比亚等诗人和文学家，达芬奇、米开朗基罗等美术家和雕刻家，伽利略、培根、笛卡儿等科学家和哲学家。

　　这一时期思想和文化的成就都对教育产生了重大影响，也成为人文主义教育的思想来源。人文主义认为，人是上帝的形似、上帝的宠物，是上帝在地上的代表。由于任何人都可以成为上帝的代言人，人人平等，所以任何人都有受教育的权利；由于任何人先天就具有上帝所有的一切——博学、德行、虔诚的种子，所以任何人都有受教育的可能性。尽管这些观点带有较浓厚的宗教色彩，但它的进步性是不容否认的。正是基于对人性的尊重和对人能力的信任，人文主义教育家才提出了普及教育的思想。

　　人文主义认为人是"自然"的人，上帝创造了人，也创造了宇宙万物，人与宇宙万物是一个整体；人在自然中生活，人的发展是自然的、和谐的。正是基于把人视为自然的一部分，认为人与人之间具有共同的自然本性，夸美纽斯才提出班级授课制。夸美纽斯把人看做自然的一部分，认为在自然界中存在着一种起支配作用的普遍法则，他称为"秩序"或"事物的灵魂"，因而人的发展和对人进行的教育，应服从这一普遍的法则。在《大教学论》中，他列举鸟类在气候适宜的春天而不是寒冷的冬天或炎热的夏天孵化小鸟，园丁和建筑师要选择适宜的季节进行种植和建造房屋等，以此说明适应自然的教育应从人生的春天即儿童时期开始。

（二）人文主义教育的儿童观

人文主义教育思想是文艺复兴运动中人文主义思潮的一个重要方面。人文主义教育思想是新兴资产阶级以"人"为中心的、世俗的、现实主义的教育思想体系。它主张自然人的全面和谐发展，把陶冶"人"作为教育的最高理想；肯定今生的生活，提倡人们尽情享受自然所赋予的身心快乐；重视感性认识，重视经验的归纳和自然科学知识的实用价值。总之，人文主义教育思想主张一切从人出发，从人的世俗生活出发，从自然出发，从人的经验出发；坚决反对性恶论的儿童观，反对把儿童看成带有"原罪"的上帝的羔羊，认为儿童是自然的生物，儿童是宝贵的，应当受到成人的照顾和关心。

文艺复兴否定了封建的、基督教的伦理、习俗和制度，同时产生出了新的人类观。由新人类观产生新的教育思想，肯定人的价值和尊严，使儿童的命运也发生了转机。

1．儿童的发展取决于教育

捷克教育家夸美纽斯尖锐抨击中世纪的学校教育，提出"把一切事情"教给"一切人"。他于一六三三年出版了《母育学校》，一六五二年改名为《幼儿学校》，这是历史上第一部幼儿教育专著。他于一六五八年出版的《世界图解》是他根据适应自然和直观教学原则所编写的、历史上第一本对幼儿进行启蒙教育的看图识字课本。乌申斯基曾说过："我们可以承认，夸美纽斯的《世界图解》已是能估计到每个儿童年龄特征来符合教育要求地给儿童讲述科学知识的开端。"①

---

① ［捷］康斯坦丁诺夫．教育史．李子卓，于卓等译．北京：人民教育出版社，1958：56．

在《母育学校》中，他把儿童比做"上帝的种子"，比做比金银珍宝还要珍贵的"无价之宝"。他警告那些欺负儿童的人，要求他们像尊敬上帝一样去尊重儿童。他还把儿童比做一面镜子，在它里面，人们"可以注视谦虚、有礼、亲切、和谐以及其他基督徒的品德"①。他告诫教师不要对儿童的发展失去信心，"我们差不多找不出一块模糊的镜子模糊到了完全反映不出任何影像的田地，我们差不多找不出一块粗糙的板子粗糙到了完全不能刻上什么东西的地步"②。他认为人生而具有学问、道德和信仰的种子，但这些种子如何发展，取决于他所受的教育。"假如要去形成一个人，那便必须由教育去形成"，"只有受过一种合适的教育之后，人才能成为一个人。"③

法国历史学家菲利普·阿里埃斯（PhilippeAries）曾说，在欧洲社会的相当长时期里，找不到以性成熟的标准来划分儿童期的观点，而是受社会的从属和依存的观念支配。夸美纽斯从人的本性出发，把儿童从出生到成熟分为四个时期，并依据儿童年龄特征在《大教学论》中构筑了一个四级单轨学制：从出生到六岁，为婴幼儿期，在母育学校接受家庭教育；六至十二岁，为童年期，由设在每个村落的母语学校进行初步教育；十二至十八岁，为少年期，由设在每个城市的拉丁语学校实施中等教育；十八至二十八岁，为青年期，通过设于省或王国的大学接受高等教育。他从教育适应自然的原则出发，提出"任何人在幼年时代播下什么样的种子，那他老年就要收获那样的果实"。④ 他呼吁父母担当起教育的责任，不仅要关心儿童身体的保护，还要注意人的灵魂；要用教育把他们在人生中需要的一切知识种子播植到儿童的身上。虽然在夸美纽斯的儿童观中还表现出宗教思想的束缚，但从根本上已不同于中世纪性恶论的儿童观。

---

① 任钟印．夸美纽斯教育论著选．北京：人民教育出版社，1990：15.
② ［捷］夸美纽斯．大教学论．傅任敢译．北京：人民教育出版社，1979：65.
③ ［捷］夸美纽斯．大教学论．傅任敢译．北京：人民教育出版社，1979：35、36.
④ ［捷］夸美纽斯．大教学论．傅任敢译．北京：人民教育出版社，1979：22.

文艺复兴后期法国著名的人文主义者蒙田（Montaigne，1533—1592）曾提出，"世界上最重要的事情就是认识自我"①。他认为人类的学问中最困难而又最重要的一门就有儿童的教育，"天性的显露在这幼稚的阶段是那么令人寻味，趋势又那么变化莫测，要想在这上面树立任何稳固的判断实在是很难的事"②。作为教育工作者，首先要了解儿童的天性，否则不能教育好儿童。

2. 对待儿童要人道化和个性化

人文主义教育思想家坚决反对旧的儿童观，认为儿童是人，儿童的天性是纯洁、善良的，主张反禁欲的、世俗的、人道主义的教育方法。荷兰人文主义教育家伊拉斯莫斯（Erasmus，1469—1536）由于在古典文学方面的卓越造诣而成为文艺复兴时期具有重要影响的人文主义学者。他奉劝老师要研究儿童，不要指望儿童像小大人一样行动。在《幼儿教育论》中他说："'儿童'这个词在拉丁语中意味着'自由者'（liberi）。因此，自由的教育是符合儿童的……自然，用教育手段把本来是自由的儿童奴隶化，是何等的荒谬！"③ 此外，他告诫教师："记住，你的学生还是一个小孩，而你自己也曾是一个小孩。"他认为儿童会通过对教师的爱达到对学习的爱，所以作为教师，最重要的是必须使自己成为深受儿童爱戴的、慈祥的人。他强烈抨击当时的学校虐待儿童，强调采取"充满好意、适度、高明的对待方法"④。意大利的人文主义者威尼斯（1406－1458）在他的《儿童教育论》中写道："成人要以经常赞扬好的行为，饶恕、宽大细小过失的办法来教育儿童，应该在赞扬和羞辱之间求得一个适中的办法。""教育方法必须根据儿童个性的不同而有所区别，这是不言自明的。"伊拉斯莫斯也强调施教时必须考虑儿童的身心特征，并照

---

① ［德］恩思特·卡西尔. 人论. 甘阳译. 上海：上海译文出版社，1997：1.
② ［法］蒙田. 蒙田随笔. 梁宗岱等译. 长沙：湖南人民出版社，1987：208.
③ ［日］筑波大学教育学院研究会. 现代教育学基础. 钟启泉译. 上海：上海教育出版社，1986：6.
④ 日本世界教育史研究会. 世界幼儿教育史. 张举，梁忠义等译. 长春：吉林人民出版社，1986：5.

顾儿童的个别差异。夸美纽斯提出教育要考虑适合儿童的年龄特点，"学生不可受到不适合他们年龄、理解力与现状的材料的过分压迫，否则他们便会在不实在的事情上耗掉他们的时间"①。

　　总之，文艺复兴时期的人文主义教育对儿童的身心给予了从没有过的关注，反对把儿童看做天生的罪人，认为儿童是天真的，纯洁无瑕的，如果有适当的教育，儿童内在的潜能和善良的天性就能和谐发展起来；要求人们珍视儿童，热爱儿童。尽管人文主义教育的儿童观承认了儿童的特点和兴趣，但并没有把儿童本身看做有自身价值的存在，也没有从根本上否定儿童对于社会和双亲的绝对服从关系。因此，到了近代，把儿童看做双亲所有物的儿童观和中世纪以来贯穿基督教的原罪儿童观仍占有统治地位，鞭打、体罚儿童的教育习俗仍然存在。

三、自然主义教育的儿童观

　　在批判基督教神性教育的基础上，人文主义精神广泛传播，科学的进步促进了思想的解放。到十八世纪，出现了反对封建教育，注重儿童身心自然发展，并具有独立思想体系的"自然主义"教育思潮。以卢梭为代表的自然主义教育家把锋芒直接指向压制人性、忽视儿童特点、束缚人的自由发展的封建教育，要求人们确立正确的儿童观，尊重儿童的权利，遵循儿童发展的自然规律，培养反对封建教育的"自然人"。

　　在儿童观的发展长河中，从根本上转变用成人社会的要求对待儿童的传统，把儿童从社会的偏见和双亲的束缚中解放出来，确定儿童是有其固有法则的"自然"存在的是伟大的启蒙思想家卢梭，以致人们认为是他"发现了儿童"。在他的教育哲理小说《爱弥儿》中，他不仅尖锐地批判了封建社会对儿童的种种偏见和歧视，而且从一个崭新的角度审视儿童，研

---

　　① ［捷］夸美纽斯．大教学论．傅任敢译．北京：人民教育出版社，1979：
　　　163.

究儿童。他认为儿童不是生来就有"原罪"的存在，也不是可以教育的"白板"，更不是"小大人"，儿童本身具有不可转让的价值，真正的教育就在于是使儿童的自然本性得到发展。卢梭的儿童观与教育观成为后来新教育思想的源泉，并为后世所继承，奠定了现代教育原理的基础。

（一）儿童作为人，具有人的根本特性

卢梭关于人性的学说是其儿童观和教育观的理论基础。他从人性自由和善良的本性出发，深刻尖锐地批判了封建的儿童观和教育观，主张教育要顺应儿童的天性，给儿童自由。在卢梭看来，儿童首先作为"人"而具有人的根本特性，正是这种人的本性，构成了儿童发展的前提。

卢梭认为，人的天性是善的。在《爱弥儿》的开卷之首，卢梭写道："出自造物主之手的东西，都是好的。"① "在人的心灵中根本没有什么生来就有的邪恶。"② 卢梭认为，人的先天的善性主要由良心、理性和自由构成。人的本质是自由，自由是可贵的天性，人的一切活动都受人的自由意志支配。他把宇宙万物的"动"划分两种，一种是由外因造成的动，一种是自动造成的动，"没有任何物质的东西是自动的，而我却是自动的"。人的这种自动就意味着自由，"放弃自己的自由，就是放弃自己做人的权利"③。但是人的选择和活动不能放任自流，这便需要理性，只有受理性指导的自由才能成为善性。由于理性常受欲望和私欲的干扰，若是仅仅以理性作为行为的基础，又常会使人在自爱和爱人相矛盾的时候徘徊不定，因而需要良心，良心可使人爱憎分明。由良心统率理性，理性指导自由，从而形成人的善良天性。尽管卢梭的性善说是不正确的，但其人性说是直接针对基督教原罪说的性恶论，具有深刻的反封建意义，同时也是发现儿童的必要前提。

自由善良既然是人类的天性，因此也是儿童的天性。卢梭认为，儿

---

① ［法］卢梭. 爱弥儿. 李平沤泽. 北京：商务印书馆，1983：5.
② ［法］卢梭. 爱弥儿. 李平沤译. 北京：商务印书馆，1983：95.
③ ［法］卢梭. 社会契约论. 何兆武译. 北京：商务印书馆，1982：16.

童生来是性善的，是纯洁无瑕的，心中没有任何罪恶的种子；儿童也是自由的，自由是儿童的权利。教育就要保护儿童善良纯洁的心灵，顺从儿童的自由本性。卢梭又指出，人虽然有自由善良的天性，但由于社会的污浊，人的自由天性从童年起就遭到践踏。既然是社会毒化了儿童天生的善性，那么教育就要注意运用各种方法使儿童避开社会的不良习俗和偏见，废止社会道德的灌输，让儿童返回自然，恢复儿童的天性。为了尊重儿童的特点，为了保护儿童的权利，卢梭提出，应为儿童的发展创建良好的环境，避开一切不良因素的影响，使儿童在其天性不受污染的条件下得以自由发展。他坚决要求远离腐化的上层社会，远离充满罪恶的城市，到乡村大自然的纯朴环境中对儿童进行教育。在《爱弥儿》中，卢梭总结幼儿教育的几条准则时指出："这些法则的精神所在，就是要多给儿童以自由，……儿童自己的事情都让他自己去做。"教育中的一切措施、手段、方法都要从"儿童"这个中心出发，给儿童自由，促进儿童自然、主动发展。儿童期是最幸福愉快、天真浪漫的时期，在这一时期，应"让儿童尽情地享受他的游戏，他的嬉笑和愉快的本能"[1]。他坚决反对压抑儿童的封建教育制度，反对当时盛行的严酷纪律、体罚和催残儿童个性、束缚儿童自由的旧教育。他呼吁人们保护儿童的天性，给儿童自然的教育。

（二）把儿童看做儿童

自然主义教育思想的一个最基本内容就是重新评价儿童，把儿童当做儿童看待。卢梭在《爱弥儿》中指出："在万物的秩序中，人类有它的地位；在人生的秩序中，童年有它的地位；应当把成人看做成人，把孩子看做孩子。"[2] 在卢梭看来，儿童首先是人，应当把儿童当人来看待，但儿童又与成人不同，因而还应当把儿童当做儿童看待。"大自然希望儿童在成人以前就要像儿童的样子。如果我们打乱了这个顺序，就会

---

① 张焕庭. 西方资产阶级教育论著选. 北京：人民教育出版社，1996：106.
② ［法］卢梭. 爱弥儿. 李平沤译. 北京：商务印书馆，1983：74.

造成果实早熟，它们长得既不丰满也不恬美，而且很快就会腐烂。""儿童有他自己特有的看法、见解和感情的，如果想用我们的看法、见解和感情去代替他们的看法、想法和感情，那简直是最愚蠢的事情。"①

在卢梭看来，"把孩子看做孩子"就是要认识到儿童与成人的不同，把儿童期看做特殊的发展时期。卢梭认为，儿童与成人相区别的一个特点是儿童发育的不成熟。儿童不仅在生理上而且在心理上都处于尚待成熟时期，孩子有独特的观察、思考和感觉的方法。"从孩子的本身来看孩子，就可以看出，世界上还有哪一种生物比他更柔弱，更可怜，更受他周围的一切的摆布，而且是如此的需要怜惜、关心和爱护呢？"② 儿童区别于成人的另一个特点是儿童有自己的快乐和幸福。卢梭认为，儿童获得幸福主要是指他的自由意志未受到外在的限制，因自己的能力而实现自由。要想使儿童获得快乐和幸福，就应当尽可能使儿童保持在天生的自然状态下，因为"人愈是接近他的自然状态，他的能力和欲望的差别就愈小，因此，他达到幸福的路程就没有那样遥远"③。卢梭指出，在自然状态下，有时在成人眼里是痛苦的事情，而儿童却感到其乐无穷。我们经常看到"雪地上有几个淘气的小鬼在那里玩，他们的皮肤都冻紫了，手指头也冻得不那么灵活了，只要他们愿意，就可以去暖和暖和，可是他们不去；如果你硬要他们去的话，也许他们觉得你这种强迫的做法比寒冷还难受一百倍"④。这就是儿童的快乐！卢梭认为，儿童期的快乐是自然赋予儿童的最重要权利，那种使"天真快乐的童年消磨在哭泣、惩戒、恫吓与奴隶的生活中"的教育，只能使儿童成为"残酷教育"的牺牲品。总之，尊重儿童的天性，对儿童的种种不成熟和孱弱给予精心的保护和认真的帮助，儿童就会感受到快乐和幸福，也会给儿童带来未来的快乐和幸福。卢梭曾批评说："我们从来没有设身处地地揣摩过孩子的心理，我们不了解他们的思想，我们拿我们的思想当做他们的思想；而

① ［法］卢梭．爱弥儿．李平沤译．北京：商务印书馆，1983：91.
② ［法］卢梭．爱弥儿．李平沤译．北京：商务印书馆，1983：88.
③ ［法］卢梭．爱弥儿．李平沤译．北京：商务印书馆，1983：75.
④ ［法］卢梭．爱弥儿．李平沤译．北京：商务印书馆，1983：86.

且，由于我们始终是按照自己的理解去教育他们，所以，当我们把一系列的真理告诉他们的时候，也跟着在他们的头脑中灌入了许多荒唐和谬误的东西。"①

为了保护儿童有健康发展的环境，卢梭在反对封建旧教育的基础上，提出了"消极教育"的主张，就是在儿童发展的早期阶段让儿童"不做任何事情"，以保护儿童先天的善性和理智的自然发展，使儿童在无外来干扰的情况下按其自然本性健康成长。"消极教育"的实施，在体育方面，卢梭主张为儿童选择一个自然的环境进行培养和教育。卢梭认为乡村的空气清新，空旷自由，是最理想的场所，应放任儿童身心，尽情玩耍，使儿童从中获取快乐和幸福；在德育方面，反对传统教育中的道德说教和命令主义，提倡要从尊重儿童的特点、协调儿童和成人的人际关系出发，运用"自然后果法"来教育儿童，纠正儿童的过失，儿童主要通过体验过失的不良后果而认识错误，吸取教训，学习服从"自然法则"；在智育方面，他认为理智是人的一切官能中最迟得到发展的，需要有一定的基础和过程。儿童的理智还处于"睡眠期"，如果强行用已有的方法或书本的现成文字过早地发展儿童的理智，儿童的心智发展是不自然的，会使儿童产生偏见，妨碍儿童自己运用理智。卢梭认为只有儿童需要用成人的知识经验来补充自己的本性发展时，才能教授儿童学习成人的知识。

卢梭第一次提出"把孩子看做孩子"，强调儿童期的教育应符合儿童身心的特点，顺应儿童的天性进行，这在儿童观的历史上具有划时代的意义。卢梭的思想不仅是新旧教育的分水岭，也成为西方近代教育思想和教育实践发展的重要思想基础。从此，教育开始真正考虑儿童的存在，开始关注儿童、研究儿童。

（三）儿童期有自身的发展规律和价值

卢梭强调儿童是一个独立的个体，儿童有自己的尊严和权利，应享

---

① ［法］卢梭．爱弥儿．李平沤译．北京：商务印书馆，1983：221.

受儿童应有的幸福。教育不应为了成人的利益而牺牲儿童的利益，应把属于儿童的东西还给儿童。儿童期是个体生命发展的重要时期，它奠定了人的发展的基础，不是可有可无的，儿童教育不应为了儿童的未来而牺牲儿童的现在。卢梭认为，儿童的现在和将来是前后连贯的发展过程，轻视儿童期的生活不仅对儿童今后的发展是不利的，也是剥夺了应该属于儿童的权利。"他长大为成熟的儿童，他过完了童年的生活，然而他不是牺牲了快乐的时光才达到他这种完满成熟的境地的，恰恰相反，它们是齐头并进的。在获得他那样年纪的理智的同时，也获得了他的体质许可他享有的快乐和自由。如果致命的错误毁掉我们在他身上所种的希望和花朵，我们也不至于为他的生命和为他的死而哭泣，我们哀伤的心情也不至于因为想到我们曾经使他遭受过痛苦而更加悲切；我们可以对自己说：'至低限度，他是享受了他的童年的；我们没有使他丧失大自然赋予他的任何东西'。"①

卢梭根据他对儿童发展的自然进程的理解，在《爱弥儿》中，通过描述爱弥儿这个虚构的艺术形象的成长过程，将儿童的成长发育分为四个时期，并根据每个时期的特点，确定了相应的教育任务。他认为，零至二岁是人生的第一阶段——幼儿期。"教育是随生命的开始而开始的"②，这一阶段的教育任务主要是发展幼儿的身体素质，训练他们的感官，发展感觉能力，应利用大自然赋予儿童的一切力量，给儿童自由，让他们自由发展；二至十二岁是人成长的第二阶段——儿童期。卢梭认为这个时期是"理性睡眠期"，这一阶段的儿童在认识上只能接受形象，而不能形成概念，所以必须首先训练儿童的各种感觉器官，为儿童获得知识和发展理性的打下基础。他主张用"消极教育"的办法，在自然的状态下，利用周围的事物影响儿童，因为"他周围的事物就是一本书"③；十二至十五岁是人生发展的第三阶段——少年期。卢梭认为，这一阶段的儿童已经有了强健的体魄和发展较好的感觉器官，因而教育的

① ［法］卢梭．爱弥儿．李平沤译．北京：商务印书馆，1983：209.
② ［法］卢梭．爱弥儿．李平沤译．北京：商务印书馆，1983：46.
③ ［法］卢梭．爱弥儿．李平沤译．北京：商务印书馆，1983：128.

主要任务是引导儿童学习知识，培养他们的学习兴趣，教给他们学习方法。这个年龄阶段的另一项教育任务是劳动教育，通过劳动教育培养自食其力、独立的自由人；十五至二十岁是人的发展第四阶段——青春期。卢梭认为，由于儿童已经在自然状态下接受了充分的"自然的教育"，体力和智力都得到了良好的发展，应该发展儿童的情感和意志了，因此教育的主要任务是形成良好的德行，而且要回到城市中进行这种教育。尽管卢梭关于儿童发展年龄阶段的划分和主要教育任务的确定有很大的缺陷，但卢梭在这里表达的是这样一种儿童观：儿童与成人不同，是发展中的人，是按照一定阶段向前发展的人，儿童本身也因年龄阶段的不同而具有不同的发展特点。教育要遵循儿童发展的特点，注意各个年龄阶段的发展特征，以促进儿童不断发展。

卢梭第一次以其鲜明、深刻的论述把教育的注意力吸引到儿童身上，使儿童问题引起世人的瞩目。卢梭对童年的发展作出了两大贡献。首先他坚持儿童自身的重要性，儿童不只是达到目的的手段，儿童自身有价值。卢梭的第二个贡献是卢梭认识到了童年是人类最接近"自然"状态的人生阶段。儿童的知识和情感生活之所以重要，并不是因为我们为了教育而必须要去了解它，而是因为这是最接近自然的人生阶段。了解童年，就是亲近自然。卢梭的作品激发了人们对儿童天性的好奇，而这种好奇一直持续到今天。

卢梭以新的角度审视儿童和研究儿童，考虑儿童年龄特征进行教育的思想，影响着后来的教育家和思想家，康德和裴斯泰洛齐发展了卢梭的自然主义教育思想。裴斯泰洛齐提出教育应适应儿童的心理，使儿童各个方面的能力都得到均衡发展。他认为教育教学的任务就是抓住儿童发展的恰当时期，"依据自然法则，发展儿童道德、智慧和身体各方面的能力"[1]。和卢梭一样，裴斯泰洛齐也十分重视儿童发展的最初的自然关系，认为从儿童的自然关系开始进行教育，对于儿童的身心发展具有重要意义。总之，从与卢梭同时代的康德、裴斯泰洛齐到二十世纪的杜威、

---

① 张焕庭. 西方资产阶级教育论著选. 北京：人民教育出版社，1996：206.

凯兴斯泰纳、皮亚杰等，都曾不同程度地受卢梭的启发。即使到了二十一世纪的今天，尊重儿童的天性，尊重儿童的身心发展特点，给儿童自由发展的时间和空间，仍然是教育理论和实践的重要指导思想。"在对儿童的认识过程中，自然主义教育思想帮助我们提高了对儿童的认识。儿童从完全被成人所忽视，到重新被发现，这是一种历史性的进步。把儿童看作儿童，守护儿童的世界，仍是我们今天要做的基本工作。"①

四、主知主义教育的儿童观

西方主知主义教育思想从十七世纪中叶开始占主要地位，到十九世纪趋于鼎盛，成为支配欧美教育发展的一种主导力量。主知主义教育思想深刻体会和反映西方近代社会政治、经济和文化的发展趋势，适应资本主义发展要求人才具有文化科学知识的需要，强调知识的价值，认为知识不仅具有认识价值，不仅和人的理性发展有关，而且与道德、审美乃至宗教信仰有关；知识不仅有个人价值，而且对改造社会、促进社会进步也有意义。因此，主知主义者主张把传授知识和发展理性作为教育的基础和主要目的，他们注重探讨传授知识的有效方式、程序和途径，重视研究知识内容选择和编排的基本原则和方法。

主知主义者认为人的天性并不是完善和完美无缺的，在人的自然倾向中同时具有向善和向恶发展的可能性，因而，他们强调教育和训练的作用，强调通过教育和训练使儿童向善的方向发展。康德有句名言："人只有通过教育才能成为人。"因此，具有丰富知识和经验，以传授书本知识为专长的教师是主知主义教育所推崇的，并被视为教育教学的中心，学生只能在教师的管理和监督下成长。

（一）洛克的儿童观

十七世纪，英国哲学家、教育家洛克继承和发展了培根和霍布斯的

---

① 姚伟，孟香云．自然主义教育对当前学前教育的启示．幼儿教育，2003（5）

思想，论证了其唯物主义经验起源于感觉的学说。在《人类理解论》中，他继亚里士多德之后再次提出并论证了"白板说"。他认为人心是一张空白的书写板（a blank tablet），在人的心灵中不存在与生俱来的知识、观念和原则，人的意识中没有任何"天赋观念"（如"上帝"、善恶标准、数学公式等）；观念的发生和发展是外部世界作用于人的感觉器官的结果；一切认识都是"由感觉"或"从经验"中产生的，"我们所有的知识都是建立在经验之上，知识归根到底来源于经验"①。

洛克把儿童看做生来就没有原罪、纯洁无瑕的"空白的书写板"，现实社会中的任何道德观念和原则决不是由上帝之手印入人心的，而是由人来形成的。"我们日常所见的人中，他们之所以或好或坏，或有用或无用，十分之九都是他们的教育决定的。人类之所以千差万别，便是由于教育之故。"② 洛克对环境、教育等外力在儿童发展中的作用给予了高度评价，认为幼小儿童的心灵好比是"一张白纸或一块蜡"，通过教育"是可以随心所欲地做成什么样式的"③。"幼小时所得的印象，哪怕是极微小，小到几乎觉察不出，都有极重大极长久的影响，正如江河的源泉一样，水性很柔弱，一点点人力便可以把它导入他途，使河流的方向根本改变，最后流到十分遥远的地方去了。"④

洛克在《教育漫话》中用大量的篇幅分析了儿童的需要和种种表现，论述其培养绅士的教育思想。洛克看到书本学习和童年之间的种种联系，提出了一种教育主张，把儿童视为珍贵的资源，并把开发儿童的理性能力作为教育的目的。洛克还抓住了羞耻感的重要性，使之成为保持儿童和成年之间区别的工具。他写道："在一切事物中，名誉和耻辱，

---

① 张焕庭. 西方资产阶级教育论著选. 北京：人民教育出版社，1996：56.
② ［英］洛克. 教育漫话. 徐诚，杨汉麟译. 北京：人民教育出版社，1997：24.
③ ［英］洛克. 教育漫话. 徐诚，杨汉麟译. 北京：人民教育出版社，1997：191.
④ ［英］洛克. 教育漫话. 徐诚，杨汉麟译. 北京：人民教育出版社，1997：94.

一旦人们喜欢上它，是最能刺激心灵之物。假如你能使孩子形成珍惜名誉、憎恨耻辱，你就在他们心中植下了正确的原则。"洛克反对体罚教育，认为鞭挞是"一般教师都知道，而且随时都会想到的管理儿童的方法，是教育上最不适合的一种方法"①。

洛克的思想推进了童年的理论。洛克认为，儿童是空白的书写板，最终在儿童的心灵上写下什么内容，这个重任落到了家长和校长身上，之后，又落到了政府身上。在洛克看来，一个无知、无耻、没有规矩的孩子代表着成人的失败，而不是孩子的失败。洛克的空白书写板的观点在父母身上产生了一种与儿童发展息息相关的内疚感，并为把认真培养儿童作为国家优先的大事提供了心理学和认识上的依据②。洛克的学说反映了自由资本主义时期人性解放的现实，反映了在自由、平等和博爱社会思潮中儿童的地位与境遇；洛克学说为主知主义提供了丰富的思想来源，爱尔维修、狄德罗到赫尔巴特，都不同程度受洛克经验主义哲学的影响。

（二）赫尔巴特的儿童观

赫尔巴特以其伦理学和心理学观点为基础，构建了心理化的教育学体系。他吸收了德国唯心主义哲学家莱布尼兹的"单子论"的论点，认为人的灵魂是一种不变的"实在"，可以脱离肉体独立存在。只有灵魂和肉体相结合才能成为人。他认为，以灵魂为主体，以往感觉中的某种痕迹即为"观念"，观念是人的心理活动的最基本要素。赫尔巴特把全部心理活动归结为观念的游戏，也就是把人的全部精神生活看做观念的游戏，认为扩大儿童观念的途径主要是经验的积累，主要通过传授知识的教学。

赫尔巴特认为，儿童从很小开始就在心灵中形成各种观念，新的观

---

① ［英］洛克．教育漫话．徐诚，杨汉麟译．北京：人民教育出版社，1997：37.

② ［美］尼尔·波兹曼．童年的消逝．吴燕莛译．桂林：广西师范大学出版社，2004：85.

念是在过去经验的基础上得到补充，并唤起原有的观念而形成的。赫尔巴特把人在原有观念、经验基础上形成新观念的过程称为"统觉"，并赋予了"统觉"在教学中以重要地位，还把统觉与注意、兴趣紧密联系起来。尽管赫尔巴特心理学思想属唯心主义范畴，也存在把复杂的心理活动简单化的错误，但他试图把教育学建立在心理学之上的思想是可贵的，他开辟了教育学发展的新途径，给后人以启示。

以上述观点为基础，赫尔巴特提出了一套完整的教育理论体系。其中他把教育学分成三部分：管理、训练、教学，教育过程的顺序是管理、教学、道德教育，并认定这个顺序是不能改变的。他认为，在教学之前，如果不把儿童天生的粗野倔强性格压下去，教学无法进行。他基于对儿童天性的看法，进一步提出管理问题。

赫尔巴特认为，儿童生来就有一种"盲目冲动的种子"和"处处驱使他不驯服的烈性"，以致经常"扰乱成人安排，并把儿童未来的人格置于许多危险之中"[①]。如果不加以约束，儿童将来可能发展为"反社会的方向的人"。赫尔巴特主张对儿童采取严格的管理。管理方法包括：首先是威胁，以惩罚威胁儿童，不许他们随心所欲。但赫尔巴特说不能滥用，否则"一方面有些本性顽强的儿童蔑视任何威胁，敢于做他们想做的一切；另一方面，有更多的儿童，他们太软弱，以致不能承受威胁"；[②] 第二种方法是监督，即对儿童严密监视、督促。赫尔巴特认为如果对儿童撒野不监督、不管教，就培养不出伟大的品格来；第三种方法是命令，对儿童的行为提出直接的要求。命令一经发出就不能轻易收回，儿童必须毫不迟疑地服从；第四种方法是惩罚，包括批评、警告、罚站、禁食、禁闭、体罚等。赫尔巴特还提出以父亲的威严和母亲的爱作为管理儿童的辅助手段。

赫尔巴特把儿童放在被动的地位，坚持落后的"性恶论"，用威胁、惩罚等消极手段管理儿童，带有明显的旧教育的痕迹，表现出其思想中

---

① 张焕庭. 西方资产阶级教育论著选. 北京：人民教育出版社，1996：267—268.

② 张焕庭. 西方资产阶级教育论著选. 北京：人民教育出版社，1996：253.

保守、落后的一面。赫尔巴特的这些思想"堪称法国启蒙思想在德国的黯淡的、打了折扣的反映"①。在赫尔巴特的教育学体系中，教师是中心，重视教学中儿童的兴趣和特点，但这种重视是以教师传授系统知识为前提的，目的是为了教师能更好地教。赫尔巴特强调儿童的可塑性，他认为"人类自然本性就好像是最高技术建造与布置的大船，能经得起一切风浪的变化，只等待舵手按照环境指导它的航程，指挥它到达目的地"②，并认为"把人教给自然，甚至于把人引向自然，并在自然中锻炼只是一件蠢事"③。赫尔巴特更关心的是社会的需要和儿童的未来，他说："教师必须在儿童身上看到他的成年，因之学生们在将来居于成年人的地位所面向的种种目的，就一定是教师当前所应关心的事；他一定要事先为达到这些目的，使他作内心的准备。"④

　　主知主义以儿童的可塑性为基础，强调后天学习和教育的可能性和必要性，并具体研究了教育和教学过程的理论。主知主义教育思想的代表人物赫尔巴特主张，儿童教育首先必须由知识渊博的教师用正规的教育和教学方法向学生传授系统的知识，并明确规定教师要对学生严加管理，教师是教育的中心，由此，赫尔巴特被二十世纪的现代派教育学称为"传统教育"的代表人物。杜威批评赫尔巴特及其学派的理论是"保守的"，代表了传统教育。他指出："这种见解的基本理论缺陷在于，忽视有机体活动的存在和特殊作用。""它强调智力环境对心理的影响，但忽视了环境所包含的共同经验中个人参与的事实。它夸大了自觉形成与运用方法的可能性的理由，过低估计了生动的、无意识态度的作用。它强调旧的和过去的东西，轻视真正新奇和不可预见东西的作用。简言之，除了教育的本质——寻找机会进行有效训练的生气勃勃的活力这一点以

---

①　杨汉麟等. 外国幼儿教育史. 南宁：广西教育出版社，1998：151.

②　张焕庭. 西方资产阶级教育论著选. 北京：人民教育出版社，1996：279.

③　张焕庭. 西方资产阶级教育论著选. 北京：人民教育出版社，1996：278.

④　张焕庭. 西方资产阶级教育论著选. 北京：人民教育出版社，1996：271.

外，一切与教育有关的事实都考虑到了。"①

随着西方社会政治、经济的发展，不断发展的资本主义制度更需要随机应变、掌握实用知识的人才，而以静止的、固定的和机械的观点为主导思想的主知主义教育已不能适应社会发展的需要，这也正是自然主义教育猛烈抨击主知主义教育的原因。到十九世纪末二十世纪初，主知主义教育受到各方面的责难，逐渐失去原有的统治地位，走向衰落。以杜威为代表的儿童中心教育思想占据统治地位。

五、新教育和进步主义教育的儿童观

十九世纪末二十世纪初，随着资本主义国家工业化进程的加快，垄断资本制度在主要资本主义国家确立并巩固下来。生产水平的提高和经济实力的增强，为教育的发展奠定了可靠的物质基础。社会现实提出了对教育进行改革的新需要，要求教育培养具有时代精神、有实际能力、有个性、和谐发展的新型人才，用新的教育取代"传统教育"。这次教育改革运动在欧洲的教育实践上表现为"新学校"的兴建，所以又称为"新学校运动"，"新教育运动"，在美国表现为以杜威为代表的"进步主义教育运动"。

随着"新教育运动"的广泛发展，"新教育运动"与美国的"进步主义教育运动"相汇合，在世纪交迭之际，形成了儿童中心主义教育思潮。瑞典教育家爱伦·凯于一九〇〇年新年伊始，发表了声讨旧教育的《儿童的世纪》，指出"二十世纪将成为儿童的世纪"②；意大利教育家蒙台梭利认为"新教育的基本目的就是发现和解放儿童"；"进步教育之父"帕克强调"儿童必须是教育经验的中心，被教授的每一件事都必须

---

① ［美］杜威．民主主义与教育．王承绪译．北京：人民教育出版社，1990：91.

② ［瑞典］爱伦·凯．儿童之世纪．魏肇基译．上海：上海晨兴书局，1936：144.

对他有意义"。杜威提出:"儿童变成了太阳,而教育的一切措施则围绕着他们转动;儿童是中心,教育措施便围绕他们组织起来。"① 这样,历史上不断演进的"儿童本位"思想在这一时期达到了顶峰。

(一) 儿童本位思想回顾

纵观西方教育史,儿童本位的思想可以追溯到古希腊的亚里士多德,他首次提出适应人本身的自然发展而进行教育,提出应根据儿童的不同年龄划分学习阶段。在经历了黑暗的中世纪之后,古代重视儿童天性的思想在文艺复兴中得到了恢复和新的发展。文艺复兴时期的人文主义思想家倡导人性解放,谋求人的自由发展,由此对儿童也有了新的、积极的看法,认为儿童是正在成长和发展中的新人,要保护他们,热爱他们;在教育上要注意发挥儿童的主动性和积极性,考虑儿童的兴趣。人文主义教育思想的集大成者夸美纽斯强调教育要适应自然的发展,尊重儿童自然的天性,让儿童在自然中学习。卢梭把文艺复兴以来重视儿童的思想推入了一个新的境界,他根据反封建的要求,提出要树立新的儿童观。卢梭积极评价儿童,从新的角度认识儿童,提出"要把儿童当儿童看待"的重要主张,强调从儿童的本性出发,进行自然和谐的教育,确立儿童在教育过程中的主体地位。卢梭被认为是"发现儿童"的人,他的尊重儿童、顺应儿童天性的思想被后来的教育家和思想家所继承和发展,从而形成近代西方教育的一个重要特点——了解儿童,尊重儿童,以儿童为本位。

1. 裴斯泰洛齐的儿童教育思想

瑞士著名的民主主义教育家裴斯泰洛齐把教育理解为儿童天赋才能和谐而自发地发展的过程,认为教育的目的就在于"促进人的一切天赋能力和力量的全面、和谐发展"②。他接受莱布尼的哲学思想,认为宇宙万物都是由上帝所创造的,是由无数精神实体"单子"所构成,而且由

---

① [美]杜威·杜威教育论著选.赵祥麟等译.上海:华东师范大学出版社,1981:32.

② 张焕庭.西方资产阶级教育论著选.北京:人民教育出版社,1996:174.

于上帝预先的安排，这些精神实体相互依赖和谐相处，"单子"本身也要求发展。据此，他认为人生来就蕴藏有各种能力和力量的萌芽，只有教育才能把它们发掘出来、发展起来。裴斯泰洛齐重视人的天性，提出要根据人的天性适应自然进行教育，适应自然就是适应儿童的身心特点，发展其天赋能力，教育要"注意人的天性和天然能动性而投其所好，要以人的本能来引导他，使其不得不走必由之路"①。与卢梭不同的是，裴斯泰洛齐并不认为人的天性是尽善尽美的，他认为所有人都有两面性，如果像卢梭那样把儿童的天性理想化，任其自然发展，则会发展动物性本能。所以教育一方面要遵循自然，另一方面要通过教育力量提升人性。

裴斯泰洛齐继承了前人"教育适应自然"的思想，并对它的内在含义进行深入的研究，首次明确提出"使教育、教学心理化"的主张。他提出："教育应当被提高到一种科学水平，教育科学必须起源于并建立在对人类本性最深刻的认识基础上。"② 教育应当与儿童心理特点和人性规律相一致，使儿童在发展中处于主动地位。裴斯泰洛齐的思想丰富了以卢梭为代表的新儿童观和教育观。

2. 福禄贝尔的儿童教育思想

德国教育家福禄贝尔接受裴斯泰洛齐的主张，认为人具有天赋的力量，对儿童进行的教育，就是通过各种活动，使这种内在的力量得到发展。他把天赋力量解释为"神的本原"，认为"一切教育、学习和教学的唯一最终目的，是培养出人原有的神性，使他能在自己的生活中，……从人性中体现出神性"③。福禄贝尔认为，人与自然界的万物一样，在其发展过程中表现自身的内在本质，但人不同于自然，作为具有理念和理性的人，人的高贵之处在于他能清楚地意识到自己的重要性，认识到存在于自身的神的精神。福禄贝尔认为，教育是由内因决定的过程，

---

① 张焕庭. 西方资产阶级教育论著选. 北京：人民教育出版社，1996：174-175.
② ［瑞士］裴斯泰洛齐. 裴斯泰洛齐教育论著选. 夏之莲等译. 北京：人民教育出版社，1992：330.
③ 曹孚. 外国教育史. 北京：人民教育出版社，1979：189.

如果让儿童顺其自然地发展，神的精神就会在儿童活动中显示出来，教师的任务是适应自然，引导儿童成长，而不是违背自然。

福禄贝尔认为，儿童的天性是善的，对儿童进行教育就是要循序渐进地使儿童善良的天性发展起来。他反对成人对儿童压制和干涉，也反对成人给予儿童过多的帮助和保护，主张以观察和研究儿童的天性为基础进行教育。"只有对人和人的本性的彻底的、充足的、透彻的认识，根据这种认识，加以勤恳的探索，自然能得出有关养护和教育人所必需的其他一切知识以后，……才能使真正的教育开花结实，欣欣向荣。"①

福禄贝尔受德国古典哲学尤其是费希特哲学的影响，强调"自我"和"行动"，认为自我活动是一切生命的最基本特点。在儿童教育领域，他重视教育中儿童"自我活动"的意义，并提出了游戏教学原则。福禄贝尔认为游戏活动与儿童心理有密切关系，游戏能给儿童以自由和快乐，游戏是儿童生活的重要组成部分，任何儿童都对游戏感兴趣。他主张幼儿园应成为儿童游戏的乐园，要让儿童的生活充满快乐的游戏。他呼吁："母亲啊，培养儿童游戏的能力吧！父亲啊，保卫和指导儿童的游戏吧！"② 他不仅提出把游戏作为幼儿教育的基础，而且为儿童创制了一套玩具，取名叫"恩物"，意思是上帝赐予儿童的礼物。

福禄贝尔重视儿童积极主动的活动，儿童教育要适应自然，要追随儿童天性特点等思想，对后来的教育发展产生重要影响，成为十九世纪末之后儿童中心主义教育思潮的思想渊源之一。

尽管近代西方很多教育家不同程度地继承和发展了卢梭的儿童本位教育思想，但由于教育上的传统势力仍然强大，加上儿童心理研究的贫乏，所以重视儿童、教育遵循儿童天性的趋势并没有成为普遍的社会现实。只有到十九世纪末二十世纪初，新教育运动和进步主义教育运动进一步强调儿童是教育的主体和中心，强调儿童期自身的价值，才使儿童本位思想更深入到教育实践之中，使儿童在教育中的地位与作用凸现

---

① 张焕庭. 西方资产阶级教育论著选. 北京：人民教育出版社，1996：315.
② 张焕庭. 西方资产阶级教育论著选. 北京：人民教育出版社，1996：313.

出来。

（二）儿童研究运动和实验教育学派的儿童观

新教育运动的产生不仅有特定的社会和教育的背景，而且和当时兴起的儿童研究运动和实验教育学的产生有密切关系。从十九世纪八十年代开始，欧洲各国的教育家、教师、心理学家和医学团体开展了有关儿童兴趣和智力发展等方面的研究，并发表了关于儿童想象力和儿童语言研究的论文。这些研究的实践及其理论的推广标志着儿童研究运动的开始。随之，这场运动迅速扩展，世界许多国家建立了儿童研究组织，创办了大量的儿童研究杂志，进行了各种儿童研究活动，取得了很多研究成果。由于在儿童研究活动中认识到实验教育的意义和作用，欧洲的教育家和教育领导者大力提倡建立教育实验室，主张对教育问题开展实验研究，以便为教育实践提供科学依据，从而创立了一种新型学科——实验教育学。实验教育学的产生，不仅推动了欧洲教育研究向纵深发展，而且由于其成果在教育研究中的推广和应用，导致了一场以改革旧学校的教育内容和教育方法为主要目标的新教育运动。

儿童研究运动的兴起和迅速发展，不仅是当时社会现实的需要，也表明心理学的发展已经成熟到把研究的对象从成人转移到儿童。在这种转变中，达尔文进化论思想起着重要作用。十九世纪末达尔文发表了《物种起源》一书，提出自然选择说和进化说，后来，达尔文又出版了《人类的由来及选择》、《人和动物的表情》等。在他的著作中，达尔文不仅论述了从猿到人的进化理论，还探讨了人与动物在心理上的连续性与差异性，达尔文的理论激起了人们研究动物心理的兴趣。随着达尔文进化论的传播，人们逐渐认识到要从发展上研究事物的规律和本质，而儿童成为了研究进化与发展的很好对象。从此，对动物心理和儿童发展心理的研究越来越多，正如凯森（Kessen）所说："……在达尔文粉碎了已有的看法之后差不多半个世纪中，儿童成了研究进化的最好的自然实验对象，发展的观念统治着研究人的科学，……"① 达尔文本人也曾亲自长期观察自己孩子的心理发展，并于一八七六年发表了其观察记录《一个婴儿传略》。总之，达尔文理论对激发人们广泛研究儿童的兴趣起了巨大作用。

1. 霍尔的儿童发展观

霍尔是美国儿童心理学的创始人和美国教育心理学的开拓者，"因为受霍尔的影响，美国对儿童心理研究的热情高涨……尽管没有蓬勃地持续下去，但确定了心理学的发展概念，也奠定了美国儿童心理学实验研究的基础"②，因此，霍尔被誉为"儿童研究之父"。

（1）儿童发展的动力来自于种族祖先的遗传

霍尔受达尔文进化论和斯宾塞思想的影响，将进化论引进人类心理学领域，提出了著名的复演说。他认为儿童心理发展反映着人类发展的历史，个体心理的发展或多或少复演种族进化的历史，在这个过程中，个人一般重复他祖先的历史，缓慢地从原生动物发展到后动物阶段，以至我们的机体都经历了阿米巴，蠕虫，鱼类，两栖类，类人猿，人类。霍尔认为，个体发展的动力，尤其在生命的早期，主要来自种族祖先的遗传。霍尔提出，在当时特定的环境中，人类祖先为了适应环境而逐渐形成了某种习惯，这种习惯作为遗传素质被保存下来，在一个人的发展过程中，将依次表现出古老的祖先演进过程中所表现出的生活习惯和性格特征。霍尔认为，从种系进化史的角度，个体生命最初所表现出的遗传特征比后来表现出的遗传特征古老，因此更稳定、更强大。人类进化中最早出现的活动在个体发展中最先表现出来，较高级的、出于意志的活动要到人年龄较大时才出现。他指出，凡是我们远祖所遗传的此等特征，都富有伟大的动力，我们常把这种特征和后来发现的遗传特征明显区别开，在这个意义上说，"儿童乃成人之父"③。

---

① ［美］R. M. 利伯特等. 发展心理学. 刘范等译. 北京：人民教育出版社，1984：6.

② 朱智贤等. 儿童心理学史. 北京：北京师范大学出版社，1988：53.

③ 朱智贤等. 儿童心理学史. 北京：北京师范大学出版社，1988：54.

霍尔具体分析了儿童复演种系发展的过程，他提出，儿童的发展包括三个基本阶段，相当于人类进化史上的猿人（the ape）、蛮人（the savage）及早期文明人（the early civilized man）阶段，在现代教育中分别相当于学前期、学龄期、青春期。在童年期，儿童重演了人类的远古时代。例如，幼儿常在深夜啼哭就是一种返祖现象，因为在远古的时代，由于人生活在野兽出没的森林中，时时处于危险境地，所以经常被惊醒。① 从复演思想出发，霍尔认为，真正的教育必须遵循复演的顺序，适应儿童在不同发展阶段的不同需要，创造使这种遗传素质能充分展现的条件。例如，六七岁的儿童重演类人猿时期的生活，这时儿童表现为动物的好动，其思维能力还没有发展，教育要满足儿童的天性，就要给他们提供进行多种活动的机会，甚至对于儿童多少有些野蛮的本能，也应在一定范围内让其自由表现。"儿童深切地渴望得到祖辈的经验。他们必须保持其种族遥远过去的丰富生活内容，这是把青年从早熟的各种危险中拯救出来的唯一方法。"② 霍尔认为要给儿童讲古代英雄的故事，发挥儿童的想象力，使他们体验祖先的生活；要引导儿童到田野、森林、山谷和水泊等地去游览，发展儿童对自然的兴趣。

（2）儿童游戏是儿童对祖先生活的复演

基于对儿童本能行为的高度评价，霍尔十分重视儿童游戏的作用，提出了游戏复演理论。他认为儿童游戏是复演祖先的生活史，是遗传活动的表演。例如，儿童玩打猎的游戏，就是重复原始人的生活；儿童玩捉迷藏游戏，就是反映当时原始人躲避野兽保护自己的行为；儿童喜欢爬树，就是重复类人猿的生活乐趣；儿童喜欢玩水，就是重复祖先在水中寻找事物的乐趣。霍尔认为，儿童在游戏中最充分地感受到祖先的快乐，并感到极大的满足，儿童对某一游戏感兴趣，是因为它能触动和复活人类深切的、根本的情绪。霍尔在一定程度上认识到成人的工作和儿童游戏之间的关系，他认为，游戏的价值在于：它不是一般的身体运动，

---

① 杨汉麟等. 外国幼儿教育史. 南宁：广西教育出版社，1998：348.
② ［英］博依德. 西方教育史. 任宝祥，吴元训主译. 北京：人民教育出版社，1986：390.

不仅能活动身体，而且更能活动精神，"在最纯粹的游戏上可以有身体和精神的统一"①。

霍尔的复演说试图揭示个体发展史和种系发展史之间的内在联系。尽管其观点带有机械、激进的色彩，受到许多批评甚至否定，但霍尔的复演说是很有启示意义的。我们不能否认个体精神与人类精神发生过程之间的相关性。恩格斯就说过："正如母腹内的人的胚胎发展史，仅仅是我们动物祖先从虫豸开始的几百万年的肉体发展史的一个缩影一样，孩童的精神发展是我们动物祖先、至少是比较近的动物祖先的智力发展的一个缩影，只是这个缩影更简略一些罢了。"② 霍尔由复演说发展出的儿童教育主张支持了卢梭的儿童教育要顺应自然的观点。霍尔为欧洲新教育运动提供了理论依据，对美国的进步主义教育运动也产生了重要的影响。最重要的是，由霍尔开始，运用科学方法研究儿童的儿童研究运动蓬勃发展，研究领域包括了儿童生理学、儿童心理学、医学和遗传学等众多学科，并积累了大量关于儿童发展的研究成果，这使儿童成为科学研究的对象，也日益成为人们关注的焦点，人们不禁相信未来的世纪是"儿童的世纪"。

2. 实验教育学派的儿童观

随着儿童研究运动的深入，人们逐渐发现霍尔所运用的问卷法并非精确无比。二十世纪初，一种主张用新的方法研究儿童和儿童教育的思潮——实验教育学开始在欧美兴起。在实验教育学出现之前，教育研究多停留在经验的总结或演绎思辩的水平上，实验教育学第一次提出运用客观化、实验等自然科学的研究方法研究教育问题，并进行了大量实验教育的研究工作。莫伊曼和拉伊作为德国实验教育学派的创始人对实验教育学的发展作出了不朽的贡献，比纳等人开创的"智力测验"发现了研究儿童的一条新途径，不仅使实验教育成为世界性的运动，并且其影响一直持续到今天。实验教育学派的儿童观表现在：

---

① ［英］霍尔. 青年期的心理和教育. 杨贤江译. 北京：世界书局，1929：94.
② 马克思，恩格斯. 马克思恩格斯选集：第 3 卷. 北京：人民出版社，1972：51.

（1）儿童心理是可以通过实验而了解的，研究儿童是教育的起点

实验教育学派把儿童理解为具有心理机能的存在，认为儿童的心理是可以通过实验而了解的，并提出研究儿童是教育的起点。实验教育学派的创始人心理学家莫伊曼认为，教育实验的主要目的是研究学生的身心发展状况，他为实验教育学确定了四个研究范围：①儿童生理、心理的发展特征以及儿童与成人身心发展的差异性；②儿童身心发展的过程，及其每个人禀赋的差异性；③儿童学习与疲惫；④关于学校中的一些实际问题，并提倡用实验室研究法观察儿童。实验教育学派代表人物拉伊鼓励教师在实际教学过程中对儿童的心理、学习和行为进行观察和实验研究，并主张教育学家、心理学家、医生以及人类学家共同对儿童进行多方面的研究，只有这样才能较全面和客观地了解儿童及其发展，从而选择和确定教育方法和技术，提高教学质量。莫伊曼认为，在对儿童进行实验研究时，研究者应把自己放在受实验的儿童的地位上去体会，尽量回忆自己童年时期的各种心理状态，以便更好地了解儿童。

实验教育学派认为，对儿童的研究是教育学的基础，教育学要走向科学化，必须用实验的方法验证其原理，而历来的教育学大多都缺乏纯粹的事实关系的实验基础。拉伊主将张教育学分为三部分：以素质、天赋为研究对象的个人教育学，以自然、生活环境的影响为研究对象的自然教育学和以社会为研究对象的社会教育学。他认为不论是哪种教育学都应以儿童对周围环境作出的反映作为基础，只有对儿童的生理和心理进行研究，才能探索到教育学理论的科学依据。莫伊曼指出，实验教育学的主要价值在于它不是罗列教育研究成果，或者规定教育和教学准则，而是使每个教育工作者都清晰地知道他所采用的方法和措施的根据所在。

（2）儿童是有差异的

比纳在他一九〇九年出版的《儿童学的新观念》一书中，系统地论述了在教育中研究儿童个别差异的重要性。他认为，传统教育最大的弊端是对教育对象的忽视，往往把儿童看做成人的缩小，儿童与成人只有量的差异，而且认为儿童是彼此雷同的，根本没有认识到儿童在感觉类型、思维方式等方面存在差异，这导致在教育中教师只注意全体儿童的

特点和需要，忽视了儿童之间的差异，进行整齐划一的教育。为此，比纳提出把新教育建立在个体心理学的基础之上，"儿童性向的决定，乃教授与教育的最重大事项，我们应遵从其性向以教训他们，及指导他们向着某一种职业。所以教育学应以个人心理学的研究为基础"①。比纳的整个研究都是围绕着重视个别差异而组织的，他认为教育最重要的问题是如何训练个体的潜在能力，无论是教育内容还是教育方法，都应根据个别差异而因人施教。桑代克也认为个体差异"影响直接的教育目的的实施，因有这些事实，所以课程必须能顺应每个学生的才能与缺点"②。

尽管实验教育学的实验教育观以及对儿童的研究有种种的缺陷，但实验教育学对儿童的研究是开拓性的，他们进行的实验几乎都是围绕儿童而开展的，他们的研究拉开了科学研究儿童的序幕。他们提出研究儿童是教育学的基础，要围绕儿童建构教育学体系，教育的对象是儿童，只有真正认识了儿童，教育才是科学的、有效的，教育要了解和重视儿童个体差异，这些思想推动了教育理论和实践的进步，启迪了后来者。实验教育学者推行的"智力测验"开辟了研究儿童的一条新途径，皮亚杰正是从智力测验的研究中，发现了儿童智力发展不仅有量的差异，而且还有发展各阶段之间质的差异。

（三）蒙台梭利的儿童观

蒙台梭利的儿童观以对儿童的重视与尊重为基础。她认为教育第一关心的问题是"儿童的存在"，"新教育的基本目的就是发现和解放儿童"，"教育体系中的又一个特征是对儿童人格的尊重"，在教学过程中"儿童是活动的中心"③。为此，蒙台梭利提出必须深入了解儿童"心灵内部的世界"和"内在潜能"，只有这样才能找到适合儿童发展的最好教育途径。她曾把《蒙台梭利法》一书补充修改，更名为《发现儿童》

① 赵祥麟. 外国现代教育史. 上海：华东师范大学出版社，1987：115.

② 赵祥麟. 外国现代教育史. 上海：华东师范大学出版社，1987：125.

③ ［意］蒙台梭利. 童年的秘密. 马荣根译. 北京：人民教育出版社，1990：113-114.

而重新出版，在序言中，她写道：她的工作"不仅是创造了教育新方法"，重要的是"发现儿童"。

蒙台梭利强调儿童教育的社会意义，呼吁"通过教育的改造，促进世界和平"。她认为，人的本性是善良的，人的各种缺陷都是由于早年受到错误的教育所致，因此，"必须建立一种从婴儿初生开始的新教育，这种教育必须符合儿童发展的自然规律，而不是靠成人偏见设想出来的"。"假如没有成人的偏见，社会培养出优秀儿童，这些优秀儿童将成为理解和控制我们时代文明的人类"[①]。蒙台梭利也指出，直到二十世纪初，社会对儿童毫不关心，没有儿童医院，儿童缺乏教养。传统的教育干涉儿童的自由，一切都是强制性的，惩罚就是教育的手段。她批评旧教育使"儿童所受的痛苦不只是身体上的，在智力活动方面也遭受痛苦。学习是强制的，充满了厌倦和恐惧，儿童的心智疲劳了，他们的神经系统疲倦了。他们变得懒散、沮丧、沉默、耽于恶习，对自己失却信心，毫无童年时期的快乐可爱的景象"，儿童成了"不幸的儿童，受压迫的儿童"[②]。蒙台梭利强调儿童时期是一生之中最重要的时期，儿童教育是人类最重要的一个问题，她呼吁社会必须关心儿童的成长，关心儿童的教育。

1. 儿童具有内在的生命力

受卢梭、柏格森等人关于生命冲动是唯一的实在，其向上的运动创造精神，也创造生命的形式的思想影响，蒙台梭利认为，儿童并不仅具有一个躯体，更具有一种内在的生命力。内在生命力像"生殖细胞"一样规定着个体的发展，为个体的发展提供了巨大的生命动力，也正是这种内在生命力的分化和发展，使儿童逐渐出现各种心理现象并形成复杂的心理现象系统。蒙台梭利把潜伏着的生命力随着个体的发展逐渐呈现出来的过程称为"生命力的体现"，她说："生长，是由于内在的生命潜力的发展，使生命力量呈现出来，它的生命力就是按照遗传确定的生物

---

① ［意］蒙台梭利．童年的秘密．马荣根译．北京：人民教育出版社，1990：124.

② ［意］蒙台梭利．童年的秘密．马荣根译．北京：人民教育出版社，1990：268.

学的规律发展起来的。"① 蒙台梭利认为，人的潜能和动物的本能有根本的区别，一是动物几乎一生下就来可以依靠本能独立生活，而人类的婴儿却不能独立生活；二是动物的本能具有种的同一性，而人的潜能却各不相同，这种差异使儿童的自由成为教育必不可少的前提。由于内在生命力这种精神的胚胎就像人的胚胎需要母亲的子宫一样，也需要一种适宜的环境，因此"把头等重要性归咎于环境，这形成了我们教育方法的特点……成为我们整个体系的中心"②。"教育工作者的首要任务是，刺激生命——使儿童自由发展与展开"。③ "如果什么样的教育活动有效，那只是为了生命之花的全部开放所给予帮助的活动。"④ 蒙台梭利教育方法体系中最重要的感官教育理论就来自于她的"内在生命力"的观点。她认为，内在生命力冲动具有节奏性，儿童在不同时期对刺激的反应也不相同，感官教育就是针对儿童不同感官对环境的敏感期进行适当的训练。

蒙台梭利的生命力自发冲动学说几乎完全是建立在生物本能概念基础上的，尽管她提出环境的作用，但环境所能起的作用只是为内在潜能的展现提供场所和条件。蒙台梭利关于儿童发展是内在潜能在环境中自然表现思想的积极意义在于，有利于儿童教育重视儿童身心发展特点，重视儿童的自我教育与自我发展。

2. 儿童心理发展有自身的特点

蒙台梭利曾说："我所做的事情不过是研究了孩子们，把孩子们给我的东西表现出来罢了。"⑤ 透过蒙台梭利的教育理论与教育实践，我们可以说蒙台梭利法成功的基础就是对儿童周密的观察和向儿童学习的态度。

---

① Maria Montessori. The Montessori Method. Schocken Books，1964，N. Y. p. 105.
② Maria Montessori. The Montessori Method. Schocken Books，1964，N. Y. p. 89.
③ Maria Montessori. The Montessori Method. Schocken Books，1964，N. Y. p. 105.
④ 日本世界教育史研究会. 世界幼儿教育史：下. 张举，梁忠义等译. 长春：吉林人民出版社，1986：12.
⑤ 日本世界教育史研究会. 世界幼儿教育史：下. 张举，梁史义等译. 长春：吉林人民出版社，1986：12.

蒙台梭利综合了当时医学、生物学、实验心理学、人类学等研究成果，结合她在"儿童之家"的教育实践，认真研究了儿童心理发展的特点。

（1）儿童具有独特的"心理胚胎期"

蒙台梭利认为人和动物都是在适宜的环境中自然生长和发展的，但人有双重胚胎期，一个是在出生之前在母体中生长发育的时期，叫"生理胚胎期"，这是人和动物所共有的，是由一个细胞分裂为许多细胞，然后形成各种器官、发育成胎儿的过程；另一个是"心理（或精神）胚胎期"，是人所特有的，是人出生后形成最初心理萌芽的时期。蒙台梭利认为儿童的心理发展经历着与生理胚胎期发展相同的路线，开始几乎一无所有，受到内在生命力的驱使而发展，吸收外界刺激和印象，形成许多感受点和心理发展所需要的器官，然后才产生心理活动。儿童从出生到能够掌握表明人类特征的行走和语言大概需要一年的时间，在这段时间里，婴儿从心理（或精神）一无所有发展到形成"心理（或精神）胚胎"。

（2）儿童具有"吸收性心理"

蒙台梭利主张儿童成长受内部潜能的驱使，但儿童的发展并不能脱离外界环境的影响而自动实现。她认为儿童具有一种受内在生命力驱使的无意识的记忆力和吸收并适应环境的能力，简称"吸收性心理"（absorbent mind）。"吸收性心理"即指儿童通过与周围环境的密切接触和感情联系，获得各种印象，吸收文化传统，并在此基础上形成自己的个性和行为模式。由此，蒙台梭利强调儿童具有主动性，儿童是"利用他周围的一切塑造了自己"[1]，并且，儿童这种吸收和创造性功能是成人所没有的，儿童在幼年所获得的一切将保持和影响一生，"胚胎的生命和童年的改变对成年的健康与人种的未来是具有决定性的"[2]，教育要给儿童提供丰富的精神营养和环境。

（3）儿童心理发展具有敏感期

---

① Maria Montessori, The Absorbent Mind, Dell Publishing Co. 1967. N. Y. p. 25.

② Maria Montessori. The Childin the Family. Avon Books, 1956, N. Y. p. 28.

蒙台梭利受荷兰生物学家德弗里的影响，认为在生物界，各类生物对于特殊的环境都有一定的敏感时期，这种敏感期与生长现象有密切的关系，并和一定的生长阶段相适应。儿童发展过程中也存在与动物相同的各种敏感期，"在敏感期，儿童学会自己适应和获得，这些获得就像闪亮的光束或供应能量的电池，就是这种感受性，使儿童能以一种特殊的、强烈的方式与外部世界发生联系。在这个时期，所有的事情都是容易的"①。蒙台梭利认为，在敏感期的儿童如果处于适当的环境之中，他们自己就可以在无意识中悠然自得地掌握某种能力。例如，三岁前是儿童学习语言的敏感期，在这段时间里，儿童可以毫不费力、自然而然地获得语言能力，但如果错过了这一时期，学习语言就非常困难。由于每个儿童各种敏感期出现的时间不同，蒙台梭利要求教师要及时发现儿童出现的敏感期，并安排适当的活动，发展儿童的这种敏感性。

3. 儿童心理发展是通过自由"工作"实现的

根据蒙台梭利的儿童发展学说，儿童的生命潜力是通过自发的冲动表现出来的，这种冲动的外在表现就是儿童的自由活动。她高度评价活动的作用，"活动、活动、活动，我请你把这个思想当做关键和指南；作为关键，它给你揭示了儿童发展的秘密；作为指南，它给你指出应该遵循的道路"②。蒙台梭利认为，儿童最喜欢的活动是"工作"，只有"工作"才能培养儿童多方面的能力，促进儿童人格的形成和智力与意志的发展。在"儿童之家"，她发现了一件令人惊讶的事实：儿童竟然"喜欢工作甚于游戏"，儿童的"工作欲象征着一种生命的本能，……在顺利的环境下，这种本能会自然从内在的冲动下流露出来"③。蒙台梭利认为儿童的"工作"与成人不同，儿童是"为工作而生活"，成人是"为生活而工作"。儿童的工作遵循自然法则，服从内在的引导；儿童工作的目的就是工作本身，没有外在目标；儿童工作是一种创造性、活动性和建构性的工作。由工作作为媒介，蒙台梭利把传统教育中根本对立的

---

① Maria Montessori. Secret of Childhood. Ballantine Books, 1966, N. Y. p. 50.

② E. M. Maria Montessori. Her Lifeand Work. New American Library 1962, p. 230.

③ Maria Montessori. The Absorbent Mind. Dell Publishing Co. 1967, p. 186.

"自由"与"纪律"有机联系在一起，提出工作可促进非压迫、非强制的纪律的形成，"假如没有有组织的'工作'，自由是无用的，仅仅任儿童'自由'而没有工作的组织就成为浪费"。① 她认为自由并不是放任妄为，真正的纪律只能建立在自由活动的基础上，如果儿童处于主动状态，自由和纪律是一个不可分的整体。

尽管对蒙台梭利的思想和方法的批评一直存在，但谁也不能否认其影响是巨大的。蒙台梭利吸收了当时自然科学的研究成果，秉承了卢梭等人的"儿童本位"和"内发论"传统，提出了在世界传播和影响广泛的"蒙台梭利法"。她重视儿童早期教育，认为儿童发展的原动力来自于儿童内部；儿童心理发展有自身独特的特点，儿童有不同于成人的活动方式等思想；要正确对待儿童，就必须研究儿童，尊重儿童心理特点和个体差异；重视儿童的自我发展，重视儿童发展的敏感期和阶段，她的这些主张是当时席卷欧美的新教育思潮的主导思想。蒙台梭利的儿童观对今天的教育仍有启示意义。

（四）杜威进步主义教育的儿童观

杜威的哲学是实用主义哲学，实用主义哲学实质上是一种价值哲学。实用主义重视经验的价值，重视个人的价值。杜威提出："我们不仅要改变人使之适应社会，而且也要改变社会使之适应人。"② 认为个人价值的实现表现为民主、自由权利的实现，表现为个体的满足和与他人共享社会财富。由于认为人的自由取决于人的生存能力，所以实用主义重视人的生存，重视生活的价值。以实用主义哲学为基础，受达尔文进化论和机能心理学影响，杜威提出"教育即生长"，"教育即生活"的观点，其儿童观主要反映在他对生长、发展的解释之中。

1. 儿童是未成熟的人，发展中的人

杜威认为，儿童和成人都处在一个不断生长和发展的过程之中。"常

---

① 朱智贤等. 儿童心理学史. 北京：北京师范大学出版社，1988：236.

② ［美］L·J·宾克莱. 理想的冲突：西方社会中变化着的价值观念. 马元德，王太庆译. 北京：商务印书馆，1983：29.

态的儿童和常态的成人都在不断生长，他们之间的区别不是生长和不生长的区别，而是各有适合于不同情况的不同的生长方式。"① 杜威认为，他们的生长方式各有优势，成人利用其能力改造环境，因此引起许多新刺激，这些新刺激又引导着各种能力的发展，在这一点上，儿童应该向成人方向发展。但儿童有同情心、好奇心、不偏不倚的敏感性和坦率的胸怀，在这方面，成人应向儿童学习，像儿童一样生长。"教育的过程是一个继续不断的生长过程。"②

　　杜威认为，在儿童期，儿童生长的首要条件是未成熟状态，这种未成熟状态不意味着一无所有或匮乏，也"不是指现在没有能力，到了以后才会有"，而是"表示现在就有一种确实存在的势力——即发展的能力"③，表明积极的、向前发展的力量。杜威认为这种未成熟状态具有依赖性和可塑性两个主要特征。所谓依赖性就是一种积极的力量和能力，而不仅仅是软弱。杜威承认，人类的婴幼儿与动物的幼崽相比有很大的不同，动物生下来就具有相对的生存能力，靠本能可以适应环境，而人类的婴儿却是软弱无能的，要依靠成人的抚养才能独立生活。杜威用进化的观点解释说，在进化的等级上，越下等的动物，其幼稚期越短，越高等的动物，其幼稚期越长，"人类之所以能有学习各种事物之容量或可能，即是因为他的幼稚期特别长久"④。较长的儿童期正蕴藏着学习复杂技能的可能性，人之所以能生存下去，是因为人具有对他人的态度和行为作出反映的社会能力，儿童的社会能力是儿童能依靠他人的帮助获得生长和发展的必要条件。由此可见，依赖性其实暗示着某种补偿能力、生长能力。所谓可塑性是儿童为了生长和生活而具有的特殊适应能力。

---

① ［美］杜威．民主主义与教育．王承绪译．北京：人民教育出版社，1990：54.

② ［美］杜威．民主主义与教育．王承绪译．北京：人民教育出版社，1990：58.

③ ［美］杜威．民主主义与教育．王承绪译．北京：人民教育出版社，1990：45.

④ ［美］杜威．民主主义与教育．王承绪译．北京：人民教育出版社，1990：50.

杜威认为，儿童的可塑性与油灰或蜡因为受外力作用而改变形状的可塑性不同，儿童的可塑性具有弹性，儿童可以利用可塑性在环境中吸收信息，与环境取得平衡，同时又能主动调整自己的活动，保持自己的倾向性。可塑性意味着儿童具有从经验中学习的能力，意味着从经验中保持可以用来应付困难的力量。

由于儿童的"未成熟状态"是一种积极的、向前发展的力量和能力，因此，杜威提出我们不能用成年期作为一个固定的标准来衡量儿童期。儿童不是单靠外力的作用，而是主要通过自己的主动活动、通过经验的不断改造来改变自己，使自己生长和发展的。杜威批评了关于发展的错误观点，即"认为生长或发展乃是朝着一个固定目标的运动……把生长看做有一个目的，而不是看做就是目的"。杜威认为，这种观点在教育上，"第一，不考虑儿童的本能或先天的能力；第二，不发展儿童应付新情境的首创精神；第三，过分强调训练和其他方法，牺牲个人的理解力，以养成机械的技能。这三件事都是把成人的环境作为儿童的标准，使儿童成长到这个标准"。① 杜威认为，忽视儿童的现在是这些问题的根结所在，这种教育不仅脱离儿童的实际生活，而且不利于儿童的发展。

2. 儿童期的生活有自身的价值

杜威说："生活就是发展，而不断发展，不断生长，就是生活。"儿童本能的生长、发展及经验改造过程表现为活动就是儿童的生活，儿童教育不应当是生活的预备，而是儿童现在的生活过程。杜威指出："社会在指导青少年活动的过程中决定青少年的未来，也因而决定社会自己的未来。由于特定时代的青少年在今后某一时间将组成那个时代的社会，所以，那个时代社会的性质基本上取决于前一时代给予儿童活动的指导。这个朝着后来结果的行动的累计运动就是生长的涵义。"② 杜威强调教育的过程是一种社会的过程和生活的过程，而不是将来生活的准备。儿童

---

① ［美］杜威．民主主义与教育．王承绪译．北京：人民教育出版社，1990：55.

② ［美］杜威．民主主义与教育．王承绪译．北京：人民教育出版社，1990：10.

的需求必须根据儿童是什么，而不是儿童将来是什么来决定。无论在家里和学校，成人必须问自己：儿童现在需要什么？他或她现在必须解决什么问题？杜威相信，只有这样的儿童才能成为对社会生活有建设意义的参与者。

杜威批评传统教育的错误时指出，传统教育"或多或少地为遥远的未来作准备"，似乎儿童时代是成人生活或他自己人生的准备阶段。在这种观点的指导下，学校被作为传授某些知识、技能或养成某些习惯的场所，而且这些知识、技能和习惯的价值大多体现在遥远的未来。儿童学习这些是为他将来做某些事情作准备，结果，不仅今天儿童所学的东西并不是儿童生活经验的一部分，不具有真正的教育作用，而且成人往往采用灌输的方法，把适合成人的种种标准强加给儿童，这势必扼杀儿童的个性。

杜威的《民主主义与教育》一书中，第一章的标题就是"教育是生活的需要"。杜威认为："因为生活的延续只能通过经久的更新才能达到，所以生活便是一个自我更新的过程。教育和社会生活的关系，正如营养和生殖和生理的生活的关系一样。这种教育首先是通过沟通进行传递。在个人经验成为共同财富之前，沟通乃是一个共同参与经验的过程，通过沟通，参与经验的双方的倾向有所变化。"[①] "教育在它的更广的意义上，就是这种生活的社会延续。"[②] 教育是生活所必需，生活为教育提供了具体内容，最好的教育就是"从生活中学习"。在杜威看来，教育应该充实儿童今天的生活，以儿童今天实际生活经验为基础，满足儿童今天生活的需要，使儿童今天的生活不断更新。"尊重儿童时期，就是尊重生长的需要和时机。""为了成人生活的造诣，而不管儿童的能力和需要，是一种自杀的政策。"[③] 杜威曾说："因为生活就是生长，所以一个

---

① ［美］杜威．民主主义与教育．王承绪译．北京：人民教育出版社，1990：10.

② ［美］杜威．民主主义与教育．王承绪译．北京：人民教育出版社，1990：4.

③ 赵祥麟等．杜威教育论著选．上海：华东师范大学出版社，1981：134.

人在一个阶段的生活和在另一个阶段的生活，是同样真实、同样积极的，这两个阶段的生活，内容同样丰富，地位同样重要。"① 从这段话中，我们可以体会到其中蕴涵的对童年生活价值的确认。

尽管杜威主张教育即生活，儿童教育不是未来生活的准备，但他并不排除"准备"的重要性。他认为，只有通过目的正确的活动，才能使教育真正起"准备"的作用，"我们如果使得生活继续发展，'准备'自然是需要的，正是因为这个缘故，所以我们要用全副的力量，使得现在的经验尽量丰富，尽量有意义。这样一来，'现在'即在不知不觉中渗入'将来'，'将来'也就同时顾到了"②。应该说杜威对儿童期儿童生活价值的认识具有开创性，深化了对儿童和儿童期的认识，丰富了儿童观的内涵。

3. 儿童是起点，是中心，而且是目的

杜威从机能主义心理学理论出发，认为儿童的心理内容基本上是以本能活动为核心的习惯、情绪、冲动、智慧等天生心理技能的不断开展、生长的过程，教育的本质和作用就是促进这种本能的生长。他说："教育不是把外面的东西强迫儿童或青年去吸收，而是须使人类'与生俱来'的能力得以生长。"③ "唯一的真正的教育是通过对儿童能力的刺激而来的"，"儿童自己的本能为一切教育提供了素材，并指出了起点。"④ 基于对教育在促进儿童本能生长方面作用的强调和教育目的应来自教育过程本身，而不是教育过程之外的主张，杜威提出了"儿童中心"论。他指出，传统教育的特点是："消极地对待儿童，机械地使儿童集合在一起，课程和教法划一。概括地说，学校的重心是在儿童之外，在教师，在教科书以及在其他你所高兴的任何地方，唯独不在儿童自己即时的本能和活动之中。在这样的条件下，就说不上关于儿童的生活；也许可以谈一

---

① 赵祥麟等．杜威教育论著选．上海：华东师范大学出版社，1981：156.
② 赵祥麟等．杜威教育论著选．上海：华东师范大学出版社，1981：187.
③ ［美］杜威．明日之学校．朱经农，潘桂年译．北京：商务印书馆，1935：1.
④ 赵祥麟等．杜威教育论著选．上海：华东师范大学出版社，1981：1-2.

大套关于儿童的学问，但认为学校不是儿童生活的地方。"① 杜威坚决反
对传统教育的这一特点，提出"我们必须站在儿童的立场上，并且以儿
童为自己的出发点"，并宣称："我们教育中将引起的改变是重心的转
移，这是一种变革，这是一种革命，这是和哥白尼把天文学的中心从地
球转到太阳一样的那种革命。这里，儿童变成了太阳，而教育的一切措
施则围绕着他们转动；儿童是中心，教育措施便围绕他们组织起来。"②

　　杜威提出儿童是学校的中心，一个重要的出发点是国家民主政治的
需要，在学校中的民主，就是要废除学校中的权威主义；另一个出发点
是儿童身心发展的需要，杜威认为过去的教育是惩罚教育，不仅摧残儿
童的身体，而且对儿童心理造成不良影响。杜威反对传统教育把儿童看
成是被动的接受者，认为教师要站在儿童的立场上，依据儿童的兴趣组
织活动；以一个成员的身份参与到活动中，与儿童融为一体；教师要为
儿童的自我发展提供一个有序的、愉快的环境，"促进灵活的个人经
验"，"这种经验和在学习过程中发展起来的能力为进一步学习提供起
点"③。

　　总之，"儿童是起点、是中心，而且是目的"④。杜威反对把儿童看
做无知无能的人，认为儿童身上蕴藏着学习和成长的力量和能力，并从
积极的角度解释"未成熟状态"，这是与传统观念相对立的；杜威的儿
童中心论的错误是显而易见的，但它突出了儿童在教育过程中的重要地
位，坚持从相信儿童和尊重儿童的立场出发，让儿童成为教育的主体和
中心，让儿童积极主动地自我发展是有重大进步意义的。杜威对童年生
活价值的确认丰富了儿童观的内涵，标志着对儿童认识的一个新的高度。
杜威的新颖的，甚至不无偏激的观点，促使人们更加注重儿童现实的需
要、兴趣和能力，注重发展儿童的积极性和主动性。以杜威为代表的进
步主义教育把儿童问题提升为教育中的中心问题，确立了儿童在现代教

---

① 赵祥麟等. 杜威教育论著选. 上海：华东师范大学出版社，1981：31-32.
② 赵祥麟等. 杜威教育论著选. 上海：华东师范大学出版社，1981：32.
③ 赵祥麟等. 杜威教育论著选. 上海：华东师范大学出版社，1981：367.
④ 赵祥麟等. 杜威教育论著选. 上海：华东师范大学出版社，1981：79.

育中的地位，为二十世纪现代教育的发展开了先河。

六、新主知主义教育的儿童观

二十世纪三十年代，爆发了震惊世界的经济危机，它使资本主义制度所固有的痼疾暴露无遗。经济危机打破了西方社会昔日的美梦，使西方社会动荡不安。在与社会政治、经济、文化发展联系紧密的教育领域，人们的批评声越来越高。要素主义教育创始人巴格莱惊呼："正当国内外情况处于非常危急的关头，美国教育竟然意外的软弱无能，这是特别不幸的。"[①] 在这种情况下，"以适应为原则的进步教育在危机中失去了适应的对象，失去了外在的目标，陷入混乱之中。随着个人主义不断受到垄断的打击，进步教育的儿童中心论也开始倒塌"[②]。这时，主要由要素主义、永恒主义和新托马斯主义组成的"新主知主义"教育思想应运而生。尽管要素主义、永恒主义和新托马斯主义出发点不同，理论主张也不尽相同，但面临社会危机和教育质量下降等问题，他们都对人性、社会、文明进行了反思，重新提出知识的价值，对种族经验在形成民主社会和个体发展中的作用给予了一致的肯定，使教育传递知识这一传统职能得到恢复。因此，新主知主义教育思想又被称为"新传统派"教育思想。但是，新主知主义教育思想不是传统主知主义的简单复归，而是适应时代发展，从新的社会观、人才观和知识观出发，对有关知识和知识教育的问题作出了自己的回答。它既与主知主义有历史的继承关系，又有其对历史的超越，带有时代特点。

新主知主义从理性是人的永恒性、种族第一的人性观出发，研究教育教学问题，并从中展现其对教育对象——儿童的看法。

新主知主义教育的目的在于发展儿童的理性。永恒主义以欧洲古典

① 华东师范大学等．现代西方资产阶级教育思想流派论著选．北京：人民教育出版社，1980：155.

② 王天一等．西方教育史．长沙：湖南教育出版社，1996：573.

实在论为哲学基础，认为人是理性的生物，人的本质与物质环境都是永恒的，因此使本性适应环境也是永恒的。永恒主义接受柏拉图、亚里士多德等人对人性的看法，认为人和动物以及其他生物的区别是人有灵魂和理性，只有人才能理解控制宇宙的永恒法则，因此，人的生活和动物的活动也有根本不同。人的生活价值取决于人的灵魂、理性对永恒原则的理解，为此人需要训练和教育。新主知主义认为，既然人性是不变的，那么教育的性质也是不变的，既然理性是人的最高属性，人的天职是按照理性生活，那么教育的根本目的是发展使人和动物区别开来的根本特征，培养人们应用理性的能力，把人塑造成人。他们认为，儿童具有可塑性，任何文化形态都可以在它上面留下印记，但儿童的可塑性也不是无限的；各处儿童都具有共同的特性，其中最重要的就是理性能力。永恒主义代表人物赫钦斯说："一种正确的哲学一般认为人是有理性的、道德的和精神的生物，所谓改善人，意味着他的理性、道德和精神力量的最充分的发展。一切人都有这些力量，一切人都能最充分地发展这些力量①"。新托马斯主义也以基督教关于人的概念为基础，提出人具有精神性的永恒的灵魂，而且人性是不变的，从最广泛的意义上说，教育的主要目的就是"塑造人"，确切地说就是帮助儿童成为充分成型和完美无缺的人，并主张通过教育获得真理，从而获得自由。

　　新主知主义认为教育就是为生活作准备，而不是生活本身的复本。新主知主义认为，在生物中，只有人能使眼前的愿望屈从于长远的目标，如果不鼓励儿童的这种能力，就会阻碍他最好地利用自己的才能。要素主义坚持纪律的重要性，认为学习必然包括刻苦与专心。他们不强调儿童目前的兴趣，而强调促使儿童致力于实现更长远的目标。新主知主义者主张对儿童进行严格的管教，反对儿童中心的教育。法国哲学家阿兰说："什么儿童乐园，什么寓教育于娱乐之中等等发明，我是不太相信

---

① ［美］赫钦斯．教育中的冲突．现代西方资产阶级教育思想流派论著选．王承绪等译．北京：人民教育出版社，1983：219.

的。那本来不是对待人的出色方法。"① 他认为，儿童每一分钟的经历都在摆脱对游戏的爱好，出现意志的萌芽，儿童最大的愿望就是尽早不做儿童，他们总是盼望有人把他们从游戏中拉出来。教师的责任就在于对儿童提出更高的要求，严格管教儿童。儿童时期精力充沛，学习中的适当压力不是坏事，人只有经过严格的管理才有希望。赫钦斯批评儿童中心论是一种对儿童不负责的理论，认为在那些学校里，儿童可以自由自在，无拘无束，但儿童在那里进行的活动大多数是无目的的试误过程，不过是与儿童成长相伴随的活动，并不是至关重要的活动。他批评进步教育的"教育即生活"的思想，提出教育就是帮助儿童为未来生活作准备，为了达到这一目的，就必须放弃儿童的眼前利益，去获得一种长久的适应能力。巴格莱认为，从人类历史上看，只有在野蛮的原始社会成年人才纵容和放任他们的孩子，人类经过了漫长的历史时期逐渐认识到成年一代有对未成年一代具有管束和教育的责任，这是历史的进步，是人类发展的必然要求。学校中的关系是人类文明发展的产物，鼓励儿童努力学习，不要为在学校的一时的自由而失去一生更大的自由，这是成人的责任。

新主知主义认为教育过程中的主动权在教师而不在学生。要素主义以保守主义的人性观为基础，认为教师是权威，是教育过程的中心。保守主义人性观认为，人性从根本上说是恶的，如果不加以控制而按照人的欲望和感情行事，人就倾向于做坏事，破坏规则。他们认为，包括进步主义在内的自由主义错误的根源是没有认识到人性的缺陷，只有在教师的指导和控制下，儿童才能充分发展人类所特有的理性和潜能；只有教师能把人类的遗产和民族文化的共同要素传播给儿童。要素主义认为学生在教育过程中最重要的是服从。"服从"有两层意思：一是要服从教师的指导，服从学校的纪律；二是理智上的服从，学生必须明白世界运行有自身的规律，人必须服从这一规律。新主知主义认为教师应改造

---

① 华东师范大学等．现代西方资产阶级教育思想流派论著选．北京：人民教育出版社，1980：243.

和发展儿童的兴趣，因为在正常情况下，较高和较持久的兴趣并不是一开始就能感觉到的，而是通过严格的训练和刻苦努力才能产生。因此，教师不能让儿童随心所欲地表现自己，不能让儿童自由发现真理，严格的管理和教师的主导是培养人才必不可少的条件。

新主知主义强调树立教师权威，儿童无条件服从，并要限制儿童兴趣，这是错误的，但它对纠正和克服儿童中心教育的偏差有积极作用。新主知主义在主张教师是教育过程的中心的同时，也承认学习是主动积极的过程，儿童服从的不仅是教师的权威，而且包括对规律的尊重，这表明它与传统的教师绝对权威思想不同，带有超越性质。要素主义和进步主义曾有过激烈的争论，两者的论争反映了"现代教育"与"传统教育"的冲突。对于两者的分歧，巴格莱曾说过："我们可以通过把假定的对立观点配对类比说明两派的冲突：努力与兴趣；纪律与自由；种族经验与个体经验；教师主动与学生主动；逻辑组织与心理组织；学科与活动；长远目的与直接目的等等。如此直截了当地对这些假定的对立观点予以论述容易使人们误解，因为，每一对中的每个概念都代表着教育过程中的一个合理的、实际上是必需的因素。两派首先在对每个因素的重视程度以及对它们进行的比较上存在着分歧；由于两派都企图解决或综合两种对立因素，因而，当相反的观点互相映衬时，它们就成了如此尖锐的争论焦点。"① 由于人性观、人才观和知识观的不同，导致了对儿童和教育基本问题有不同的认识和倾向，其实这两种对立的观点之间也有某种共同的东西，其分歧主要表现在侧重点不同。应该说，如何正确协调社会需要和儿童需要、儿童的现在和儿童的未来、教师和儿童、纪律和自由关系等，一直是教育理论和教育实践的重要问题，主知主义和进步主义的论争对我们有启示作用。

---

① 刘要悟等. 要素主义教育理论再评. 外国教育研究. 1989（2）.

七、存在主义教育的儿童观

存在主义是现代西方人本主义思潮的主要代表，自称与传统哲学有根本区别。它注重人的存在，注重人的实际生活，把"人"的问题作为哲学的基本问题。存在主义主要代表人物萨特说："我的热情就是要去理解人们"、"关心人"。他认为"人的存在"和其他存在不同，人有理想，有愿望，可以否定自己，也可以肯定自己，人能清楚地意识到自己的存在，所以，人才是真正的存在，只有"人"才能作为哲学研究的出发点。存在主义的传播是广泛的，其影响包括文学艺术、社会学、宗教等各种领域。尽管存在主义没有较多的教育论著，但存在主义哲学对教育的影响也是比较深刻的。存在主义教育思想表达了存在主义对人、对儿童和对教育的看法。

存在主义的重要命题是"存在先于本质"。存在主义认为，人与物不同，人是先存在后有本质，而事物却先有本质后有存在。对人来说，人先存在着，然后才试图给自己下定义。萨特认为，作为"自在存在"的外部事物是消极被动、杂乱无章、偶然存在的，"它的存在就是它自己"，只有当它们作为人的对象而存在时，它们才具有本质和意义。外界事物的本质是人赋予的。

存在主义认为人是一种虚无的存在，一种可能性的存在，人有选择的自由。萨特在分析"自为"的人的存在时，提出"自为"存在的多种特征，其中最主要的是意识的虚无化。他认为意识的虚无化通过三方面表现出来：一是通过"意识的否定性"。"自为"是一种缺乏，一种不完全的存在。靠自己不断否定自己，造就自己，使自己成为要成为的人。二是通过"意识的时间性"。"自为"的存在不仅具有过去、现在、将来三个"时间元素"的原始综合结构，而且是将这三个"时间元素"联系起来、贯穿起来的原因，因此构成了一个自我虚无化的连续时间系列。三是通过"意识的超越性"。"自为"的存在就是一种超越的存在，它包括创造一个"自在的自我"和创造一个理想的自我，也就是"自为的自我"。"自为"的人的存在就是意识的存在，由于人的意识是虚无的，所以人的存在也是虚无的。作为虚无化的人不可能现实地存在，永远只是一种可能性的存在。① 海德格尔认为人是自行选择自己前途的生物，人所面对的是"无"，在能动性方面，人既是世界的始基，又是他自身的始基。雅斯贝尔斯也说："每个人都面临着抉择，决定他自己究竟想走哪条道路，想起什么作用。"②

从"存在先于本质"原理出发，存在主义得出"人是绝对自由的"、"自由是人的本质"的伦理学结论。"因为如果存在确是先于本质，人就永远不能参照一个已知的或特定的人性来解释自己的行动，换言之，决定论是没有的——人是自由的，人就是自由。"③ 个人自由的作用就是在许多可能性中进行选择，创造自己的本质，决定自己的命运。存在主义认为教育的目的就是使每个人认识到自己的存在，并形成一套自己独特的生活方式。存在主义反对传统教育强调理性和客观性而忽视个人的存在，他们"取消了传统看法：教育从根本上讲是社会的一种代理机构，其目的在于使文化遗产永存不朽；教育是永恒真理的传递渠道；教育是使年轻人适应民主社会生活的一种手段。取代这些观念的是，让教育为个人而存在。让教育教会个人像他自己的本性要求他那样的自发而真诚地生活"④。存在主义认为，在现代西方社会历史条件下，人的异化已达到了无以复加的程度，人成为工具，成了丧失了自我、非真实的存在。"西方历史所走的道路，决不是一条自由愈来愈多的历史道路。到了今天，西方世界正在急剧地堕入不自由之中。自由在今天，由于技术进入大量生产时代，似乎比历史上任何时期都更加不可能了……真正的人性，

---

① 魏金声. 现代西方人学思潮的震荡. 北京：中国人民大学出版社，1997：179.

② 熊伟. 存在主义哲学资料选辑. 北京：商务印书馆，1997：34.

③ ［法］萨特. 存在主义是一种人道主义. 周煦良，汤永宽译. 上海：上海译文出版社，1988：12.

④ 陆有铨. 现代西方教育哲学. 郑州：河南教育出版社，1993：353-354.

在这饱尝了惊心动魄而转瞬又忘怀一切甚至连自己也立刻忘掉的群众的泥沼之中，显然已默默无闻地消沉下去了。"① 海德格尔指出，现实的人不是作为单独的、不可重复的个人而存在，而是像其他一切人一样生活着，自己的存在融化在"总体大众秩序"之中，人的自我消失了。存在主义把唤醒和恢复人的主体能动性作为摆脱现代文明危机与困惑的唯一途径。

从存在主义哲学的立场看，二十世纪西方流行的主要教育哲学思想都忽视了人的存在问题。进步主义教育重视儿童的生长和生活，重视儿童的活动，但它更重视科学方法，从科学方法的方法论意义上强调人的活动。要素主义重视文化要素，永恒主义重视传统人文学科的价值；改造主义重视教育作为国家工具的职能；新行为主义几乎将人与动物等同，用控制行为的方法达到预期目的。存在主义认为所有这些思想共同的缺陷，就是把人置于次要位置，把人等同于物。奈勒（G. F. Knellor）指出存在主义要消灭传统教育的三个核心观念，即"教育从根本上讲是社会的一种代理机构；教育是永恒真理的传递渠道；教育是使年轻人适合民主社会生活的一种手段"。"我们的儿童像羊群一样被赶进教育工厂，在那里无视他们的独特个性，而把他们按同一个模样加工和塑造。"② 这完全抹杀了人的个性，取消了个人的存在。所以，为克服传统教育对个人存在的无视，存在主义提出"让教育为个人而存在，让教育教会个人像他自己的本性要求他那样的自发而真诚地生活"，把个人还给教育，使教育真正成为个人的存在方式。

尼尔（A. S. Neill）创办的夏山学校（summer hill school）是存在主义的教育实践。夏山学校是一所不受约束的学校，让儿童自由是学校的宗旨。为此，他们放弃了一切纪律，一切指导，一切暗示，一切的道德训练，一切的宗教教学。儿童可以从事他们感兴趣的活动，并且是自己"管理"自己。上课是自愿的，可以上，也可以不上。学校没有考试，

---

① 熊伟. 存在主义哲学资料选辑. 北京：商务印书馆，1997：36.
② 陈友松. 当代西方教育哲学. 北京：教育科学出版，1982：119.

有时只是为了好玩才布置一次考试。夏山学校是儿童的乐园，它培养了健康而自由的孩子，他们的生活没有被恐惧和仇恨所损害。因为尼尔认为，儿童的职责是过他自己的生活，在生活中获得幸福和自由，舍此都违背了教育的宗旨。①

存在主义认为儿童是极其个性化的存在，每个儿童都是独一无二的人，有其独特的个性，我们所做的就是为儿童创设环境，使其个性得到充分的成长和发挥。儿童是教育过程中最重要的存在，在教育过程中，学生是主体，处于选择的地位。人的自由表现在选择和行动两方面，人的本质就是由自己选择的行为决定的，因此，教育一方面要让儿童认识到人是在自己的选择和判断中创造自己的，还要向儿童展示未来的种种可能性，扩大儿童的选择范围。存在主义认为真正的教育就是使学生对自己的选择负责，"勇于成为他自己"。

存在主义提出教师要发挥自己的作用就要有所为，有所不为。有所不为是指教师不能作为学生知识和道德的源泉或传输者，也不能作为监督者；有所为是指教师一方面要尊重学生的主观性，把学生当做人看待，同时要维护自己的主体性，使自己作为自由人而行动。② 教师对学生发挥的作用应该是"生产性"的，而不是"复制性"的，教师要造就有特色的个人，而不是复制出一种类型的人。关于师生关系，存在主义教育家赞同奥地利著名宗教哲学家马丁·布贝尔的理论，认为教师与学生的关系是"我—你"的关系，而不是"我—它"的关系。布贝尔提出，人与外部世界有两种不同性质的关系，一种是客观的关系，其特征是"我—它"（I—It）。在这种关系中，个人以纯客观的方式看待外界的一切，把他们都看做"我"的经验与利用的对象，或是满足自己利益、需要、欲望的工具。另一种是"我—你"（I—You）关系，在这种关系中，每个人都具有自己内在的意义世界，双方都不把对方当做自己目的的手段，而是真诚地彼此欣赏，彼此欢迎，彼此肯定。这种关系也叫做"对话"

---

① 冯建军．生命与教育．北京：教育科学出版社，2006：99.
② 陆有铨．现代西方教育哲学．郑州：河南教育出版社，1993：358.

或"交流"关系。只有在这种两个具有主体性的人生机盎然的精神相遇的关系中，师生双方才能实现真正的自由和平等，才能真正实现教育目的。

存在主义强调人的差别，认为由于人的遗传素质、个人选择力量、家庭背景、社会地位等各不相同，导致每个人的气质、兴趣、需要也都不尽相同，因此不能要求每一个儿童都接受同样的教育，必须进行个别化教育。存在主义认为理性主义和决定论的错误就在于忽视人的各种可能性，忽视人与人的差别。存在主义批评工业化社会"非个人化"现象，认为在教育中无视儿童独特的个性，把儿童像羊群一样赶进教育工厂，然后像加工标准件一样按一个模式加工塑造，儿童无形中便丧失了个性和个人的意义。在这样的教育工厂中，教师和儿童都不是作为有主动性的、真实的人而存在，都是被异化的存在。

存在主义哲学是主观唯心主义的哲学思潮，强调人在世界上的能动地位和主动作用，人的本质是由人自我选择、自我创造的；试图纠正社会物质文明发展所带来的负面影响，主张提高和弘扬人的主体性，这些思想有重要的历史和时代意义，值得我们在教育中重视和借鉴。但存在主义片面夸大个人思想、个人行动在人的本质形成中的作用，把人的本质看成完全由个人主观性决定的，从而否定人的社会性，忽视社会环境和社会关系的作用，这是与马克思主义关于人的本质的观点不相容的。存在主义看到了工业化、城市化对教育产生的消极影响，并提出了有针对性的措施，如强调学生是教育中的重要存在，强调师生之间的平等与"对话"关系，反对灌输，提倡个别化教育等，对我们今天反思产生于工业文明时期的教育模式，建构新型的师生关系，反思儿童在教育中的位置，具有重要的方法论启示意义。

八、现代心理学派对儿童的研究及其儿童观

西方现代心理学产生于十九世纪七十年代的德国，以冯特创建实验

心理学为标志。对儿童心理的研究一直是许多心理学派别研究的内容和重点，从十九世纪末二十世纪初开始，心理学研究广泛展开，形成了众多学派。心理学的研究向人们展示了丰富的儿童内心世界，影响着人们对儿童的看法，对儿童观的演进起着重要的推动作用。

（一）华生的行为主义心理学理论

二十世纪初，美国资本主义制度进入垄断阶段，提高劳动生产率，维护社会秩序成为社会的迫切需要，行为主义的产生正是符合了当时社会发展的需求。在行为主义看来，社会生产效率是直接通过身体动作的效率来实现的，要提高生产效率，就要提高身体动作效率，心理学应探索人的行为规律，发现了这些规律就能预测和控制人的行为。华生的行为主义反对当时在心理学界占统治地位的内省心理学，认为只凭主观臆测，靠内省的方法进行心理研究是缺乏科学性的。科学是客观的，只能以直接观察到的事物为对象，因此，华生主张心理学的研究对象应是可观察的行为，而不是无法观察的意识。华生认为，心理学研究的任务在于查明刺激与反应之间的规律性关系，从而根据刺激推知反应，或根据反应推知刺激，达到预测和控制行为的目的。

华生在后期否认本能，他说："人是一种动物，生而有确定的构造。有了那种构造生下来便不得不按确定的方式去反应刺激（例如：呼吸、心跳、喷嚏等等）。我们现在所称为'本能'的，大半都是教养的结果，即属于人之习得行为。"① 在否定遗传的前提下，华生从刺激—反应的公式出发，认为环境和教育是儿童行为发展的唯一条件和因素。他认为任何动物的行为都可以通过学习和训练来塑造和控制，对年幼儿童更是如此。他提出："某种构造上的差异加上幼时的教养，足能说明成人的动作。"② 也就是说，儿童在刚出生时，在构造上有所不同，但它仅仅是一些简单的反应而已，人的复杂行为的形成，完全来自环境，尤其是早期

---

① 杨汉麟等. 外国幼儿教育史. 南宁：广西教育出版社，1998：390.
② ［美］华生. 华生氏行为主义. 陈德荣译. 北京：商务印书馆，1935：164.

训练。早期训练的不同，不仅决定儿童的差异，而且决定成人期的差异。华生提出早期训练的意义促使人们重视早期教育。

华生提出教育万能论，其著名的论断是："请给我十几个强健而没有缺陷的婴孩，让我放在我自己之特殊的世界中教养，那么，我可以担保，在这十几个婴孩之中，我随便拿出一个来，都可以训练其成为任何专门家——无论他的能力、嗜好、趋向、才能、职业及种族是怎样，我都能够任意训练他成为一个医生，或一个律师，或一个艺术家，或一个商界首领，或可以训练他成为一个乞丐或窃贼。"① 华生的观点夸大了环境和教育的作用，否定了儿童的积极性、主动性和创造性，忽视了儿童在环境和教育中的地位和作用。但不能否认的是华生教育万能论在当时也有积极的作用，那就是在某种意义上批驳了种族歧视和种族优越感。他认为，儿童的行为与他的皮肤颜色、种族无关，任何儿童获得发展都取决于后天的文化环境和所受的教育。

华生反对杜威的"从内心活动来发展儿童"的方法，认为那种认为"一切活动机能、才智的基础，都潜在于儿童的内心活动，必须等待其出现后才能进行"的观点，是一种神秘而有害的学说，会使教育不去鼓励儿童为未来的职业作准备。华生重视教育中儿童各种习惯的培养，并把培养习惯和形成习惯体系作为教育的重要内容之一，而习惯的养成正是环境和教育的结果。

从环境决定论出发，华生反对体罚，认为儿童的行为无论好坏都是环境造成的，是他们不得已而为之。因此，儿童行为习惯不当应归咎于个人养成习惯的过程中未受到良好和充分的训练，应从加强训练去解决儿童行为问题，而不是诉诸粗暴手段。华生的这一主张在一定程度上反映了二十世纪初的儿童中心主义思潮的影响。

华生的行为主义理论对心理学理论和心理学研究有一定的积极意义，他的行为主义儿童教育观冲击了当时流行的本能决定论和遗传决定论，使人们重视儿童教育的作用，开始对环境和教育进行深入的研究。但华

---

① ［美］华生. 华生氏行为主义. 陈德荣译. 北京：商务印书馆，1935：171.

生行为主义忽视人的主观能动性，忽视教育中儿童的主体地位，受到了许多批评，其理论受到认知心理学和人本主义心理学的有力挑战。

（二）弗洛伊德的精神分析理论

十九世纪末二十世纪初，弗洛伊德从心理学、生理学的角度研究了人的无意识、人格结构和人的本能等问题，创立了精神分析学派。他提出了西方人性论思想史上全新的自然本能人性观和心理学史上全新的内在动力心理学，其思想对西方的心理学、哲学和人文科学的发展产生了重大影响，甚至形成了一种社会思潮。弗洛伊德的精神分析理论也影响着对儿童的研究和认识，影响着儿童教育。

弗洛伊德对心理学的主要贡献在于他将人的无意识作为研究对象，在研究人格结构活动规律时，追溯到童年期的影响，并对儿童的人格进行了探索。他指出，人的精神世界除了意识这个领域外，还存在着未成为意识的领域。人的精神活动过程具有三个层次或特性：意识、前意识、无意识，三个领域整体的、复杂的活动构成了人们的全部精神活动过程。弗洛伊德提出，只承意识的存在，而不承认无意识（潜意识）的存在，就不会了解人的精神全貌。他说："精神分析的第一个令人不快的命题是：心理过程主要是潜意识的，至于意识的心理过程则仅仅是整个心灵的分离的部分和动作。……对于潜意识的心理过程的承认，乃是对人类和科学别开生面的新观点的一个决定性的步骤。"① 在弗洛伊德看来，无意识表现为人的自然本能，实质上就是人的本能冲动，与本能冲动相关的欲望、情感等构成了无意识的内容。

弗洛伊德从生物学的角度，特别是性欲发展的角度看待人的发展，认为儿童是有欲望的。受达尔文进化论的影响，他相信人可以作为科学研究对象，对人的研究和对动物的研究一样，都有规律可以遵循；人和动物之间没有严格绝对的界限，属于动物的本能冲动同样在人的生理和

---

① ［奥］弗洛伊德. 精神分析引论. 高觉敷译. 北京：商务印书馆，1986：8-9.

心理活动中也产生重要作用。他提出人格发展的基本动力是本能，尤其是性本能。他把人格结构最重要的成分称为伊特（id），将驱使人寻求快感的性动力或性本能所具有的能量称为"里比多"（libido）。他认为，在儿童心理发展中，年龄越小，伊特的作用越明显和重要，儿童从小就有欲望，幼小儿童愿意别人爱抚和喜欢依偎在别人的身边就是性欲的表现。随着儿童年龄的增长，交往的扩大，在伊特需要与现实世界间不断的联系中，自我从伊特中逐渐发展出来，儿童学会不凭冲动和随心所欲做事，学会逐步考虑后果，考虑现实的作用，超我也开始在儿童身上发展着。

弗洛伊德将本能作为人的心理发展的基本动力，提出心理性征发展阶段理论。他认为儿童的成长发展要经历一系列有意义的、顺序的发展阶段。依据里比多的成熟过程所经过的"性感区"，弗洛伊德把儿童人格发展划分为五个阶段：口腔期、肛门期、性器官期、青春潜伏期和生殖期。每个阶段都有一个特殊的身体区域成为里比多的兴奋和满足中心。

弗洛伊德认为，儿童从出生后就有性的需要。弗洛伊德写道："作为性敏感区出现并在心灵上提出性爱要求的第一个器官，从出现起就是嘴巴，一切生理活动首先是针对这一区的需要的。"婴儿的这种性欲需要和与其相一致的兴趣活动首先是维持自我。儿童性征的第一阶段是以嘴巴区的兴趣追求和兴趣获得为标志的，因此弗洛伊德把这一阶段称为口腔期。接着，儿童开始掌握他的排泄过程的时期，是第二性征阶段，肛门期。之所以如此，弗洛伊德认为，因为肛门区的排泄过程和排泄物在这个时期是同兴趣追求和兴趣获得结合在一起的：对于儿童来说，在这一阶段，排泄过程和克制排泄是具有性爱性的，儿童很有兴趣玩粪便。三到五岁之间是儿童最后经历天真的性征第三阶段：性器官期。此时作为性敏感区的性器官占据了兴趣的首位，男女儿童一样，他们不再向自己寻找满足，而是向其他"客体"寻找满足了。因而他们的性征超出了自恋阶段，而且他们的性希望转向四周的异性人物，男孩的性欲针对其母亲，女孩则为父亲。弗洛伊德认为在性器官期早期儿童的性欲发展在某种程度上达到了最高阶段，即性的追求已获得了成熟的性的方向。由于教育有效地阻止了血亲相奸，幼稚的性征发展便随着这个阶段宣告结束，并进入青春潜伏期，这个时期一直延续到童年的结束。最后，随着青春期的到来，性发展的最后阶段便开始了。在生殖期，性的追求和性的活动达到了最终形式，即成熟形式，这种形式将各种性爱追求（早期儿童时期分化地出现的）形态统一在一起。按照弗洛伊德的理论，只要性的发展有一个正常过程，性爱没有固定在早期阶段状态中，且没有出现性欲反常的话，那么性征成熟形式就会把性活动的口腔、肛门和性器官的各部分追求加以归类和统一。弗洛伊德关于性征发展阶段的理论构成了人在童年时期完成的性格特征的精神分析学基础。

弗洛伊德认为，性存在于个体成长的各个阶段，是随着个体的成长而发展的；性在个体的生存中有重要意义，性的不合理压抑可能会导致神经症的发生。他提出，病人表现出的种种精神病的障碍其实在儿童时期的经验中已经产生。成人的人格是从很早就开始形成，并且在五岁左右已经完全形成。弗洛伊德认为，在个体要达到成熟的发展中，会有两种危机：里比多应该进入后一时期，但却停留在前面某一个阶段，叫做固结（inhibition）；里比多返回到初期的发展阶段，叫做倒退（regression），两者都属于精神病症状，产生这种危机多半是由于成人对儿童教育和训练不当所造成的。

弗洛伊德强调童年生活经验和教育对于儿童心理发展和人格发展的重要意义。他说："我们往往由于注意祖先的经验和成人生活的经验，却完全忽视了儿童期经验的重要。其实儿童期经验更有重视的必要，因为它们发生于尚未完全发展的时候，更容易产生重大的结果，正因为这个理由，也就更容易致病。"① 按照弗洛伊德的观点，天生的欲望是一切机体生存的基础，儿童和成人相比更依赖本能进行生活，所以儿童的本能欲望若被压抑，就可导致心理变态和教育的失败。"由观察的结果，可以深信幼时的经验有其特殊的重要性……我们常常忽视儿童的神经病，认为是恶劣行为或顽皮的表示，在幼儿园中常用权威压服……，当神经病

---

① ［奥］弗洛伊德. 精神分析引论. 高觉敷译. 北京：商务印书馆，1986：289.

发生在年级较大的时候，分析的结果总是表明这种病为幼时神经病的直接继续，只是幼时可能表现为具体而隐蔽的方式。"① 在教育上，弗洛伊德反对给儿童过多的束缚，并提倡要为儿童提供发泄情绪的途径。欧美一些国家的幼儿园根据精神分析理论的这一原理，非常重视让儿童通过绘画、泥塑、游戏等方式宣泄消极情绪。

有人说，弗洛伊德的精神分析学说继哥白尼的日心说和达尔文的进化论之后，给人类的自尊带来了第三次打击。其实，这种打击主要是对成人优越于儿童的固有认识的打击。弗洛伊德的压抑理论中有一个可以认同的观点：儿童在某种意义上是无压抑的，成人在从压抑性现实逃向梦和神经症的时候，是在退回他自己的童年，因为童年代表着压抑发生前一个较为幸福的时期。诺尔曼·布朗说道："这一童年概念使弗洛伊德能够把握住人类活动的基本形式——这是具有世界范围的活动形式，它超越了听命于现实原则的经济活动和生存斗争。儿童一方面追求快乐，另一方面则十分活跃；他们的快乐即寓于人体的活跃的生命之中。那么，这种从工作中解放出来，从人生严肃的事务中解放出来，从现实原则中解放出来的活动模式究竟是什么呢？答案是：童年时代的游戏。"②

弗洛伊德的精神分析派的影响是广泛的，关于无意识的存在及其影响的观点扩大了心理学的研究领域，推动了儿童心理学的发展。它使人们认识到，必须研究儿童期的心理和儿童的非理性方面，否则对儿童心理的说明就是不完整的。弗洛伊德的理论也使关于儿童的科学研究更引人注目，使儿童逐渐成为科学研究的重点。"弗洛伊德通过对儿童期的集中研究，认识到了童年期与成人期的连续性，童年期也在一定程度上具有成人期所具有的一些主要问题和特点（性本能、冲动与良知之间的斗争），从而把我们的注意力转向儿童并为理解、同情儿童和以儿童为中心

① ［奥］弗洛伊德. 精神分析引论. 高觉敷译. 北京：商务印书馆，1986：290.
② ［美］诺尔曼·布朗. 生与死的对抗. 冯川等译. 贵阳：贵州人民出版社，1994：1.

的教育打下了基础。"① 弗洛伊德精神分析学派的观点也对儿童教育有启发作用，"儿童的教育不再被认为只是一种技能和道德标准的教育，教育也应确立这样一个目标，即关心儿童的'顺应'、快乐和心理保健。如果说在某种意义上这可能为教育部门和教师增加了一项不现实的负担，那么毫无疑问这也可以使我们的学校对儿童的需要予以人道的关心和同情"②。

随着社会的进步和科学的发展，弗洛伊德的精神分析理论已被后来的心理学不断修正和发展，新的理论提供了对人的新的研究，如西方人本主义心理学，研究人的积极品质和特征，研究人的先天才能、人的潜在思想、情感和行动以及人在世界中的地位等，创立了"人的潜能与实现"理论。可以说，人作为自然界的一种高级存在物，即使仅仅在自然本性方面仍有许多还没有解开的谜，弗洛伊德精神分析理论的一个重要意义就在于，它为我们以新的途径研究人性问题展开了新的可能性，启示我们要不断深入地探索人、研究人。

（三）皮亚杰的认知发展理论

二十世纪二十至三十年代，瑞士心理学家皮亚杰提出了有关儿童智力结构以及智力结构发生和发展的理论。虽然皮亚杰的理论主要是儿童心理发展理论，但其理论在教育中被广泛应用，在众多的教育文章中，不难发现皮亚杰的名字。皮亚杰理论的核心是"发生认识论"。在他看来，不管人类的认识有多么高深和复杂，都可以追溯到人的童年时期，他自己正是从研究儿童出生后认识如何形成、智力如何发展而展开对人类认识发展及其结构的研究的。皮亚杰的理论对研究儿童、理解儿童有重要的推动意义。

关于儿童发展，皮亚杰坚持内外因相互作用的发展观，认为儿童心

---

① 中央教育科学研究所．简明国际教育百科全书：人的发展．北京：教育科学出版社，1989：109.

② 中央教育科学研究所．简明国际教育百科全书：人的发展．北京：教育科学出版社，1989：109.

理既不是起源于先天的成熟，也不是起源于后天的经验，而是起源于主体的动作。主体通过动作对客体的适应是儿童心理发展的根本原因。皮亚杰提出，智慧的本质就是适应，而适应依赖于有机体的同化和顺应两种机能的协调，从而使有机体与环境取得平衡。儿童正是在这种适应的过程中，不断形成一个又一个认知结构，从而使智力从低级向高级发展。换句话说，智力的发展就是在同化和顺应的基础上，儿童的认识结构为了达到与客体的平衡而不断构建、改组，形成高一层次的认知结构的过程。皮亚杰把儿童的智力发展分为四个阶段——感知运动阶段、前运算阶段、具体运算阶段和形式运算阶段，并认为每一个阶段都有独特的认知结构及其主要的行为模式，标志着该阶段的智力水平。

皮亚杰通过研究指出，儿童的思维方式在本质上不同于成人的思维方式。皮亚杰用生动的实证研究向我们展示了儿童独特的认识方式，他的智力结构发生、发展理论向我们呈现了一个丰富、复杂而有规律的儿童心理发展世界。皮亚杰认为，尽管儿童发展各阶段出现的时间因个体和环境不同而有差异，但阶段出现的顺序是固定不变的，既不能跨越，也不能颠倒；儿童认知结构的发展是一个连续不断建构的过程，前一阶段的思维模式要整合到后一阶段的思维模式之中，为后一阶段作准备，并被后一阶段所取代。皮亚杰关于儿童心理发展连续性和阶段性的观点，使我们注意教育中不同年龄儿童的区别，同时又要顾及发展前后阶段的互相衔接与联系，使我们既要认识儿童发展的可能性，又要充分挖掘儿童心理发展的潜力。

皮亚杰认为，儿童是主动的建构者。依据皮亚杰的理论，儿童的认知发展是通过认知结构的不断建构和转换而实现的，结构本身具有整体性、转换性和自动调节性的特点。儿童的每一个认知结构并不是天生就有的，而是在主体与客体的相互作用中一点点建构起来的。皮亚杰强调主体活动的重要性，认为学习是一种主动建构的过程，儿童是学习的主体。儿童获得知识的过程是儿童积极参与活动、不断建构和完善认知结构的过程。儿童从他们作用于环境的动作中建构各种知识：物理知识是儿童通过作用于物体的动作而建构的；逻辑—数学知识也是儿童从作用于实体的动作中建构起来的，皮亚杰认为在这个过程中最重要的因素是儿童动作本身，而不是特定的客体；社会知识的构建同样通过儿童与他人的相互作用。因此，皮亚杰认为，知识是从学习者内部构建的，思想是内化了的行为。儿童的学习必须是一个主动的过程，必须以发展儿童的自主性为教育的重要目标。

在皮亚杰看来，通过练习可以教儿童某种知识，但它很快会被遗忘，除非儿童能把知识同化到已有的认知结构中去，而这种同化只有在儿童积极参与建构时才可能发生。"儿童越是积极，他的学习就越有可能成功。然而，认知方面的积极参与，并不意味着儿童仅仅是摆弄某种材料；儿童在没有摆弄物体的情况下，可能在心理上积极参与，正如他在实际摆弄物体时心理上可能是消极的一样。"① 因此，教育应关注儿童主动的心理建构活动。

皮亚杰认为导致新旧两种教育差别的根本原因是对儿童的看法不同。如果把儿童看做罪恶的，需要单方面接受成人社会的教育，接受现成的成人社会的知识和道德，那么，教育的关系只能一方面是压制，另一方面是接受，这样学生的任何活动都"不是真正自发的、个人的研究活动，而是强加在学生身上的练习或是一种模仿外在世界的动作；而学生的内心道德始终根本是引向服从而不是培养自主性"②。相反，如果认为儿童具有自己独特的心理活动形式，其心理活动是其发展的动力，那么，儿童与成人与社会的关系就是相互作用的关系。儿童不再是仅仅接受现成的知识和规则，并努力接近成人状态，变成成人，而是儿童通过自己的努力与亲身的经历去做儿童应该做的事情，"完成正当的行动"。

皮亚杰认为儿童不同于成人，必须承认存在一个心理发展的过程，"一切智力材料并不是所有年龄阶段的儿童都能够吸收的"，教育必须考虑儿童每个年龄阶段特殊的兴趣和需要。皮亚杰批评旧教育，"教育者明显地或者暗地里把儿童看做一个受教育的小大人，对他进行道德教育，使他尽可能快地变得和成人一模一样；或者把儿童看做各种原始罪恶的体现者，

---

① 施良方．学习论．北京：人民教育出版社，1994：193.
② 施良方．学习论．北京：人民教育出版社，1994：195.

把他看做一种难于处理的原材料，他更多地需要改造而不是教育"。"教育者首先只关心教育的目的，而不关心教育的技术，只关心培养出来的完人，而不关心儿童以及其发展规律。"① 皮亚杰认为，发展不是一种数量上简单累积的过程，而是认知结构不断重建的过程，所以，我们不能用成人的思维方式来推断儿童的思维，不能把成人的意志强加给儿童，要考虑儿童的兴趣和需要。"传统的教育学曾赋予儿童以与成人完全相同的心理结构，却具有一种不同的技能的模式，……这就是说，儿童能够没有动机而从事劳动，能够把完全不相干的知识形式排成顺序，能够做任何你想要他做的事情，只是因为学校要求他这样做，而不是因为那种工作可以满足那些来自儿童本身、来自儿童生活内部的需要"②。皮亚杰用心理学的研究证明，儿童的智慧结构和道德结构不同于成人，但在心理机能上，儿童和成人一样，"是一个能动物，他的行动是受兴趣或需要的规律所控制的；如果不借助于那种活动的主动动力，这种行动就不能充分发挥它的作用"③。

皮亚杰认为儿童时期有重要的意义，儿童心理学与教育理论有极其密切的关系，应该把儿童的智力结构发生和发展学说作为探讨教育问题的依据，来建立一门"新的教育学"。"如果没有精心建立一个真正的儿童心理学或心理社会学，就不可能产生新的方法；新方法的存在无疑必须从建立这样一门科学之日算起。"④ 皮亚杰指出，人类的教育史上，有许多教育家都试图把教育建立在心理学的基础之上，从古希腊就有使教育符合儿童心理的思想和教育实践，卢梭看出了"每一年龄都有他自己的动力"，"儿童有他自己独特的观察、思维和情感方法"，但"卢梭主义所缺少的

① ［瑞士］让·皮亚杰. 教育科学与儿童心理发展. 傅统先译. 北京：文化教育出版社，1981：138.
② ［瑞士］让·皮亚杰. 教育科学与儿童心理发展. 傅统先译. 北京：文化教育出版社，1981：155.
③ ［瑞士］让·皮亚杰. 教育科学与儿童心理发展. 傅统先译. 北京：文化教育出版社，1981：155.
④ ［瑞士］让·皮亚杰. 教育科学与儿童心理发展. 傅统先译. 北京：文化教育出版社，1981：145.

就是一种关于心理发展的心理学"①。卢梭的后继者裴斯泰洛齐、福禄倍尔以及赫尔巴特都提出过与皮亚杰一致的教育主张，认为学校教育应该适应于儿童，儿童具有他自己的真实活动，教育必须利用这种活动并扩展它，否则，教育就不能成功，但是他们并没有给儿童心理发展与心理活动以积极的解释，只是把它留给儿童心理学去完成。皮亚杰对儿童发展进行了深入和细致的研究，为儿童教育提供了大量的实证研究证据和理论指导。

皮亚杰认知发展学说的影响范围及其应用范围都是广泛的。"皮亚杰的发生认识论，既吸收了机能主义、完形心理学、精神分析等心理学派关于认识发展和儿童思维的成果，又集合了各国著名哲学家、心理学家、教育学家、逻辑学家、语言学家和控制论学者的智慧，以我为主，创造性地综合成一个独特的理论体系。他把人的认识结构放在历史发展之中，认为人的不同时期有不同的心理结构，它们是整体性、转变性、自我调节（反馈）三者的统一体。其中强调了认知在内外过程统一中的重要作用，并把有机体与外界环境之间的适应（平衡）视为主体认知发展的推动力。这种从历史进化、发展角度去研究人智慧本质的观点，无疑是一大进步，并支持和丰富了科学认识论。"② 皮亚杰认知发展学说对儿童的最大贡献是，使人们更深刻地认识到儿童的智慧与道德结构与成人是不同的，因此教育必须考虑儿童的身心发展特点，努力创造适合儿童心理结构与认知方式的教育教学方法。可以说，卢梭最早提出"儿童不是小大人"的儿童观，皮亚杰用大量实验材料证明了这一点。"皮亚杰描绘了一幅儿童如何建构和获取知识的令人注目的图景。……他引导我们达到了对儿童成长的新的最重要的理解。"③

---

① ［瑞士］让·皮亚杰. 教育科学与儿童心理发展. 傅统先译. 北京：文化教育出版社，1981：143.
② 江光荣. 人性的迷失与复归. 武汉：湖北教育出版社，2000：224.
③ ［美］瓦兹沃思. 皮亚杰的认知和情感发展理论. 徐梦秋等译. 厦门：厦门大学出版社，1989：1.

（四）人本主义心理学理论

二十世纪六十年代，以马斯洛、罗杰斯为代表的人本主义心理学派异军突起，在西方心理学界和社会上产生越来越大的影响。人本主义心理学的基本观点是强调人的价值，认为每个人都有发展的潜能，都有发挥潜能的内在倾向，主张心理学应从人的主观意识本身出发，从整体上理解并充分重视"研究人的本性、潜能、生命意义、创造力和自我实现，反对心理学中的'第一势力'行为主义的机械决定论和'第二势力'精神分析的生物还原论，故人本主义心理学被称为'第三势力'"①。

人本主义心理学的主要观点是：①反对行为主义，排斥人的意识的机械的 S－R 模式，强调心理学要研究人的内在的意识经验，把自我体验纳于心理学研究对象的位置上。②人性是心理学研究的核心。在人性问题上，人本主义心理学与存在主义的消极观念不同，它们持一种积极向上的人性观。罗杰斯指出："我不赞同十分流行的观念，即人基本上是非理性的，假如不加控制，他的冲动将导致他人和自己的毁灭。人的行为是理性的，伴随着美妙的和有条理的复杂性，向着他的机体奋力达到的目标前进。"③生长和发展是人的本能。马斯洛认为，人有使自己趋向于更健康、更道德、更智慧、更美好和更幸福的自我实现的潜能和需要，这种需要存在于人的机体内，是在人的生物性本能残余的基础上进化的一种新的本能，即"似本能"。罗杰斯也认为，自我实现的倾向是唯一的、根本的人类动机。正如郁金香会本能地逐步生长得苗壮一样，人类也趋向于其生长、完善和实现人的发展的最高境界。④人本主义心理学承认理性的地位，同时又指出情感体验也是人性中的重要内容，从而把生命看做一个整体。罗杰斯认为，教育就是一种整体人的学习，这种学习是"在认知上，在情感和需要上的一种统一性质的学习"。所以，人本主义教育是以"完整的人"的发展为基本的价值取向，在潜能充分发展的基础上，实现丰满的人性。⑤人性是自主的、自由的，能够进行自

---

① 江光荣. 人性的迷失与复归. 武汉：湖北教育出版社，2000.

我的选择。人本主义心理学家认为，自由、创造是人的一种天性，但这种天性会被社会制度、环境和文化等种种外部条件所限制和阻碍，人必须通过自己的自由选择，克服现实生活中的限制，去发展和完善自我。①

人本主义心理学家对人性和人的本质予以积极的肯定。马斯洛认为，人是一种最富于哲学思维，最富于想象，最富有艺术才能和科学头脑的动物，人的求知、审美，创造以及理解和爱这些高层次的价值体系，是从人的内在生物学本性中产生的。以对人的善良本性的理解为基础，马斯洛提出了以人的自我实现为核心的动机和人格理论。他认为，驱动人类行动的直接原因是人的基本需要，人的需要分为五个层次，由下而上的排列顺序是：生理需要、安全需要、爱和归属的需要、尊重的需要和自我实现的需要。罗杰斯在心理治疗中坚持以患者为中心，在教育中坚持以学生为中心，这都是基于他对人性的基本信赖。他认为人不是白板，不是胶泥；人天生就有某种心理趋向，人是有本性的。人的本性倾向于创造，具有建设性，人需要与他人建立密切的个人关系。罗杰斯认为人性的发展和生物的进化一样都具有建设性倾向，不论是一朵花、一棵树，或是一条毛虫、一只鸟、一头猿猴或一个人，他们的生命都是一种主动的过程；不论刺激来自体内或体外，不论环境有利或不利，生命机体的行为总是沿着保持、扩展或繁衍自身的方向演进，这是生命过程的本性，是任何时刻都起作用的倾向，也就是自我实现的过程。罗杰斯认为人的本性是善的，恶不是人的本性，而是由文化和社会因素造成的。

人本主义心理学家强调人的价值与尊严。罗杰斯曾说："我看中人的价值。在我看来，于世间所有那些令人惊叹的生命和非生命形式中，人的个体是最富潜能、最有发展可能性、有最丰富的自我意识的存在。虽然我不能证明个体是最有价值的，但我能说，我的经验引致我赋予人以最高的价值。"② 人的价值的最集中体现是人的主观性和自主选择能力。人本主义者的共同倾向是反对降低、压制和肢解人的尊严和价值，他们

---

① 冯建军. 生命与教育. 北京：教育科学出版社. 2006：101.

② 江光荣. 人性的迷失与复归. 武汉：湖北教育出版社，2000：224.

反对弗洛伊德把学生看成本能上是自私的、反社会的，也反对行为主义把学生看成是"较大的白鼠"和认知心理学所说的"较慢的电子计算机"，认为应把学生看做是个"人"，一个有目的、能够选择和塑造自己行为并能从中得到满足的人。罗杰斯重视人的价值观、态度体系和情感反应在学习中的作用，重视自我概念在人的发展中的作用。他认为，一个人做什么，甚至于他的学习达到什么水平，在很大程度上取决于他对自己的看法。个人通常是根据事物与自我概念是否一致而表现出不同的行为和学习方式，因此教师要激发学生学习的内在动机，发展儿童潜能，形成儿童积极向上的自我概念、价值观和态度，从而使学生自己教育自己，最终成为充分发挥作用的人。马斯洛认为驱动人类行为的是始终不变的、遗传的、本能的生理及心理的需要，为了达到自我实现和促进人的潜能充分发挥的目的，教育者应充分满足儿童的基本需要。

人本主义者提出教育和教学要以学生为中心，教师要尊重学生，相信学生，创造良好的条件和机会，促进学生潜能的发挥。教师和学生是平等的关系，教师要放下传统的教师角色以及面具，他不再是一个全知全能的"神"，不再是至高无上、不可冒犯的绝对权威，而是一个学习的促进者。从人本主义的理论和心理治疗的实践经验出发，罗杰斯首倡"非指导疗法"，在心理治疗中不给病人任何具体的指导，后来，这一技术发展成"患者中心疗法"，最后又扩展为"以学生为中心"的思想和理论。罗杰斯说，决定着世界未来的是成千上万的儿童，是他们的求知欲、好奇心以及他们在复杂的情境中进行决策的能力。而现有的教育却每时每刻在摧残孩子们的这些天性。传统教育的特点是教师是知识的持有者，学生被看成知识的接受者，教的人和学的人在地位上有一道尊卑的鸿沟；课堂管理的基本策略是倚仗权威；师生之间的信任被压抑到最低程度；教育的主体——学生间歇或经常被置于恐惧状态之下。他提倡以儿童为中心，认为"人乃是一个'成人'（becoming）的过程；通过其潜能的不断发展和现实化，他在此过程中不断获得他的价值和尊严；每一个个别的人则是个自我实现的过程，一个不断地向更具有挑战性、更丰富体验挺进的过程"①。罗杰斯从海德格尔的学说中受到启发，海德格尔曾说"教甚至比学还要难。为什么？……因为教的目的乃是：让（学生）学习。实际上，真正的教师所做的，仅只是让学生学会'学习'"。罗杰斯进一步指出，不是"让……学习"而是"促进学习"，"教师的首要任务就是允许学生学习，允许他满足自己的好奇心。"② 马斯洛根据他的自我实现论提出了"让儿童成长"的教育观，认为自身潜能的实现是人的内在价值之所在，如果儿童被允许自由选择，他会选择最适合自己的学习内容和方法，因此，成人对儿童的行为不要过多强求和干涉，应信赖儿童，帮助他们自由发展与成长。

二十世纪六十年代至八十年代，以人本主义心理学为直接理论基础的人本主义教育思潮在美国的教育改革思潮中产生巨大影响。人本主义教育思潮兴起的背景之一是"主知主义教育"带来的种种问题，主要是偏重知识和智能，忽视情意、人格的教育与发展，学生不是为自己而学习，进学校也不是为了个人幸福。基于人本主义心理学的人性观，人本主义教育彻底转换了主知主义教育和行为主义教育的思路，主张建立一种人本主义的教育，"这种教育将更强调人的潜力之发展，尤其是那种成为一个真正人的潜力；强调人要理解自己和他人，并与他人很好地相处；强调满足人的基本需要；强调人向自我实现的发展。这种教育将帮助'人尽其所能成为最好的人'"。

人本主义接受历史上的人文主义、儿童中心论以及进步主义思潮的影响，提倡尊重儿童个性，关心儿童成长，对儿童各种心理需要作了详尽的分析，从新的角度论证了教育必须适应并促进儿童心理发展的基本原理。人本主义的心理学相信人人都有向上发展的内在潜能，重新发现和肯定了个人的价值，并将提升个人价值作为教育的终极目的，这些对人们关心儿童成长，认识和研究儿童潜能，在教育上满足儿童的基本需要，促进儿童潜能的发展起了重要的理论推动作用，也具有重要的实践

---

① 江光荣. 人性的迷失与复归. 武汉：湖北教育出版社，2000：245.
② 江光荣. 人性的迷失与复归. 武汉：湖北教育出版社，2000：193.

启示意义。

人本主义强调人的尊严和价值，强调人格因素中的积极方面，坚信人的本性是善良的、合乎理性的，具有建设性，这使人们对社会前景充满信心。人本主义"不仅把人的本性和价值提到心理学研究的首位，具有重大的理论意义，而且对组织管理、教育改革、心理咨询和心理治疗具有重要的实用价值。但它仍存在过分强调自然因素在人性中的作用，忽视社会在发展人性与自我实现中的决定意义的缺陷"[①]。

纵观在西方教育领域儿童观演进的历史，展现在我们面前的是一幅多彩的、曲折伸展的画卷。在历史发展的不同时期，尽管儿童的形象各不相同，但儿童的形象越来越清晰、丰富和真实，儿童在教育中越来越占居重要位置。可以说，儿童观演进的历史也是一部发现儿童、解放儿童的历史。儿童观的演进与人类对世界、对自身的认识密切相关，儿童观背后有对人、人性认识的支撑；儿童观的演进也受科学的发展、人文精神的张扬所推动。

历史是指向未来的，历史是未完成的。儿童曾经的历史通向儿童的现在和未来，我们了解儿童的历史，也正是为了更好地理解儿童的现在以及帮助儿童创造美好的未来。

---

① 江光荣. 人性的迷失与复归. 武汉：湖北教育出版社，2000：193.

第四章

儿童观时代性转换的
依据与意义

> 变迁是所有社会文化系统中一个永恒
> 的现象。创新为所有文化变迁的基础。只
> 有当一个既定社会的个体成员以新的方式
> 对环境变化作出反应时，变迁也就开始发
> 生了。不过根据定义，只有在新反应方式
> 为足够数量的人们所了解并被接受，因而
> 成为这个民族的特征以后，实际的变迁才
> 会发生。
>
> ——［美］克莱德·伍兹：《变化变迁》

我们已经跨入了二十一世纪。瑞典儿童教育家爱伦·凯（Ellen Key）受卢梭自然主义教育思想和尼采"超人"思想启示，曾经预言二十世纪是"儿童的世纪"，并将其《儿童的世纪》一书特意安排在世界之交的一九〇〇年出版。一百多年过去了，回首百年教育里程，我们不能说二十世纪是"儿童的世纪"。尽管初等教育的普及使所有儿童都能接受教育，但儿童接受的教育还远不是以儿童为出发点的教育，还不是真正有利于展开儿童生命活力、提升儿童生命质量的教育；尽管有《儿童权利公约》等各种法案和条例保障儿童的权利，但侵犯甚至剥夺儿童权利的事情屡见不鲜。"二十世纪教育的历程表明，满足政治、军事、经济方面的需要几乎成为各国不同时期教育发展和改革追求的目标，而儿童发展

的需要几乎成了一种奢侈品。"① 我们还要为新世纪成为"儿童的世纪"而努力。

　　发展是人类社会的永恒主题，也是人类社会的希望所在。发展是社会系统的动态变化过程，社会发展和人的发展在本质上是统一的过程。社会发展由人所推动的，社会发展的结果又直接影响到社会中的每一个人。马克思论及的社会发展的三大形态或阶段，从历史唯物论的角度，肯定了人的发展受社会的物质存在所制约，人的发展是一定的历史形态的反映。

　　人的发展的重要方面体现为观念意识的更新，社会成员的观念和态度，直接影响社会行为。"在发展过程中，一个基本因素是个人，除非国民是现代的，否则一个国家就不是现代的。""在任何情况下，除非在经济以及各种机构工作的人民具有某种程度的现代化，否则我们怀疑这个国家的经济会有高的生产力，或者它的政治与行政机构有效率。"② 弗郎索瓦·佩鲁在《新发展观》中指出：发展同作为主体和行为者的人有关，同人类社会及其目标和显然正在不断演变的目的有关。一旦接受了发展的观念，就可望出现一系新的发展，与之相应的是人类价值观念方面的相继变革，在历史上，这些价值观念正是以这种方式转化为行为和活动的。

　　展望未来，人们预测新时代为"新信仰"时代、"环境"时代、"信息革命"时代、"新的中世纪"时代、"公民权"时代、"过渡"时代、"开放"社会时代、"别具特色"时代等等。③ 其实，我们不可能提前为任何趋势命名或为一个发展的时代找一个名称，因为几乎没有什么东西可以预先决定，未来就掌握在我们手中。儿童观的时代性转换是时代精神的召唤，是历史发展的必然，是我们为创造美好未来的主动选择。

---

①　陆有铨. 躁动的百年：20 世纪的教育历程. 济南：山东教育出版社，1997：916.

②　[美] 英格尔斯等. 从传统人到现代人. 北京：中国人民大学出版社，1992：10.

③　顾信文. 世纪纷说新时代. 国外社会科学文摘，2001（1）.

一、现代人文精神的反思与儿童观的转换

人类对自身的认识随着人类主体性的不断增强和成熟而不断深化，在当代，人类对自我的"再度发现"不仅使人本身成为哲学的中心，而且作为多种矛盾统一体的人逐渐从对自然、社会、历史的从属中相对独立出来，人的主体性与完整性受到从未有过的重视与强调，这是儿童观转换的重要理论基础与时代背景。

"人是这样一种存在物，他不仅现实地存在着，而且能够意识到自己的存在，具有关于自己存在的自我意识；在这种自我意识的基础上，他还力图对自己的存在进行自我认识并作出解释。在这个意义上可以说，人是一种对自己的存在不断进行自我认识、自我探索的存在物。"① 人类从最初侧重对自然和社会的认识，没有明确把人作为研究对象，到文艺复兴时"人的发现"，人类自我认识有了第一次重大飞跃。人们逐渐认识到人的价值与尊严，认识到人的自由与能力，在对封建专制主义和宗教神学进行尖锐批判的同时，人的自由与平等、人的情感和才能的解放以及人的自由和谐发展受到重视与提倡。对人性的赞扬、对幸福美好的生活的向往和希冀成为近代哲学、人文科学的主旋律。

随着资本主义的发展，近代科学技术与生产的结合所发挥出的惊人的力量强化了从古希腊继承来的理性主义传统。思想家们把人理解为理性的人，以为人依靠自己的科学理性，依靠自己能动的主体创造性，就可以成为支配世界的主体。不幸的是人用人代替了神，却又把人的理性提升到万能的神的地位。人的科学理性成为人自我设定价值目标、自我实现自身理想的力量，"知识就是力量"充分显示了人对自身理性的自信心。过分的自信导致工具理性主义膨胀、肆虐，与理性主义相伴随的

---

① 夏甄陶．人是什么．北京：商务印书馆，2000：1.

是人的异化。

在现代西方文明的进程中，科学技术的发展使人从封建神学的束缚下解放出来，但是也给人带来了新的困惑。正如 E. 弗洛姆所说："摆脱了既保护人又限制人的前个人主义社会的枷锁的现代人，并没有获得能使他的个人自我得以实现，即他的智力、感情和感官方面的潜力得以发挥这一意义上的积极自由。自由给人带来了独立和理性，但同时又使人陷于孤独，充满忧虑，软弱无力。这种孤独是人所难以忍受的。在这种情况下，摆在人面前的道路只有两条：一是逃避自由的不堪忍受的负担，重新去依赖、屈从他人；二是进一步去争取建立在尊重个性、把人置于至高无上地位这一基础上的积极自由。"① 面对这种情况，只有一种可能的、创造性的方法可以解决个体化了的人同世界的关系，即积极地与所有人团结一致，自发地活动，爱和工作，从而使人不再是通过原始的纽带，而是作为一个自由和独立的个体再次与世界联结起来。但是，在现代西方文明发展的过程中，人并没有成为创造性的独立的个体主体。恰恰相反，个体完全淹没于物的世界之中，物的生产成了人的目的。人虽然获得了独立，但却成为一个"孤独的个体"，丧失了人的一切关系。

进入二十世纪后的两次世界大战更是打碎了人类理性至上的美梦。科学技术的发展为人类带来了物质繁荣，使人的主体性和创造性充分体现的同时，也为人类设下了陷阱。劳动异化、技术异化使人成为"生产机器"、"消费机器"、"没有器官的身体"、"权力的工具"或"金钱的奴隶"，"反正不是人"②。人类生存的环境和个人生活世界的危机日渐严重，并由此演化成人文精神的危机和文化的危机。经济在发展，人的精神追求在衰退；物质生活水平在提高，而人的价值在贬值；为了追求利益，人更接近生存状态，而远离人性。弗洛姆深刻地指出："十九世纪的问题是上帝死了，二十世纪的问题是人死了。在十九世纪，无人性意味

---

① ［美］E. 弗洛姆. 逃避自由. 陈学明译. 北京：工人出版社，1987：11-12.

② 王治河. 扑朔迷离的游戏：后现代哲学思潮研究. 北京：社会科学文献出版社，1998：145.

着残忍；在二十世纪则意味着精神分裂般的自我异化。"① 精神危机促发了人的自我再度觉醒，促使人类再度自觉思考，进行深刻的人文精神的反思，以重新寻找人类自己的精神家园。现代西方哲学的人本主义思潮、后现代主义思潮等都是直面西方社会精神危机，并力图解决问题的不懈努力。

自二十世纪六十年代以来，后现代主义以现代主义的超越者的面目出现了，表现在哲学、文学等诸多领域。后现代主义哲学思潮力图超越现代西方哲学，克服现代西方哲学的矛盾，"它以个性解放、猛烈冲击一切不合适宜的价值观和生活模式，撞击着文明的历史戒律和心灵禁忌"。后现代主义作为反现代的思维方式，"以强调否定性、非中心化、破碎性、反正统性、不确定性、非连续性以及多元性为特征"，是对开始于笛卡儿的以肯定、建设为特征的现代主义哲学的反动。

萨特的哲学以偏激的方式袒露了现代西方社会中人处于孤立无援境地的心理体验。萨特认为，在人之外，没有上帝，没有其他的逻辑必然性支配人，人不能指望在自身之外寻找任何自身存在的依托；人是孤独的，人的一切行为都由人自我选择，自我决定，自我负责；人的存在就是自由的存在，自由是不受任何外在力量限制的绝对化的东西；人的自由选择和决定固然也要介入处境，要在一定境遇中进行，但是，处境并不能限制人的自由，因为处境也不过是人赋予世界的意义；人无所依靠，人被抛到世界上，人的存在没有根据，没有理由，人被判处了自由的徒刑，自由是人不可摆脱的宿命；人的选择是无条件的，是完全由我自由作出的，因而，人要对自己的行为的后果承担全部责任。在萨特看来，现代社会中人独立了，却也孤独了；他人是一个异己，是自我的地狱。

以"社会批判理论"而著称的法兰克福学派积极吸收了马克思的异化理论的精华，对西方社会的种种异化现象进行了剖析。法兰克福学派把文化批判作为社会批判的核心内容。他们指出，在资本主义社会，一

---

① ［美］弗洛姆. 健全的社会. 欧阳谦译. 北京：中国文联出版公司，1988：135.

切都成为了商品，文化产品也遭此厄运。艺术失去了自己的独立性，失去了自己的超越的、批判的向度，纳入了与社会物质生活、市场交换相适应的系列。艺术创造本来应是具有鲜明个性特征的自由活动，是充分展现创造者的才能的活动。然而，在发达的资本主义社会，艺术非个性化了，而是非标准化、系列化了。与之相联系，人也成为单向度的人，成为丧失了批判和超越能力的人，成为缺乏想象力、缺乏思想的人。人降低了对意义的需要、精神升华的需要，"在精神设施中，人们所渴望的东西同准许得到的东西之间的张力似乎已大大减弱"①。

弗洛姆高举"人本主义精神分析学"的大旗，把西方国家作为不健全的病态的社会进行批判。他指出，西方社会在过去取得的进步曾一度使人们为人类凭借理性而认识和征服自然感到自豪。然而，在现代西方社会，人们却陷入危机之中。人们感到困惑，为什么人的知识和能力在增强，但在个人生活和社会中却软弱无力，"人创造了种种新的、更好的方法以征服自然，但他却陷入人在这些方面的罗网中，并最终失去了赋予这些方法以意义的人自己。人征服了自然，却成了自己所创造的机器的奴隶"②。他认为危机感的形成是有原因的，主观上的原因是人们虽然具有了关于物质世界的全面知识，但却缺少人是什么、人应该如何生活、怎样才能创造性地运用自身的巨大能量方面的知识。要摆脱危机就要使人们懂得人的本性是什么，知道如何为了自己而去发展自己的潜能，从而使社会人性化。弗洛姆提出从个人、从人自身去定义人，"人不是一件东西，不能用界说一件东西的方法去界说他"③。"每个人都具有全部的人性在自身之内"，人就是一个个人，就是他自己，"人的目的就是造就人自己……人一定是为自己的人"④。马尔库塞认为，当代的科学技术革命带来了西方社会集权主义盛行，技术统治代替了赤裸裸的暴力统治，个人完全被社会所"同化"；另一方面，物质需要的充分满足使人们丧

---

① ［美］马尔库塞. 单向度的人. 刘继译. 上海：上海译文出版社，2006：68.
② ［美］弗洛姆. 为自己的人. 孙依依译. 上海：三联书店，1988：25.
③ ［美］弗洛姆. 为自己的人. 孙依依译. 上海：三联书店，1988：224.
④ ［美］弗洛姆. 为自己的人. 孙依依译. 上海：三联书店，1988：27.

失了反抗意识，沉溺于物欲之中而不再有否定精神，往往成为一种"单向度的人"。"单向度的人"或"单面人"就是不完整的人，是只知道物质享受而没有精神追求，只是被动接受而不会主动创造，只能屈从现实而不能批判现实和改变现实的人。马尔库塞试图重新唤起和恢复被压抑的人的创造性、否定性思维和主观能动性。哈贝马斯指出在现代西方社会，技术的合理性变成了统治的合理性，现代人在运用科学技术不断征服自然和改造自然的同时，也使自身日益沦为机器的奴隶。

尽管法兰克福学派对科学技术的批判是站在技术悲观主义立场上的，过分夸大了技术发展的消极影响，但他们要消除对人性的扭曲，真正实现人的主体地位，建立一个没有异化的人道主义社会的思想反映着人类对自身命运的忧虑以及为此而作出的不懈努力。

总之，从文艺复兴"人的发现"，再到现代人文精神的反思，体现了人类自我认识的艰难历程。人的危机问题激发了人类人文精神的觉醒，促使人自觉反思，重寻人生意义，重建人类精神家园。这种人文精神的总体性反思是一种自觉的批判意识和超越意识，体现着时代精神。人的伟大就在于人不断对自己的活动进行反思，不断寻求新的完整的人性，从而达到对自身更全面的认识。"现代人类与其说是苦于缺少知识和科学真理，未能充分洞察客观世界的奥秘，不如说是苦于不善于用科学技术成果造福于人，不了解人的本性，未能充分洞察人的内心生活的奥秘。"① 人类发展史表明，人类的生存发展及其前途完全取决于人类自己的选择，要解决人的危机必须进行一次人的自身认识的革命，从为物所奴役，单纯追求物的占有转向以人为中心、以人的发展为目标，突出强调"人的价值高于一切"。正像里斯夫所说："政治世界应发生一场'哥白尼式的革命'，以便从此将人类置于中心地位，使各国都围绕这一中心运转。"②

人是发展的中心，人是一切发展的根本，只有以人为本才能促进人和社会的共同发展。以人为本观念的形成与确立是对人的主体地位与作

---

① 欧阳谦. 人的主体性和人的解放. 济南：山东文艺出版社，1989：3.
② ［伊朗］S·拉塞克，［罗马尼亚］G·维迪努. 从现在到 2000 年教育内容发展的全球展望. 马胜利编译. 北京：教育科学出版社，1996：97.

用的肯定，标志着人的进化进入了成熟与自觉阶段。在原始社会，由于自身能力有限，人类崇拜自然，屈从于自然，以自然为本；在奴隶社会和封建，社会建立了私有制的专制统治，统治者凭借手中的权力，统治、剥削被统治者，少数人掌握权力，压迫大多数人，社会以权力为本位；进入资本主义社会，以钱为本和以科学管理为本成为社会现实；在新世纪，历史的演进与社会发展的前途都表明，人类应倡导以人为本。以人为本是由人的本性、人在自然与社会中的地位与作用决定的，以人为本是社会文明进步的标志，是人类自身的又一次解放与确证。

人是超越了"种生命"的局限，而要追求高于"种生命"、具有永恒意义的"类生命"的双重生命存在。人思考自己的存在，关注人的意义，探索人类的命运；人珍视人的尊严、人的权利和个人的感性生活，关怀人的终极价值。现代人文主义反思所体现的时代精神召唤我们以新的理念与精神去认识人，认识儿童；重新定义儿童的价值，重新发现被忽视的儿童丰富的精神世界；把儿童看做有需要、有情感、有丰富精神世界的活生生的生命，看做有价值、有尊严、有权利的主体；儿童教育应以儿童生命活力的不断增强、生命内涵的不断充实、生命境界的不断提升为最终目标，从而实现人类发展的最终目的："使人日臻完善，使他的人格丰富多彩，表达方式复杂多样；使他作为一个人，作为一个家庭和社会的成员，作为一个公民和生产者、技术发明者和有创造性的理想家，来承担各种不同的责任。"[①]

二、当代文化转型与儿童观的转换

1. 社会转型

社会转型是人类社会发展变化的体现与标志。从总体上说，社会转

---

① 联合国教科文组织国际教育发展委员会．学会生存：教育世界的今天和明天．上海：上海译文出版社，1997：2.

型与社会变迁、社会革命具有同等的意义，都表明社会的深刻变革。社会变革总伴有更激烈的变革方式，而社会变迁注重变革的力度，其方式可能是激烈的，也可能是渐进的、平和的。社会转型则突出变化、转向自身，既不过分强调变革的形式，也不过分强调变革的力度，其包容性似乎更大。

人类社会总是处于不断变化之中，文明愈发展，社会变革的频率愈快，力度愈大，于是社会转型也会相应地增多，其变革深度也会逐渐加强。正如马克思所言："社会的物质生产力发展到一定阶段，便同它们一直在其中活动的现存生产关系或财产关系（这只是生产关系的法律用语）发生矛盾。于是这些关系便由生产力的发展形式变成生产力的桎梏。那时社会革命的时代就到来了。随着经济基础的变更，全部庞大的上层建筑也或慢或快地发生变革。在考察这些变革时，必须时刻把下面两者区别开来：一种是生产的经济条件方面所发生的物质的、可以用自然科学的精确性指明的变革；一种是人们借以意识到这个冲突并力求把它克服的那些法律的、政治的、宗教的、艺术的或哲学的，简言之，意识形态的形式。"①

当代人类社会的转型即文明转型，文明转型是一种全面而深刻的意识形态形式的转型，其核心和底蕴是可持续发展。前挪威首相布伦特兰夫人所主持的联合国世界环境与发展委员会在长篇调查报告《我们共同的未来》中，对可持续发展做了权威的界定。这一权威定义是："可持续发展是既满足当代人的需要，又不对后代人满足其需要的能力构成危害的发展。"这个定义具有较高的抽象性，丰富了可持续发展的内涵。它不仅指明了"需要"与"限度"两个基本要素，而且阐述了可持续发展的公平性原则、持续性原则和共同性原则。

发展是人的生存方式的变迁，任何发展都不是脱离主体的抽象发展，任何发展都是与人的进步和完善分不开的。社会的进步和发展实质上是

---

① 马克思，恩格斯. 马克思恩格斯选集：第 2 卷. 北京：人民出版社，1976：82.

人的进步与发展的表现。"必须牢牢记住，个人的发展、个人的自由，是所有发展形式的主要动力之一。这种个人的发展和自由能够在每个人所赞成的和在其各种活动中所感受到的各种价值范围内充分实现他们的潜力。"① 人类的未来绝不是外部形态的变化，而是人类思想、意识形等方面的发展。这就意味着在人的发展过程中，只有当人作为一个独立的个体主体，能够自由自觉地把握自身的命运的时候，人的发展才能真正得以实现。在发展过程中所能改变的并不是人之肉体的存在，而是由人通过自己创造的文化所建构起来的人之生存方式。因此，就社会发展的三个主要的层面而言，精神层面的发展是根本，其目的在于人的主体性的实现；制度层面和物质层面的发展次之，主要是促进人自身发展的手段。这三个层面是相互制约的关系，物质层面和制度层面为精神层面的发展提供前提和基础，而精神层面则引导前两者的发展。社会进步的真正实现并不在于物质和制度层面，而在于人的精神层面，没有人的精神层面的进步，社会制度层面的变革就不可能完成，社会物质层面的进步也是不可能实现。物质层面的发展如果没有精神层面的规约，正如一句古话所说的，"盲人骑瞎马"，跑得越快所造成的伤害就越大②。

当代中国正处于大变革、大发展的时期，从自然经济到商品经济，从计划经济到市场经济；从人治到法治，从集权到民主；从封闭到开放，从一元到多元；从禁欲主义到世俗幸福，转型是当代中国社会的基本特征与基本趋向，也是当代文化发展的最重要背景。在当代中国社会，"转型有两方面的含义。首先是继续鸦片战争开始的漫长的现代化进程的社会转型，其次是从五十年代以后建立，到七十年代中期变得非常僵化，因而基本上表现为曲折的社会结构的改革"③。由于当代中国转型的双重含义，使得当代社会的变化非常剧烈和快速；由于转型包含着结构的变

---

① ［法］弗朗索瓦·佩鲁. 新发展观. 张宁，丰子义译. 北京：华夏出版社，1987：175.

② 隽鸿飞. 发展：人之生存方式的变迁. 北京：社会科学文献出版社，2004：12.

③ 虞友谦. 当代中国文化走向. 南京：河海大学出版社，2000：64.

化，使得当今中国社会经历着历史上从没有过的转变，在某种意义上，转型也意味着"重新开始"。

2. 文化转型

社会转型包含着文化转型。文化转型是社会精神观念的变化，是人的价值观念、思维方式的变化，是人意义追求的新方式，也是人的形象的重新塑造。文化转型意味着新的文化价值观的建构，意味着超越经济增长的全面现代化的探索与追求。

强调人的发展成为当代文化转型的主旋律。法国应用数学和应用统计学研究所所长弗朗索瓦·佩鲁教授明确指出，"必须牢牢记住，个人的发展、个人的自由，是所有发展形式的主要动力之一"，"为了一切人和完整人的发展"，"理应是政治家、经济家和研究人员一致接受的目标"。① 英国经济学家伊金斯也认为："发展是一个整体，是一个整体的、文化的过程，是每个男人和女人的发展，是人类整体的发展。"② 前苏联学者弗罗洛夫在《人的前景》一书中得出这样的结论："只有人、人的全面而自由的发展才是社会进步的尺度和一切科学的尺度。"③ 中国学者在近 20 年倡导人学、倡导实践哲学的进程中，也从不同角度、不同层次反复论述了人的发展的重要性。其中最鲜明的观点认为：从根本意义上讲，发展的元价值在于追求人的发展，发展是以人为价值原点和绝对价值的多种价值的集合。

社会的快速发展使中国的传统文化面临危机，文化转型要求人们告别压抑人性的传统观念，重塑独立人格。"人类社会保存了许多它们所继承的东西，这不是因为人们热爱这些东西，而是因为他们认识到，没有这些东西他们就不能生存下去……，过去传下来的东西给他们提供了家园，然而，它却很少是一个他们完全感到自由自在的家园。他们试图将

---

① ［法］弗朗索瓦·佩鲁．新发展观．张宁，丰子义译．北京：华夏出版社，1987：175.

② ［英］伊金斯．生存经济学．赵景柱译．中国科学技术出版社，1991：40.

③ ［苏］弗罗洛夫．人的前景．王思斌，潘信之译．中国社会科学出版社，1987：144.

它改造得合乎自己的愿望；有时便抛弃或置换了某些继承的家产。"①

　　中国传统文化是伴随着几千年封建社会的历史逐渐形成的。中国传统文化具有重人的精神，但与西方人的观念不同，中国传统文化强调人之为人的"人伦"关系和本性。在中国传统文化思想中，"人"主要指在由人伦而形成的家族、民族、国家等群体中、被人伦之网规定下来的人，而不是独立存在的个人。"人伦"的"伦"原指道理、次序，"人伦"就是人与人之间关系中的次序和道理，"长幼有序"就是父子之间的道理。与人伦有难解难分关系的是封建宗法制度。"宗法制度的实质在于把人与人的关系确定为统治服从的君臣关系；但这些君臣关系主要借宗族的血亲、世系、长幼等关系来形成、建立、维系和巩固。"② 在封建的宗法制度下，"宗法等级"和"人伦"两个有差别的对立的东西结合为一个新东西—"宗法人伦"。"宗法人伦"与天道人伦不同，是相反的人伦，是一种异化的人伦，宗法人伦在讲父慈子孝、兄友弟恭、夫妻和睦之中，更突出子对父孝，弟恭于兄，妻顺从夫的方面，在亲亲中，实现了尊尊，使父子兄弟夫妻关系都变成了上下尊卑关系、等级关系、"君臣"关系。封建的宗法人伦使所有人均生存于预设的关系之中，成为这种关系的附属物。"在密密重重的宗法人伦之网里，生长出两个明显的结果：第一，在一定意义上，唯有那最高的统治者个人才是整个社会的目的，其余所有的臣民都不过是他的工具。第二，在不同程度上，所有家庭的尊长和某一地方长官，在其支配范围内，成为其下属为之服务的目的，其余人成为他的手段。这两者又汇而为一，即是专制主义。"③ 封建的专制主义、伦理纲常压抑着个人的自由与自觉，使每个人都成为没有个性，没有独立性的人。"国"和"家"成为评价个人价值的唯一尺度

①　［美］E. 希尔斯. 论传统. 傅铿，吕乐译. 上海：上海人民出版社，1991：285.

②　杨适. 中西人论的冲突：文化比较的一种新探求. 北京：中国人民大学出版社，1997：25.

③　杨适. 中西人伦的冲突：文化比较的一种新探求. 北京：中国人民大学出版社，1997：32.

与方式，人只能意识到自己是某个群体的一分子，一个个活生生的人成了某种社会角色的符号代码。"在中国传统的历史和思想里，人作为目的与手段虽有划分又从未分清过。它好像是一个管着一个的连环套，每个人都是别人的手段，同时又似乎也是另一些人的目的；似乎没有人是纯粹的手段，又终究没有任何人有自己独立的目的和自由意志，连君主也不能完全例外。这是一个窒息着几乎一切人自由发展的社会文化形态。"① 在这种文化形态下的人只能形成依附性的人格。

在经济体制和政治体制改革的同时，需要进行精神文化方面的更新和变革。只有人的思维方式、思维观念发生变革，成为具有现代化精神气质和风貌的人，才能实现社会结构的现代转型。"从依附人格推进到独立人格的追求正是中国走向现代化的重要标志。"② 改革开放以来，尤其是实行社会主义市场经济体制，对国民人格提出更高的要求，人格问题凸现出来。市场经济要求公民以平等主体身份参与社会交往和行动，市场经济的运作要求个人把命运掌握在自己手中，从以往的依附地位转变为利益主体的地位。独立人格的塑造成为中国社会现代化的重要先决条件。

马克思曾把人的发展分为三个历史阶段：自然发生的"人的依赖关系是最初存在的状态"；"以物的依赖性为基础的人的独立性"是人的发展的第二阶段，"建立在个人的全面发展和他们共同的社会生产能力成为他们社会财富这一基础上的自由个性"是第三阶段。③ 当代中国正处于第二阶段的不完全发展时期，需要进一步发展以物质为基础的独立文化，以独立人格代替依附人格。当代文化建设的核心就是建立以独立人格为基础的、具有独立文化精神价值指向的新文化。

国民人格的现代化转型是人的现代化的核心。从人的价值实现的视

① 杨适. 中西人伦的冲突：文化比较的一种探求. 北京：中国人民大学出版社，1997：87.

② 余潇枫. 哲学人格. 长春：吉林教育出版社，1998：192.

③ 马克思，恩格斯. 马克思恩格斯全集：第46卷. 北京：人民出版社，1972：104.

角看，"现代化的实质既不能理解为物质化程度的不断提高，也不能理解为人们的心理水平随工具化水平的增长而提高，而应理解为现代化是'人化'程度的不断提高，是'人性水平'的逐步发展，是人格境界的日益提升。概括地说，现代化的实质是人的价值的不断实现和人性的不断解放和提升"①。美国学者英格尔斯指出："一个国家，只有当它的人民是现代人，它的国民从心理和行为上都转变为现代的人格，它的政治、经济和文化管理机构中的工作人员都获得了某种与现代化发展相适应的现代性，这样的国家才可真正称之为现代化的国家。"② 他告诫人们，身处现代化进程中的人如果没有经历传统人格到现代人格的转变，失败和畸型发展的悲剧是不可避免的。民族的进步与社会的发展要通过人的解放和人的生命活力的激发来实现，任何社会的转变最终都要落实到每一个具体人身上，最终归结为人的素质的提高，体现为人格的升华和理想人格的实现。

社会文化的转型是一场实现人自身需要方式的大变革，是一场人的活动方式和思维方式的大变革，是一场关涉到社会生活方方面面的深刻的社会变革。在我国社会转型、文化转型的大背景下，文化价值观的转变必然要求与带动儿童观的转换，转换的儿童观构成新的文化价值观的一部分。新的文化价值观的突出特点是注重人自身的独立自主意识，注重人自身的创造性，强调每一个人都是独立自主的人。这必然要求教育中的教育者与受教育者都成为教育的主体，都成为尊重对方人格与权利的自主的人。德国的费希特曾说过："任何把自己看做别人主人的人，他自己就是奴隶。即使他并非果真如此，他也毕竟确实具有奴隶的灵魂，并且首先在遇到奴役他的更强者面前，他会卑躬屈膝。"③ 只有人格独立的人，才懂得尊重、宽容、理解。新的文化价值观的确立会使教育中成人与儿童的关系发生根本性的转变，由把儿童看做成人的附属物和光宗

---

① 余潇枫. 哲学人格. 长春：吉林教育出版社，1998：188.
② [美]英格尔斯. 人的现代化. 殷陆君译. 成都：四川人民出版社，1985：8.
③ 虞友谦. 当代中国文化走向. 郑州：河南大学出版社，2000：349.

耀祖的工具转变为把儿童看做主体的人，看做与成人一样人格独立的人。新的文化价值观强调生命的尊严，因为"没有了尊严，生命就没有价值，人生就不会幸福"①。新的文化价值观强调生命的不可交换和无法替代性，任何对生命的漫不经心、戏弄或肆意践踏都是犯罪，这些都必然要求把儿童看做是有需要、有尊严、有灵魂的活生生的生命，把每个儿童都看做不可替代、不可重复的肉体与灵魂、感性与理性的综合体。

文化转型是一种挑战，文化转型也意味着一种建设，只有通过这种建设才能使中华民族的文化与传统不断焕发生机与活力，屹立于世界文化之林。儿童观的时代性转换是当代中国文化转型、塑造独立人格的必然要求，也是新的文化价值观形成过程的有机组成部分。

三、教育现实的反思与儿童观的转换

我们正经历着前所未有的社会转型，儿童教育也面临着巨大挑战。从二十世纪八十年代开始，教育危机的呼声几乎没有停止过，在时代精神的召唤下，人们深刻反思教育的本质与价值，认真思索教育改革之路，寻求教育走出危机与困境的途径。

在对教育的深刻反思中，人们发现，受占统治地位几乎一个世纪的科学主义思潮的负面影响，教育工具性职能不断强化，儿童教育中迷失了真正的"儿童"。由于我们对教育目的的狭隘理解，把儿童的发展片面地理解为知识的增加，把灌输知识当作教师的天职，把学生的分数当做衡量一切的标准，儿童的生命、儿童的情感、儿童的需要统统被学习知识所湮灭，教育中没有了人，没有了儿童。由此酿成的悲剧令人不寒而栗，下面是一位十四岁少年的遗书：

---

① ［日］池田大作，［英］汤比因．展望二十一世纪：汤比因与池田大作对话录．荀春生等译．北京：国际文化出版公司，1985.

敬爱（的）爸妈：

　　我已不存在，请不要悲伤。我很对不起你们，请原谅。

　　我知道你们把我养这么大很辛苦。但是呢，我又没有报答过你们。我的成绩从来没好过，我也不知道为什么。我也不知道从什么时候起我有想死的念头，我曾经有过几次想死，但是我还是不愿意过早地死去，但是这一次，我已经彻底的绝望，并不是什么原因，而是我已感到，我是一个废物，样样不如别人。而且由于没有交成绩册和补课本，（老师）没有（让我）报到，也没有（发给我）课本。今天我们班上来了个新生，侯老师对他讲："后面的同学基本上都是差生……"我想，我也被老师列入了差生行列吧。我也感到很绝望。下午，我去问老师，星期一交行不行？据同学说，他的假期作业有两道数学题没做（没有通过小组检查），老师说："不行，今天不交完星期一就不准上课。"我真的绝望了。

　　我也想过，我一死会给你们带来什么呢？有坏处、有好处，我一死，会给你们精神上加了不少压力，好处是我一死，你们可以节约一大笔钱，你们就可以不用愁我的开支，你们可以尽情的游玩，坐飞机、坐轮船，而不用为我担心。我死了，也不要传开来。因为会带来别人所讲的闲话，使你们很不好。如果真的很想我，便给我写信，你们尽情地玩乐吧，你们也不要想不开，存折密码是1122（李渊得压岁钱的存折）。来生再见。

李渊（小丹）

97．2．20　10：17分

　　另加一句话，妈妈不要责怪爸爸，爸爸也不要责怪妈妈。记住。①

如此的教育，给儿童如此大的压力，完全背弃了教育的人文内涵。

---

① 杨东平．教育：我们有话要说．北京：中国社会科学出版社，1999：7．

触目惊心的事实让我们深感教育改革的迫切。中共中央国务院《关于深化教育改革全面推进素质教育的决定》中指出："我们的教育观念、教育体制、教育结构、人才培养模式、教育内容和教学方法相对滞后，影响了青少年的全面发展，不能适应提高国民素质的需要。"进行教育观念的革命势在必行。

转变教育观念首先要转变儿童观，要把儿童看做不同于物的人。而工业化的教育模式把儿童当做原材料，放在学校这个大工厂中，运用统一的教育技术和教育程序，模式化、批量化地生产"标准件"。在这样的生产中，只有被填充的容器，被加工的原材料，只有如一张白纸的心灵，只有努力长大的"小大人"，唯独没有具有丰富的精神世界和多样需要的活生生的儿童。

秦文君 1998 年在《文汇报》发表的《一个小孩的心灵史》讲过这样一件事：

> 有一阵子，小孩总问我："妈妈，我是笨蛋吗？"因为在班里，学习拔尖的永远是极少数学生，小孩不属于此列，因而总是有些沮丧。特别是每次考试完毕分数公开，等级也就分明了。小孩心里只感觉竞争是冰冷的，往往一听说要决出名次，就央求说："别比了好不好？"有点不打自倒。有一次例外，全班参加英语口试，轮到小孩了，她怯怯地回答了提问，英语老师给了个优，说了句"Very Good"。这节课，只口试了一半同学，到了后一堂课，英语老师让没口试的同学上讲台去，这个小孩也混杂其中，又上去口试一遍，为了再听一遍"Very Good"。

在教育中，教师成了主宰，儿童成了被管教对象，儿童没有自主，没有自尊，由"人"变成"非人"。如果儿童表现出人的自主性，却往往受到非人的待遇。

> 在中国，学校的纪律历来是很严格的。各校都有自己整套

的校规。不过有些规矩却是全国通用的。譬如上课时，学生发言要先举手，即学生能否有发言的机会取决于老师是否恩准。不举手就发言属于违反课堂纪律，俗称"接下茬"。中国的教师对学生不举手就发言的行为历来是持否定态度的，并对爱"接下茬"的学生很反感，总要采取严厉的批评以便杜绝这种现象，有的教师甚至宣布纪律，学生凡三次不举手发言的将被逐出教室，到门外罚站。①

武汉市某小学一教师为了教训一名上课讲话的小学生，让其自打耳光，孩子不肯，教师竟要求全班同学轮番上阵捆其80记耳光；乐清市云海小学一名年轻女教师因学生调皮讲粗话竟让20多名学生"脱裤示众"。……更有甚者，有的教师为了个人的利益竟逼迫家长给成绩不好的孩子开弱智证明。②

有一次，一位老朋友对我说，他的孙女刚上小学一年级，过不了两个星期回家告诉他，她是班上第二号种子。问她是怎么回事？她说，老师把班上的同学排了一个队，最聪明的是第一号种子，她是第二号。过了大约一个学期，他的孙女回家对他说："爷爷，我们班上有8个笨蛋。"问她这又是怎么回事？她说："今天下午开班会，老师问，谁是笨蛋站起来，班上8个同学站了起来。"③

儿童的人格、儿童的尊严在这样的教育中丧失殆尽，如此的教育怎么能培养出自尊、自信、自强的人才？

我国教育长期笼罩在"苦读"的气氛中，为了"分数"、"考试"，儿童甚至被剥夺了基本的人权——"生存权"。对儿童来说，按时吃饭，睡足觉，不被体罚，免于恐惧竟成了奢侈。

---

① 鄢烈山，何保胜. 杞人忧师. 北京：中华工商联合出版社，1996：133.
② 鄢烈山，何保胜. 杞人忧师. 北京：中华工商联合出版社，1996：72.
③ 杨东平. 教育：我们有话要说. 北京：中国社会科学出版社，1999：172.

　　上午本应 8 点上课，加了个早自习，到校时间变成 7 点半或者 7 点，甚至 6 点半。这一提前，孩子们就少睡一小时。中午 11 点半放学，却有相当多的孩子受罚不能按时回家。我曾在中午 1 点 20 分去学校找回饥肠辘辘的孩子，被罚的不止他一个，也不止这一次。大人也会犯错，可没有人敢罚大人挨饿。下午 2 点上课，又因为上自习，规定 1 点半或 1 点到校，这样一延长一提前，孩子们的午休时间又没了。晚上的作业更没谱了，无法用小时计算，只能说几点做完。9、10 点做完算少的，11 点能做完算不错，做到零点以后也不新鲜。再说节假日，哪个孩子不背着一堆作业？结果呢，全家最晚上床的是孩子，最早起床的还是孩子，孩子比大人累成了公认的事实。①

　　巴西教育家保罗·弗莱雷（Paulo Freire）在那本具有"革命性"意义的《被压迫者的教育学》中指出："教育变成了一种存储行为。学生是保管人，教师是储户。教师不是去交流，而是发表公报，让学生耐心地接受、记忆和重复存储材料。这就是'存储式'的教育概念（'banking' concept of education）。这种教育让学生只能接受、输入并存储知识。……在'存储式'的教育中，知识是那些自以为知识渊博的人赐予在他们看来一无所知的人的一种恩赐。把他人想象成绝对的无知者，这是压迫意识的特征，它否认了教育和知识是探究的过程。"② 在这样的教育中，儿童有无尽的烦恼，他们厌倦了各种学习、训练和无休止的考试，儿童小小年龄已感到生活的痛苦。一个初中生的作文《摇篮里的梦》，这样写道：

　　　　我们这个年龄正是爱玩、爱笑、爱哭、爱闹的时候，也正是学习本领、开阔视野、树立正确人生观的时候。可是，考试和升学占据了我们整个的大脑。为什么要取消秋游、春游和假

① 鄢烈山，何保胜. 杞人忧师. 北京：中华工商联合出版社，1996：75.
② ［巴西］保罗·弗莱雷. 被压迫者教育学. 顾建新，赵友华，何曙荣译. 上海：华东师范大学出版社，2001：25.

日？家长们的童年，他们认为受苦的日子，却多么令我们向往！小河里的嬉戏，牛背上的牧笛，我们却不曾看见过。

我们盼望的家庭和学校，是一个充满着五彩缤纷的梦的大摇篮。我们去看海了，我们去郊游了，我们飞上蓝天了，我们的卷子变成可口的蛋糕，我们的升学考试被取消了！呃，摇篮里的梦，神奇而不现实的梦。①

今天的儿童在享受他们的父辈从没享受过的富裕生活的同时，也付出着远离和缩短童年期的代价。胡适在《慈幼的问题》中写道：我的一个朋友对我说过一句很深刻的话："你要看一个国家的文明，只消考察三件事：第一，看他们怎样对待小孩子；第二，看他们怎么样对待女人；第三，看他们怎样利用闲暇时间。"慈幼的意义是改善儿童的待遇，提高儿童的幸福。这种不合儿童生理和心理的学校，便是慈幼运动的大仇敌，因为他们的行为便是虐待儿童，增加学校生活的苦痛。忽视儿童丰富的内心世界，忽视生命意义的教育，不仅影响着儿童身心健康和个性的和谐发展，而且对中华民族整体素质的提高与文化的持续发展造成深远的影响。因此，必须扭转曾片面、畸形的儿童观与教育价值观，真正"解放儿童"。

我国现代教育家陶行知针对教育对儿童创造力的压制，提出了"敲碎儿童地狱"的"六大解放"。第一，解放小孩子的眼睛，打碎他戴的有色眼睛，教他们看事实。第二，解放小孩子的头脑。他说传统的教育就像裹脚布，裹脚布限制脚的自然生长，把它裹成三寸金莲。我们的教育就是层层裹着儿童的头脑，因此，必须撕掉精神的裹头布，"奉头脑做司令"，解放儿童的创造力。第三，解放小孩子的双手，使他们动手探索，"在做中学"。第四，解放小孩子的嘴，使他们敢问、敢言说自我。第五，解放小孩子的空间，让教育融入到生活之中。他形象地举例说："从前的学校完全是一只鸟笼，改良的学校是放大的鸟笼。要把小孩子从鸟笼中解放出来，放大的鸟笼比鸟笼大些，有一棵树，有假山，有猴子

---

① 鄢烈山，何保胜．杞人忧师．北京：中华工商联合出版社，1996：150.

陪着玩，但仍然是个放大的鸟笼，不是鸟的世界。鸟的世界是森林，是海阔天空。"所以，就要像把鸟放归大自然一样，要把儿童从书本、课堂和学校的狭小天地中解放出来，放飞大自然、大社会去寻觅丰富的食粮。第六，解放小孩子的时间，把"赶考"的时间赶跑，使他们有空去思，去观察自然和社会，还有空玩玩，体验人生的乐趣。

二十一世纪的教育价值观以"解放儿童"为基本理念，"解放儿童"意味着儿童观的转变，"解放儿童"意味着"一是把儿童从课堂学习中的'我教你学'的学习模式中解放出来，由被动学习变为主动探索；二是把儿童从大量的机械重复练习中解放出来，通过多样的活动，让儿童在动手、动口、动脑中进行创造性的学习；三是把儿童从传统的师生关系中解放出来，还儿童学习主体、教育主体的地位，师生在'你—我'的平等关系中进行对话和交流；四是把儿童从家庭、社会所寄予的沉重期望中解放出来，让儿童能够选择他自己未来生活，并为这种生活去主动建构知识结构和实践能力"[①]。

当今教育改革的关键是观念的转变。诸多教育现象与教育行为都是教育观念的投射。为使教育成为充满生命活力的人的教育，成为增强人的生命力、丰富生命内涵、提升生命境界的人的活动，我们必须顺应时代发展趋势，在时代精神的召唤下，转变儿童观，以新的视角和新的眼光去认识儿童，研究儿童，理解儿童。

"人的发展不仅是获得更大发展的先决条件和方式，同时也是发展过程自身的伟大目标之一。"[②] 不论是当代人文精神的反思，还是我国当前社会新的文化价值观的建立，还是"解放儿童"的教育，都体现着从人出发，一切为了人的理想追求。儿童观的时代性转换是人类自我再度觉醒的必然要求，是我国当代文化转型，塑造独立人格的必然体现，是反思教育现实问题的必然应答。

---

① 王坤庆. 新世纪人文主义教育价值观的思考. 教育研究. 2000（8）.
② ［美］阿里克斯·英格尔斯. 人的现代化. 殷陆君译. 成都：四川人民出版社，1985：7.

第五章

科学儿童观的构建与思考

> 未来社会不是即成事实和人类要去的
> 已有的地方，而是人类自己将能创造出的
> 事实和地方…美好的未来和科学理想的实
> 现，只能由人通过实践去创造。人作为人
> 类社会生产活动的主体和社会关系的主
> 体，不仅能创造历史，也能创造未来。
>
> ——王逢贤：《为创造以人为本的
> 未来世界培养一代代创造型新人》

　　发展首先是一种事实，即人类社会自身现实的变迁过程。发展的过程是展示人的生存意义和创造新的生存价值的过程，人类社会的发展最终表现为自身生存方式的变迁。马克思站在历史的高度分析了人类的发展历史。他把人的生存状态分成三个阶段：人的依赖关系是最初的状态，"以物的依赖性为基础的人的对立性"是第二大状态，"建立在个人全面发展和他们共同的社会生产能力成为他们的社会财富这一基础上的自由个性"① 是第三大状态。这三个阶段是人不断提高到自觉的类本位即人的全面发展的过程，是人作为自在自为的存在不断追求自由的过程。人

――――――――――

① 马克思，恩格斯. 马克思恩格斯全集：第 46 卷. 北京：人民出版社，1979：104.

作为"主体"，作为自为存在的生命体，意味着人是自我创造、自我规定的生命存在，人每时每刻都在自由自觉地创造自己的生命本性。对人来说，生命变成了存在和发展的前提，赋予生命以价值的内涵和意义是人生命的本质。

时代发展到今天，世界发生了巨大的变化。时代的发展与教育的现实都要求我们转变儿童观，从新的视角认识儿童，理解儿童。与其他任何观念一样，在不同时代，儿童带给不同时代的人不同的含义。当每个国家、每个民族试图理解童年的概念，并将它融入各自的文化时，童年所面临的是与产生地大不相同的经济、宗教和知识的环境。在有些情况下，童年被丰富了；在有些情况下，它被忽略了；还有些情况下，它被贬低了[①]。面对今天儿童的生存状况，我们更需要深入反思。

儿童是人，这是构建科学儿童观的基本点。儿童作为人，是自然存在与社会存在的统一，具有人的自由性、选择性和创造性；儿童的生命是人的整体生命，是肉体与灵魂、生理与心理、感性与理性的综合体；儿童是权利主体，具有与成人平等的价值与尊严。儿童是自然的存在，儿童是社会的存在，儿童是权利的主体，三者的统一构成了当代科学儿童观的完整框架结构。只有从儿童作为人的本性出发而构建的儿童观才是对儿童的完整认识，才是对完整儿童的认识，才能有效地指导教育实践。

一、儿童是自然的存在

儿童是自然界的一部分，是自然存在物，儿童期的存在是人类自然进化的结果；儿童是有生命的肉体组织的存在，儿童有生命的肉体组织的存在根源于自然、从属于自然、依赖于自然并服从自然的规律。

---

① ［美］尼尔·波兹曼. 童年的消逝. 吴燕莛译. 南宁：广西师范大学出版社，2004：76.

（一）童年期溯源

对现在的我们而言，似乎童年期是必然地存在着。其实，在人类漫长的进化中，童年期的出现和延长是物质运动社会形式的复杂化与人脑发育相互作用的结果，是人类进化特有的轨迹留下的痕迹。我们承接着祖先进化的结晶。

1. 人的进化与"青春化"

在自然界漫长的进化过程中，四十多亿年前地球上产生了生命。经过漫长的过程，猿进化成人，并形成人类社会。不可否认，人是自然的一部分，人类是物质形态进化的产物，但人类祖先的进化与动物的进化有本质的不同。人类祖先的进化不是纯生物性的，它是社会实践活动和生物因素相互依存，相互制约，且依存和制约程度不断提高的过程。俄罗斯科学院院士、世界著名生物学家和遗传学家尼古拉·彼得罗维奇·杜比宁提出人类祖先存在两种遗传形式——生物遗传和社会遗传，"前者把一切遗传变化的成果储存于自身，后者则把社会历史实践的经验通过学习世世代代传下去"[①]。物质运动的社会形式的出现从根本上改变了人对环境的可适应原则，人类祖先为了以特有的遗传方式适应自然，开始了脑的进化发育。大脑的进化也是社会文化因素和生物因素的辩证作用过程，"如果说古文化的发展对促进大脑的进化施加了很大的压力，反过来可以说大脑的进化带给了社会文化复杂性以进一步发展的奖赏"[②]。

在人的大脑进化过程中，"青春化"过程对大脑的发育成熟起了重要作用。"青春化"就是个体发育的放慢，也就是童年这一生物阶段的延长，也意味着个体发育的未完成状态。在哺乳动物中，灵长类的发育速度是比较慢的，而人类的发育速度慢到了其他哺乳动物不能比拟的程度。与其他哺乳动物相比，人类的孕期更长，人必须在母亲子宫中度过

---

① ［俄］尼·彼·杜比宁. 人究竟是什么. 李雅卿，海石译. 北京：东方出版社，2000：259.

② ［法］埃德·加莫兰. 迷失的范式：人性的研究. 陈一壮译. 北京：北京大学出版社，1999：62.

很长的时间，人也需要很长时间才能真正成熟。为了"成年阶段的长度与漫长的幼年期保持相应的比率"①，人类比其他动物的寿命也更长。

2. 童年期的延长

童年时期的延长不仅允许大脑在外界的刺激和文化的影响下持续其组织上的发展，将人类在胚胎中的快速生长延续到出生后的生命中，而且对个体的发育和人类的进化有重要意义。"文化的学习和吸收如此的困难，以致人必须很早开始，而且必须用超常时间在这方面继续发展。"②人类个体发育进展的减慢有利于个体学习各种技能和发展智力，有利于个体接受文化的熏陶，更有利于文化的继承与传播。

童年期的延长是社会文化发展的必然要求和产物，童年期的延长又促进了社会文化的发展。在人的进化过程中，社会文化的复杂性不断增加，需要个体有一个较长的童年期，以学习文化和适应文化。同时，童年期的延长"使得把社会文化的基本结构有可能整合到个人的大脑中，又把大脑的基本结构整合到社会文化的结构中；它使得个体的智力和感情有可能同时得到发展"③。较长的童年期不仅使最早的家庭关系如母子关系和兄弟姐妹的关系的感情纽带更牢固，而且还使人"童年的感情世界在成人生活中扎根，使这种感情在以后采取友情、挚爱和爱情的形式指向新的伙伴"④。青春化使人能把幼年的情感保持到成人期，并为成年期丰富的情感提供最初的源泉。

3. 幼态持续

"青春化"使人类的童年和成年如此紧密地相联和相通，人类明显降下来的发育速度导致人类的幼态持续，即童年的特征不仅表现在儿童的世界中，而且也融合在成年人的世界里。"青春化在开始时促进了童年

---

① ［德］蓝德曼. 哲学人类学. 彭富春译. 北京：工人出版社，1988：225.
② ［德］蓝德曼. 哲学人类学. 彭富春译. 北京：工人出版社，1988：224.
③ ［法］埃德·加莫兰. 迷失的范式：人性的研究. 陈一壮译. 北京：北京大学出版社，1999：69.
④ ［法］埃德·加莫兰. 迷失的范式：人性的研究. 陈一壮译. 北京：北京大学出版社，1999：69.

期的延长，以后它同时促进成人世界进入青春期和使青春期进入成人世界。"① 因此，我们从成人身上仍能看到强烈的游戏兴趣，看到激情的释放，看到疑问的眼神和好奇的探究。

　　人类幼态持续不仅使人类在成体中保留了祖先的幼体特征，而且使人类对孩童的形态一往情深。生物学家通过研究人类生长中形态的典型变化，发现抽象的人类孩童的特征容易使我们生发出强烈的情感回应。生物学家康拉德·洛伦兹提出："幼年的特征可以焕发成年人的慈爱和养育之心的'固有机制的释放'。当我们看到活生生的具有婴儿特征的生灵时，我们就会感到温馨，我们的顾虑也就自动消失了。"② 许多动物具有人类婴儿般的特征，人类被这样的动物所吸引，把它们当宠物。

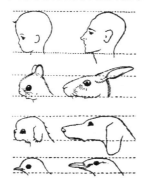

　　　　人类喜欢有幼体特征的动物：大眼睛，前额突出，脸颊较
　　小。（左图）。而小眼睛、长鼻子的动物（右图）却不受人的待
　　见。印自（动物和人的行为研究）第 2 卷，唐拉德·洛伦兹，
　　1971 年。梅图恩公司出版。③

---

① ［法］埃德·加莫兰. 迷失的范式：人性的研究. 陈一壮译. 北京：北京大
　　学出版社，1999：71.
② ［美］斯蒂芬·古尔德. 熊猫的拇指：自然进化史沉思录. 田洺译. 北京：
　　三联书店，1999：103.
③ ［美］斯蒂芬·古尔德. 熊猫的拇指：自然进化史沉思录. 田洺译. 北京：
　　三联书店，1999：105.

人类的这种情感倾向性对有孩童特征的动物也是如此，它表现在人类喜欢有幼体特征的动物。美国迪斯尼公司动画片的艺术家正是利用了人类生物学上的倾向性，塑造出来米老鼠的形象，使我们把对成长中的婴孩作出的反应转移到其他动物身上。他们赋予米老鼠的特征是：大脑袋、大眼睛、前额突出，这些都是人类幼年的特征。

　　米奇50年的进化（从左至右）。随着米奇的行为变得愈加可爱，它的外形也变得愈加年轻。通过对它发展的三个阶段的测量表明，它具有相对大的头、大的眼睛和大的颅——这些都是幼年的特征。

版权所有：沃尔特·迪斯尼公司①

　　总之，婴儿的特征可激发人类产生强烈的友善情感，不论这种情感是生物学性的还是社会性的，重要的是对这种情感的意识使我们重视人保持幼年特征的力量以及这种力量所产生的影响。

　　"在人的祖先的进化中，社会遗产容量逐渐增加，内容越来越复杂化，这促使在人的生物发展中出现童年、少年和青年的漫长时期，这是其他动物所没有的。"② 童年期的存在是人类特殊的进化历程的结果。人

---

① ［美］斯蒂芬·古尔德. 熊猫的拇指：自然进化史沉思录. 田 洺译. 北京：三联书店，1999：100.

② ［俄］尼·彼·杜比宁. 人究竟是什么. 李雅卿，海石译. 北京：东方出版社，2000：131.

类是幼态持续的生灵，童年期的存在也是人类特殊的情感倾向的源泉。"真正的人类特征是一直保持着发育状态，这一富有活力的特征是人类幼态持续的本性赐予的一个礼物。"① 我们虽然会长大，但我们保持着年轻。

总之，"青春化是一个总体和多方面的过程，它的每一个方面都与大脑的进化紧密联系，涉及族类的遗传性质、文化的社会性质和个人感情与智力的性质。它保障了社会文化自我再生和自我发展的更为优越的条件，也保障了个人从出生直到衰老在感情上、智力上和创造性上发展的更为优越的条件"②。它使人自然地拥有童年，也使童心永恒。

（二）儿童"属人"的自然结构

马克思在首肯人是自然存在物后，进一步指出人是"人的自然存在物"。人是自然存在物，但与动物等其他自然存在物相比，人这个自然存在，已经打上了人的烙印，具有了"属人性"。

生物人类学的研究证明了这一点。首先，"人的外表甚至也是特殊的人类的外表。对客观论的思想来说，这似乎是显而易见的，但是，依赖于这一点的理性人类学和旧的进化论，倾向于把人的生命基础实际上看成动物性的，认为真正属人的一面仅仅始于理智的上层结构。然而，深化了的认识现在已发现，我们的生物性甚至在总体上也是属人的。根据一种综合性的结构原理，人从最初不同于动物，这个原理也包括了人的生理属性，并认为在生理属性中也表现出了人性。人不能划分为属人的和非人的层次"③。

儿童作为生命的肉体组织的存在，儿童的肉体承接着人类祖先进化

---

① ［美］斯蒂芬·古尔德. 熊猫的拇指：自然进化史沉思录. 田洺译. 北京：三联书店，1999：109.

② ［法］埃德·加莫兰. 迷失的范式：人性的研究. 陈一壮译. 北京：北京大学出版社，1999：70.

③ ［美］兰德曼. 哲学人类学. 彭富春译. 北京：工人出版社，1988：203-204.

的成果，儿童的肉体之身蕴藏着人的生命活力。儿童刚来到这个世界时，生物性的生理需要是他们的主要需要，人类的新生儿是那么脆弱，如果没有成人的照顾，干脆无法生存。但看似幼小动物的儿童，其肉体之身的性质与发展规律与其他动物明显不同。儿童的发展遵循着人类祖先遗传下来的人的发展模式，即使是体重的发展也是如此。"在类人猿与人的早期发育之间，有着显著的差异。类人猿的体重从一开始便扶摇直上，无论哪种类人猿，很快就可以追上同龄的儿童。人的体重曲线则相反：开始远比类人猿重；生后一年迅猛上升，而后突然改变为人类特有的呈极其缓慢的发展速度。人在生后第一年的发展曲线经历这番转折，明显地分成两个部分。这种现象是在任何早熟性动物以及类人猿身上所见不到的。这确实是人类特有的。"① 儿童作为自然的存在，其生理结构和属性是"属人"的，这是形成和产生人的本质力量的自然基础。儿童的各种器官系统的结构和功能协调有序地发挥作用，与外界保持物质的、能量的和信息的交换，都是按照人的方式并为了人的活动而进行的。

儿童作为有生命的肉体组织的存在，其发展是其内在发展模式的展开，是人的生命力量的伸展。在进化过程中，大脑在不断演进，它替代了具有特殊性的本能和器官而成为人的特质。从胚胎到成熟、从婴儿到成人，在人的生长中起重要作用的是人的神经系统和人脑的发育。以人脑为中心并把感觉器官、运动器官等有机联系起来的高级神经系统，是人类祖先与外部自然界相互作用，在生物学规律和社会性劳动的互补作用基础上逐渐形成的，并通过生物遗传的方式遗传给人类的世世代代。生理学研究表明，在胎儿后期，人的神经系统和脑的基本结构已经形成，支配生命活动的脑低级中枢已基本发育完成。尽管脑和神经系统作为整合思维、语言等高级能力的器官在出生时没有完全成熟，但出生后，脑的发育非常迅速。新生儿脑重390克，到九个月时剧增到600克，三岁时约1000克，七岁时为1280克，基本接近成人的脑重（成人脑重平均

---

① ［日］筑波大学教育学研究会．现代教育学基础．钟启泉译．上海：上海教育出版社，1986：65.

为 1400 克）。到幼儿末期，大脑皮质各区的成熟状况基本接近成人水平，到十三四岁间大脑的结构基本成熟。总之，在儿童的发育中，高级神经系统及其所联系的各种器官的结构和功能以及各种潜在能力都是通过遗传基因传递下来的，因而是先天获得的，与生俱来的。尽管个体发育过程可能是以压缩、简略的形式重演人类祖先以往的进化历程，但个体发育或发展的成熟模式，已经通过遗传基因在进化历程的高级阶段上先天地编制好并规定好了。儿童先天就具有人的潜在的、"天赋"的能力，后天的发展和教育的任务之一是通过后天的各种活动，把这种能力释放出来，发挥出来，实现出来。不仅如此，儿童作为人还能够在发展过程中使先天的能力不断增强和扩充，不断形成人之为人的本质力量和规定性。

（三）儿童的自然开放性

从生命之初，人类就是一个远比动物更孱弱无力的存在，瑞士生物学家波特曼认为人类是"生理性早产"，提早了一年来到世上，"换言之，人在出生后一岁，才达到真的哺乳动物降生时就有的发育状态。这样看来，要使人的发展与其他哺乳动物并驾齐驱，人类的妊娠期理应比现实延长大约一年，即约二十一个月"①。人类的婴儿能从如此孱弱的生命发展成万物之灵，就是因为人类的婴儿承接着祖先进化的成果——人的非特定化，这使他成为开放性的存在。

马克思说过："人直接的是自然存在物。人作为自然存在物，而且作为有生命的自然存在物，一方面具有自然力、生命力，是能动的自然存在物；这些力量作为天赋和才能、作为欲望存在于人身上；另一方面，人作为自然的、肉体的、感性的、对象性的存在物，和动植物一样，是受动的、受制约的和受限制的存在物，也就是说，他的欲望的对象是作

---

① ［日］筑波大学教育学研究会. 现代教育学基础. 钟启泉译. 上海：上海教育出版社，1986：66.

为不依赖于他的对象而存在于他之外的。"① 人对自然的依赖与动物相比有本质的不同，人以开放的普遍性在自然中生存和发展，人的非特定化是这种发展的基础。"不仅猿猴，甚至一般的动物，在一般构造方面也比人更加专门化。动物的器官适应于特殊的生存环境、各种物种的需要，仿佛是一把钥匙适用于一把锁。其感觉器官也是如此。这种专门化的结果和范围也是动物的本能，它规定了它在各种环境中的行为。然而人的器官并不是指向某一单一活动，而是原始的非专门化（人类的营养特征正是如此，人的牙齿既非食草的，也非食肉的）。因此，人在本能方面是贫乏的，自然并没有规定人该做什么或不该做什么。"② 人的未特定化是指人的活动器官在构造和机能上具有非专门化的特点和性质，人的器官并非为专门适应某一固定的、特殊的环境而服务的，它不具备适合某一特定环境的特殊功能。人的器官，无论对于哪一种环境来说，先定地都不完全适合，但经过后天的改造，人的器官对各种环境都能适应。正因为如此，人的器官具有极大的可塑性、广泛的适应性，可以开放地适合于一切环境和人的一切行为方式。

动物的特定化使动物看起来在自然存在上是一种"完善"，但这种"完善"是非开放性的"完善"。动物机体器官的生理构造和机能的特定化，决定了其行为方式也是被特定化、被定向了的。这种被特定化、被定向了的机体器官的机能和行为方式，决定了动物具有适应某一特定环境的生命功能，即本能。"由于许多动物在新的条件下仍然保持住它们的旧框框和无目的的习性，不能抛弃这些东西，所以在局部地区和全球范围内，这些动物的整个物种便灭绝了。在正常的条件下，它们的特定化全部是优点，而在新的条件下，却成了致命的不利条件。"③ 总之，动物的特定化决定了动物是被最后限定了的，被限定在特定的外部环境之中，并始终依附、从属于这个环境，成为这个环境世界的一部分。

---

① 马克思，恩格斯．马克思恩格斯全集：第42卷．北京：人民出版社，1972：167．
② ［德］蓝德曼．哲学人类学．彭富春译．北京：工人出版社，1988：210．
③ ［德］蓝德曼．哲学人类学．彭富春译．北京：工人出版社，1988：201．

人的非特定化看起来好像是人的一种不完善，但正是这种不完善、未完成、非确定状态表明了人没有被限定，具有非限定的可塑性，它使人具有普遍地适应一切环境的潜在可能性。"尽管非专门化最初有消极的效果，但经过长途跋涉之后，它却具有不可估价的优点。专门化缺乏实际上相联于高级肯定能力。因为人的器官没有被狭隘地规定在少数的生命功能上，它们可能具有多重作用。因为人缺少此则具有彼。人所缺少的专门化得到补偿，甚至超出了补偿。这是因为下列事实：人多种的能力和人的创造性，使人适应了变化的外在条件，而且通过创造活动和社会制度，使人更易生存。于是，人甚至远远超过了动物，尽管动物看来有更好的装备去进行生存斗争。"① 虽然非特定化开始可能有消极影响，但在漫长的发展过程中，它却意味着一个非常宝贵的优点。非特定化被证明是十分积极的能力的关联物，由于人的器官并非专门为某几种生命机能而制成，所以他们有适合于多种用途的能力；由于人不为本能所控制，所以他本身就能思考、创造和发明。

非特定化为人通过普遍的发展来弥补特定化方面的匮乏提供基础和原动力，但这只是潜在的可能性。"因此，人必须自我完成，必须自我决定进入某种特殊的事物，必须凭借自身努力力图解决自身出现的问题。人不仅可能而且必须是创造性的。创造性并非只限定于少数人的少数活动，而且必须根源于人类存在的结构。"② 人必须通过后天创造性的努力，发挥自己潜在的能力和素质，把可能性变为现实性，不断塑造自己、完善自己。人的不完善、非特定化意味着人是"向世界敞开"的。

由于人的肉体组织形态和相关器官构造与机能的非特定化，决定了儿童是开放的自然存在。儿童这一活生生的生命是开放的系统，因为他既是构成的，又是不断生成的；既是现实的，又面向新的可能性的。儿童作为一个自然的、开放的系统，必然与周围环境保持着物质、能量和信息的交换。生态学研究给我们以启示："生态系统的关系不是两个封闭

---

① ［德］蓝德曼. 哲学人类学. 彭富春译. 北京：工人出版社，1988：211.
② ［德］蓝德曼. 哲学人类学. 彭富春译. 北京：工人出版社，1988：246.

的实体之间外在关系，而是两个开放系统之间的互相包容的关系，其中每一个系统既构成另一个系统的部分同时又自成整体。一个生物系统愈是具有自主性，它愈是依赖于生态系统。"事实上，自主性以复杂性为前提，而复杂性意味着和环境之间多种多样的极其丰富的联系，也就是复杂的相互关系；相互关系恰恰构成了依赖性，这种依赖性是相对的独立性的条件。同理，在自然界享有最大自由的人类社会以对自然界的多种依存性来滋养它的自主。如马克思所说，在人改造自然的物质生产实践活动中，"人自身作为一种自然力与自然物质相对立。为了在对自身生活有用的形式上占有自然物资，人就使他身上的自然力——臂和腿、头和手运动起来。当他通过这种运动作用于他身外的自然，并改造自然时，也就同时改变他自身的自然。他使自身的自然中沉睡着的潜力发挥出来，并且使这种力的活动受他自己控制"①。"生态系统的复杂程度愈大，它愈是能够以极其丰富和多样的食品和产物来滋养人类社会，愈是能够促进社会秩序的丰富和多样化，亦即其复杂性。"② 人类个体——儿童也一样，儿童既享有最大的自由，同时又具有最大的依赖性，儿童的自主性的维持和发展与对自然和社会的依赖性是分不开的，儿童以组织形态上的自主—依赖关系存在于生态系统之中。"生态学恢复了'自然概念'的崇高地位，使人生根于自然。"③ 生态学的理论也丰富了儿童与自然关系的内涵。

（四）童年与自然

儿童作为自然的存在，是感性的存在，体现着人与自然和谐统一的关系。卢梭提出，童年是人类最接近"自然状态"的人生阶段。要想使

---

① 马克思，恩格斯. 马克思恩格斯全集：第 23 卷. 北京：人民出版社，1972：202.

② ［法］埃德·加莫兰. 迷失的范式：人性的研究. 陈一壮译. 北京：北京大学出版社，1999：14.

③ ［法］埃德·加莫兰. 迷失的范式：人性的研究. 陈一壮译. 北京：北京大学出版社，1999：14.

儿童获得快乐和幸福，就应当尽可能使儿童保持在天生的自然状态下，因为"人愈是接近他的自然状态，他的能力和欲望的差别就愈小，因此，他达到幸福的路程就没有那样遥远"①。在自然状态下，有时在成人眼里是痛苦的事情，而儿童却感到其乐无穷。我们经常看到"雪地上有几个淘气的小鬼在那里玩，他们的皮肤都冻紫了，手指头也冻得不那么灵活了，只要他们愿意，就可以去暖和暖和，可是他们不去；如果你硬要他们去的话，也许他们觉得你这种强迫的做法比寒冷还难受一百倍"②。这就是儿童所持有的快乐。在自然中，儿童的生命充满生机和活力，儿童就像原始人类，与自然紧密相连。

泰戈尔晚年在孟加拉办了一所学校。在这所学校里，孩子们光着脚在草地上奔跑，在树叉上看书。"孩子都喜欢泥土，他们全部的肉体和心灵，如同鲜花一样渴求阳光和空气，他们从不拒绝来自宇宙的要求与他们的感官建立直接联系的持续邀请。""童年是一个文明人一生中唯一可以在一根树的树枝和客厅椅子之间作出选择的时期，难道因我已是成人不便这样做就应该去剥夺孩子的这种权利吗？……我知道，在这个实际世界上，鞋子是要穿的，道理是要铺设的，车子是要使用的。然而，在孩子们受教育时期，难道不应该让他们懂得，世界并非客厅，而是一个诸如自然的东西，而他们的肢体只所以被造就得如此美妙，正是对自然的一种回应？"

古今中外的哲人、诗人为追求心灵的自由和与自然融为一体的人生境界都尊崇童心，认为童心是最合乎自然的。许多艺术家努力使自己保持童年的纯与真，希望能用孩子般透明的眼睛去观察世界和表现世界。尤其在当代，工具理性的膨胀导致人类灵魂和思想远离了人的情感世界和美的世界，人们更加崇拜童心，把儿童作为自然的象征，期望重新唤醒人们生命的回归意识，恢复人类被物质价值观念所扭曲的人性。

在当今的社会现实中，"童年"的概念也受到了挑战，童年的意义

---

① ［法］卢梭. 爱弥儿. 李平沤译. 北京：商务印书馆，1983：75.
② ［法］卢梭. 爱弥儿. 李平沤译. 北京：商务印书馆，1983：86.

正远离儿童。信息化、城市化使儿童与自然的距离愈来愈远，满目的钢筋水泥销蚀着儿童的感受性，限制着儿童的活动空间；缺乏大自然的陶冶，儿童缺少了天然去雕饰的灵性。"为未来作准备"的教育使儿童今天的生活成为遥远未来的牺牲品，儿童被迫过早成熟，过早成人化。在儿童教育中，儿童没有体验到生命情感的丰富体验，没有感受到生命意义的充盈，没有充分享受到不可回复的童年生活的幸福。而没有人的生命情感的丰富体验，就没有对美的向往、对真理的追求、对意义的体认，不曾被感动过的儿童，就不会有充实、丰富的内心世界。

人生的每一阶段从生理上说都是不同的，但在价值的时空里，人生的每一阶段都是黄金时期，每一阶段的感受与体验都构成人的整体生命的完整过程不可或缺的生命时段。童年是自然的赋予，忽视童年自身的价值，剥夺儿童享受童年的乐趣，就是剥夺儿童的生命权，就是对自然人性的扭曲，对自然规律的践踏。

如果只有到秋天才能理解春天的含义，那么当秋季来临，春天的希望已经在不觉中消逝了，再也无法找回。有一首诗这样写道：

> 许多需要的东西，我们可以等待
> 但是儿童不能等
> 他们的骨骼正在形成
> 血液在生长
> 心智正在发育
> 对儿童，我们不能说明天
> 他们的名字是今天

意大利瑞吉欧教育体系的创立者说："大自然下令，人类的幼仔期在所有动物中应当持续最久的时间。正如托尔斯泰所说的，那是因为大自然知道多少河流必须跨越，有多少小径必须重新走过，大自然让成人与儿童有更正错误的时间、克服偏见的时间，幼儿可以掌握他们自己的呼吸的韵律，重塑自己、同侪、家长、教师和这世界的形象。"①

二、儿童是文化的存在

　　无论是近代哲学家帕斯卡的"人是思想的芦苇"，还是现代哲学人类学家卡西尔的"人是符号的动物"，兰德曼的"人作为文化的创造者"、"人作为文化的产物"，都试图表明同样的思想：文化与人的生命密切相关，人的生命是一种文化的存在。

　　文化是人类的自为行为，因而也是人类特有的活动。不仅动物不具有文化行为，即便是"人"在进行"文化"活动之前，还不能说他是人，而是从属于自然界的物种。人因为从事文化活动而成为人，因此，兰德曼把人类学的未来说成"文化人类学"，并认为文化是人的"第二天性"。

　　文化之所以是人的"第二天性"，因为它是人性中最基础的"未特定化"和"自为性"的必然产物。就人的文化特性而言，人的未特定化只是人成为文化存在的必要条件。因为没有人的未特定化，人就没有补偿自己生理不足的需求，就不可能有对文化的需求。但我们还要看到人成为文化存在的可能条件就是人的意向性和自为性。因为文化的世界是人通过变革自然界而有意识创造的。这个意向性，表现了人的生命存在的某种本质特点，它是文化的最根本的特征。只要有这个特征存在，就必然存在一个文化的世界②。

　　人的生存和发展并不是单纯以自然的顺序和赐予为基础，而是以自己的生产和创造及其结果为基础，人的生产和创造及其成果都是文化性的，体现着人文精神。所以说，"人在社会中的全部生活和活动，都具有文化的性质和内涵。人存在于社会中，也就是存在于一种文化中。人作

---

① ［美］C. Edwards，L. gandini，G. forman. 儿童的一百种语言. 罗雅芬等译. 台北：台湾心理出版社，2000.

② 冯建军. 生命与教育. 北京：教育科学出版社，2006：24.

为社会存在物，也就是一种文化存在物"①。

"儿童是自然的存在"使我们在感性直观的层面上认识了儿童现实与潜在的特性，认识了儿童的自然生理基础。但是，儿童不是一种单纯的只在自然界存在的自然物，儿童不同于其他自然物之处还在于儿童生活于社会文化之中，要认识儿童必须把儿童放在社会文化之中去考察。科学的儿童观不仅看到儿童是自然的存在，还必须看到儿童是文化的存在，尽管认识作为文化存在的儿童是复杂的、困难的过程。

儿童虽然是自然界的产物，并直接地是自然的存在物，但儿童作为自然的存在所具有的潜能，只有在儿童同时作为社会存在物而在社会中生存时，才能成为人的潜能，才能得以发挥和扩展，从而形成和发展出人的各种现实的规定性和本质力量。马克思指出，"只有在社会中，人的自然的存在对他说来才是他的人的存在"，"只有在社会中，自然界才是人自己的人的存在的基础"②。只有在社会中，人才是人的存在，并按人的方式进行活动，才能形成人的世界。如果离开了社会，人的存在就如亚里士多德所说："要么是野兽，要么是个神。"儿童亦如此。

（一）儿童是文化的创造物

儿童在生命之初，看起来是与世界上林林种种的动物相差无几的生命体，甚至可以说人类婴孩的生存能力还不如小动物，仅仅是生物学意义上的人，所以称为"生物人"。但这个生命体是蕴含着巨大发展可能性的生物体。"人的出身早期，当人具有最大的可塑性时，人已关联于社会群体，而且人必须采用的文化准则已作用于人……人的第一阶段不是'黑猩猩的时代'，人自身不必首先超过猿猴。从最早开始，人生长、成熟，根据自己的规律生活着（甚至大脑中白与灰的物质的比率在刚出生的婴儿中与在动物中已有区别）。"③ 儿童不是从头开始，儿童一出生就

---

① 夏甄陶. 人是什么. 北京：商务印书馆，2000：174.

② 马克思，恩格斯. 马克思恩格斯全集：第 42 卷. 北京：人民出版社，1972：122.

③ ［德］蓝德曼. 哲学人类学. 彭富春译. 北京：工人出版社，1988：223.

进入了祖先积累承传的文化的"外在装置"之中。人类与其他动物的区别表现在很多方面，其中人类儿童需要较长的抚育期才能达到成熟，这也是人类的一个特点。正是这一特点，使人类的婴孩能充分汲取祖先累积的文化养分，从而超越物种的规定性，获得人的本质力量，最终超越任何动物。

儿童只有在人的文化环境和氛围中才能呼吸，才能不断生成为具有"类生命"的人。"人要成为全面的人，则只有生存于承担了传统的同类群体中。人的文化方面只能以这种方式发展，如果人孤独地成长，那么人只会使心灵停留在儿童水平上。如果人在狼或在熊中生长，那么，迫使人模仿环境的力量如此巨大，以致使他接受了动物的习性。"① 文化的熏陶使儿童的需要、能力、生活方式、行为规范等一切素质都不是动物式的自然本能的表现，而具有属人的文化性质和内涵。儿童终究要长大成人，但"大人"或"成人"决不是生物学意义上的，而是社会文化意义上的。"童年的概念类似于语言学习，它具有自身的生物基础，但是，除非有社会环境的激发和培养，即社会需要它，它不可能实现。"② 儿童需要接受文化的熏陶，正是通过文化对儿童的影响和塑造的过程，文化的精神层面才在现实的儿童生活中得以展现。因为在"个人生活的历史中，首要的就是对它所述的那个社群传统上手把手传下来的那些模式和准则的适应。落地伊始，社群的习俗便开始塑造他的经验和行为。到咿呀学语时，他已是所属文化的造物，而到他长大成人并能参加该文化的活动时，社群的习惯便已是他的习惯，社群的信仰便已是他的信仰，社群的戒律亦已是他的戒律。每个出生于他那个群体的儿童都将与他共享这个群体的习俗"③。

从生物人到社会人的过程就是个体发展的过程，社会学称为社会化，人类学称之为文化适应或濡化（enculturation），即人类个体适应其文化，

---

① ［德］蓝德曼. 哲学人类学. 彭富春译. 北京：工人出版社，1988：268.
② ［美］尼尔·波兹曼. 童年的消逝. 吴燕莛译. 桂林：广西师范大学出版社，2004：203.
③ ［美］本妮·迪克特. 文化模式. 王炜等译. 上海：三联书店，1988：5.

受文化熏陶，同时学习文化，学会适应其身份与角色的行为方式和能力的过程。濡化是文化延续和个体文化化的过程，可以说这个过程贯穿人的整个生命历程。

文化濡化概念是美国人类学家赫斯科维茨（M. J. Herskovits）在1948年出版的《人及其工作》一书中首次提出的。与以往人类学关注文化、民族和社会等宏观方面不同，濡化这一概念所关注的是主体的人。它对我们的启示是：文化是人创造的，文化同时也是通过一个个人而继承和传递的，文化同时也需要个人来发展，离开了具体的人，文化只剩下一个躯壳，是没有生命力的。

濡化在广义上说就是教育过程。康德说过："人唯有凭借教育才能成为人。人决非人所创造的教育以外的产物。确切地说，人唯有凭借人，亦即唯有凭借同样受过教育的人才可能受教育"①。文化濡化的过程从人出生时就开始了，人之初的儿童期是非常重要和关键的濡化时期。精神分析心理学的创始人弗洛伊德十分重视儿童早期的经验对人一生的影响作用。他认为，人们的各种行为表现都可以在人之初的生活中找到根源。儿童的第一个濡化机构是家庭，家庭中对儿童的哺乳和断乳方式、家庭结构与规模、家庭教育方式等都作为文化因素影响儿童；第二个濡化机构是学校，在有意识、有目的、有系统的教育活动中，儿童以最快捷、最简便的方式吸收人类文化的精华，实现人类文化的"社会遗传"。当然，学校的影响力不是绝对的，同伴群体、大众传媒等都对儿童产生巨大影响。总之，儿童只有在文化环境中，通过文化的濡化才能展现人的生命潜能，才能真正成为一个人。儿童深受文化环境的影响，在不同的环境氛围中，形成不同的品质。

> 如果一个孩子生活在批评之中，他就学会了谴责。
>
> 如果一个孩子生活在敌意之中，他就学会了争斗。

---

① ［日］筑波大学教育学研究会. 现代教育学基础. 钟启泉译. 上海：上海教育出版社，1986：67.

如果一个孩子生活在恐惧之中，他就学会了忧虑。

如果一个孩子生活在怜悯之中，他就学会了自责。

如果一个孩子生活在讽刺之中，他就学会了害羞。

如果一个孩子生活在嫉妒之中，他就学会了嫉妒。

如果一个孩子生活在耻辱之中，他就学会了负罪感。

如果一个孩子生活在鼓励之中，他就学会了自信。

如果一个孩子生活在忍耐之中，他就学会了耐心。

如果一个孩子生活在表扬之中，他就学会了感激。

如果一个孩子生活在接受之中，他就学会了爱。

如果一个孩子生活在认可之中，他就学会了自爱。

如果一个孩子生活在承认之中，他就学会了要有一个目标。

如果一个孩子生活在分享之中，他就学会了慷慨。

如果一个孩子生活在诚实和正直之中，他就学会了什么是真理和公正。

如果一个孩子生活在安全之中，他就学会了相信自己和周围的人。

如果一个孩子生活在友爱之中，他就学会了这世界是生活的好地方。

如果一个孩子生活在真诚之中，他就学会了头脑平静地生活。①

（二）儿童创造文化——儿童文化

"人类始终生存于双重的历史意识中，他自身显得既是年轻的也是年老的，既站在开头也站在结尾，其根源就在于此。这两者都是正确的。当人创造未来时，人是年轻的；当人已被过去创造，人就是年老的。"②

---

① ［新］戈登·德莱顿，［美］珍妮特·沃斯. 学习的革命. 顾瑞荣，陈标，许静译. 上海：三联书店，1997：76.

② ［德］蓝德曼. 哲学人类学. 彭富春译. 北京：工人出版社，1988：264.

儿童是自我决定、自我创造的生成中的存在。儿童有儿童的思考方式和行为方式，构成了儿童特有的文化世界。我们必须承认，除了成人世界，还有一个儿童世界，相应地，也有儿童文化。儿童接受文化的影响不是简单的复制过程，而是一个能动的创造过程。儿童是文化的创造物，也是文化的创造者。儿童创造其特有的文化，并影响着成人和成人文化。

1. 儿童世界

儿童世界是儿童创造的、由内心世界丰富多彩的儿童构成的精神世界。儿童世界是多彩的、斑斓的，充满冒险、成功、失败的神奇的世界。它是由儿童的认识世界、儿童的道德世界、儿童的审美世界和儿童的交往世界等构成的纵横交错的立体世界。我们可以从不同维度对儿童世界进行划分，但也许我们永远不能穷尽对儿童世界的认识。儿童以独特的生活方式构成儿童世界，我们对儿童世界充满敬畏。

儿童世界是感性的世界。儿童具有发达和细腻的感受能力。朱自强教授对感性化的儿童作了充满文学色彩和生命感动的描述：

> 我总想以大自然的四季来比喻人生的四个阶段——童年是人生的春季，青年是人生的夏季，壮年是人生的秋季，老年则是人生的冬季。人生的四季各有各的风景，各有各的价值，它们共同构成了具有丰富意味和多姿变化的生命景观。
>
> 想象一下春天的原野吧，毛茸茸的小草享受着温暖阳光的抚摸，悄悄的春雨一夜染绿了柳枝，清亮的溪水拨动着琴弦，群鸟应声唱起了春的圆舞曲。自然的春天如儿童，是感受生命的神秘和欢乐的季节；儿童在人生的春天，迎接来沐浴雨水、拥抱阳光、嬉戏微风的感性化生活。
>
> 我说儿童是感性化的人，是因为儿童时代是人的一生中最富有想象力、感受性的时代，儿童新鲜、柔软的心灵，到处是感知生活的触角，而相比之下，久经概念侵蚀的成人的感性田园已经僵硬、板结起来。
>
> 儿童对声音极为敏感。几岁的孩子在屋中听到窗外奔驰而

过的汽车声，他能分辨出哪个是大卡车，哪个是电车，甚至连吉普车与轿车也能区别开来。不懂语言含义的婴儿也会从妈妈的语调中感受到妈妈的喜怒哀乐。至于音乐这门艺术，孩子们也显露出超过一般成人的悟性。比如，一首歌曲，前奏刚起，孩子就会先于成人知道那是首什么歌，哪怕成人听它的次数比孩子多。

对色彩、形状这些直感直观的事物，儿童同样比成人敏感。我在书架上寻找儿童图书时，总是去找书上的字，但是儿子却凭着他对书籍的色彩和图案的记忆找寻书。这当然比我快捷得多，因此，他成了我寻找书的好帮手。如果我和孩子共同面对幼儿文学的主要出版形式——图画故事书，他对画面内涵的发现完全是一种无意识的自然感受的结果，而我却要不断提醒、强制自己要仔细地"观察"。一个是感受，一个是观察，两者的区别正在于感性能力的高低。①

儿童世界是充满好奇与疑问的世界。哲学起源于好奇，哲学就是"爱智慧"，"哲学的本质并不在于对真理的掌握，而在于对真理的探究……哲学就意味着追求。对于哲学来说，问题比答案更为重要，并且每个答案本身又成为一个新的问题"②。从这个意义上说，儿童天生就是哲学家。儿童对世界充满好奇，儿童的问题是一连串的、无穷无尽的，回答了"我是从哪里来的"，儿童紧接着的问题就是："妈妈从哪里来的"？姥姥是从哪里来的？姥姥的妈妈是从哪里来？……儿童具有儿童的智慧，具有自己独特的"思想"。哲学家雅斯贝尔斯曾举过一个例子：有一个孩子在听别人讲世界是如何创造出来的故事，当听到"开始的时候，上帝创造了天和地……"，孩子马上追问："在开始之前又是什么呢？"雅斯贝尔斯认为，显然，这个孩子意识到问题是永无止境的，结论性的答

① 　朱自强. 儿童文学的本质. 北京：少年儿童出版社，1997：158.
② 　[德] 卡尔·雅斯贝尔斯. 智慧之路. 柯锦华，范进译. 北京：中国国际广播出版社，1981：5.

案也是永不可能的。儿童是有智慧的，儿童具有成人在长大之后可能失去的天赋，儿童如镜的心灵和特有的单纯与率真能反映出值得我们思考的道理。

儿童世界是探究的世界。儿童天生是科学家。儿童的探索精神与生俱来，儿童探索的对象是周围的一切，包括他自身。在整个儿童期，儿童对自己的认识一直在进行，并不断加深。儿童自我意识的发展水平制约着对他人的认识，也成为儿童个性形成的重要基础。在来到世上的第一年，儿童还没有把自己作为主体从周围世界中区分出来，他甚至不知道自己的身体的各部分是属于自己的。到第二年，儿童开始认识到自己的身体，并意识到自己的身体感觉，也开始把自己当做主体来认识；在与他人的交往中，儿童逐渐懂得什么是属于自己的，什么是属于别人的。到身体生长发育的高峰期——青少年时期，生理上的成熟使他们出现了"成人感"，意识到自己不是小孩了，儿童仿佛第一次发现了自己，"他们开始能够意识到自我不仅是一个主体而且也是一个客体，主体的自我不仅能够认识外界的自然和社会，而且也能够独立地专门地去认识作为客体的自我"[1]，并在探索中开始按自己的意愿塑造自己。

儿童世界是充满秘密的世界。秘密是人类的共同体验，更是童年经历的一个显著标志。儿童有了秘密，就意味着内心世界的诞生。在体验秘密的过程中，儿童会发现一些新的东西：内在的灵性（self - knowledge）、隐私以及内心世界里其他看不见的东西（inner invisibility）。因此，儿童对自己感觉的隐藏其实是一种成长的标志，是他们走向独立的标志。儿童通常不让父母了解他们的这种内心斗争，在成长的过程中，任何人都会经历这种斗争。范梅南教授在运用现象学研究儿童秘密的《儿童的秘密——秘密、隐私和自我的重新认识》一书中描述道：

> 我还是个小孩子的时候，我就很喜欢和爸爸、爷爷一起出去打猎和钓鱼。森林里的新鲜气息能把我的所有感官都调动起

---

① 王逢贤. 少年期的本质特征和教育的几个问题. 教育研究, 1983（9）.

来，让我高兴不已——尤其是在秋天，树林里有一种刺鼻的气息；泥土暖暖的，色彩艳丽纷呈，似乎要与那灰蓝色的天空连到一起了；清晨里的树林静谧和谐，丝丝凉意扑面而来，我们就在这种环境中耐心地等待着。

记忆中保留的总是这样一些景色。直到有一天，树林里的宁静被一声来福枪的枪声打破了：爸爸射杀了一头梅花鹿。那年我刚好五岁。

我一回到家，就急急忙忙跑过去告诉爷爷，我非常激动，描述得绘声绘色的："只听到砰的一声枪响，小鹿就倒下了，血马上就流了出来。"我本来还想和家里的其他人分享这个伟大的事件，但在我的内心深处，我知道自己根本做不到。我假装自己很高兴，其实我却非常难受。我为什么会表现得如此不同呢？我为什么会为小鹿的死和林子里的宁静的丧失感到伤心呢？

也许就是在这个时候，我意识到自己和家里至亲的人之间还存在着很严重的隔阂和分裂。但这个秘密一直被我保守着，直到我长大成年。①

儿童有独特的看世界的角度。生活中我们经常可以看到有时儿童会深深地向前弯下腰，用手指尖撑着地，从自己的胯腿间去看世界；有时候他们张大嘴巴用新奇的眼神看眼前既陌生又熟悉的风景；他们会倒退着走路，仿佛脊背上长出了几百只眼睛。儿童对世界的认识一刻也没停止过，儿童"认识的发生和发展过程是人类总体认识发生发展过程的重演，是人类总体认识高度浓缩后的等比例缩小，两种认识发展的内容及其阶段之间存在着惊人的平行发展的相似之处"②，这使儿童"学到的知识与人类千百年文化发展的历史相当，学生的认识同千百年来人类总体认识发展水平类

---

① 　[加] 马克斯·范梅南，[荷] 巴斯·莱维林. 儿童的秘密：秘密、隐私和自我的重新认识. 陈慧黠，曹赛先译. 北京：教育科学出版社，2004：72.
② 　柳海民. 教育过程论. 重庆：重庆出版社，1994：37-39.

似"①。皮亚杰通过研究进一步说明，儿童的思维发展与原始人类的思维发展经历着类似的过程，儿童心理发展的历史重演了人类认识发展的历史。皮亚杰的研究也证明，儿童对自然事物认识的一个特点是赋予它们生命的特征。皮亚杰提出儿童对生物的认识经历了四个阶段。在生命之初的前几年，儿童把任何有活动能力和有功能的事物都归为是有生命的，儿童甚至认为，如果任何东西被赋予了特殊的力量，使之能发挥作用，那么它就是有生命的，如雨、药物等都是有生命的。到六至八岁，儿童仍把活动的物体和生命混同在一起，他们开始考虑生命的意义。到第三、四阶段，儿童认为生命仅仅是指自发活动的物体，他们把能移动的或有活动能力的东西，如太阳、星星和风都赋予了生命和意识。直到十一二岁，儿童才把生命的范围限定在动物和植物上。②

儿童拥有自己的生活世界。鲁迅敏锐地发现了成人难以真正共在的独特的儿童世界："凡一个人，即使到了中年以至暮年，倘一和孩子接近，便会踏进久经忘却了的孩子世界的边疆去，想到月亮怎么会跟着人走，星星究竟是怎么嵌在天空中。但孩子在他的世界里，是好像鱼之在水，游泳自如，忘其所以的，成人却有如人的凫水一样，虽然也觉到水的柔滑和清凉，不过总不免吃力，为难，非上陆不可了。"③ 儿童有自己喜欢的东西，有自己崇拜的偶像，有自己的活动方式；儿童不需要理由地喜欢游戏，除了在游戏中愉悦身心，也在游戏中学习文化，适应文化，游戏也构成儿童文化的一部分。"不论在何处发现人类，不管其文化可能发展到什么程度，游戏总是整个人类文化的一个组成部分"④，游戏精神是儿童文化的核心。儿童也有自己的处世方式和交友方式，"正如我们的远祖在发展的某个时期认识到个人因是团体的一员而获得力量一样，儿

---

① 柳海民. 教育过程论. 重庆：重庆出版社，1994：37-39.
② ［美］卡罗·斯费尔特等. 现代美国幼儿教育学. 姚伟等编译. 长春：北方妇女儿童出版社，1990：148.
③ 鲁迅. 看图识字. 鲁迅全集：第6卷. 北京：人民文学出版社，1981：35.
④ ［美］黛安 E. 帕普利等. 儿童世界：下册. 曹秋平等译. 北京：人民教育出版社，1981：205.

童通过与其他儿童发生联系而弥补了他在一个大人社会中所处的软弱无能的地位"①。在儿童群体中也有复杂的社会关系，儿童之间有不让成人知道的儿童的秘密；儿童有儿童的笑话，有自己的幽默……总之，儿童世界是丰富多彩的世界，是由自由飞翔的童心和尽情挥洒的原始的快乐所组成的斑斓的世界，正如道格拉斯·牛顿（Douglads Newton）所观察到的，"世界范围的儿童兄弟会是最大的原始部落，而且是唯一没有消亡迹象的原始部落"②。儿童世界永远是令人神往、值得人去探寻的藏宝之地。

2. 儿童文化

文化的内涵是丰富的，也是复杂的。美国人类学家克鲁伯等人在《文化，关于概念和定义的检讨》一书中曾列举了一九五一年到一九七一年间关于文化的定义有一百六十四种。日本学者岩崎允胤提出从主客体辩证法的视野来把握文化，"文化作为总体性概念，首先作为生活体系、生活方式来把握，不把它看作是静态的，仅仅是外在的现存的东西，而是作为主体对于客体的对象化和把对象作为我的东西占有这二方面的统一，作为人类的生活活动（特别是以劳动为基础的完整统一的人类生活活动）来理解，而且同时，作为客观过程来把握"③。可以说，一个降生于社会的人，其生存所必须掌握的生活的样式和生活的种种产物，就是文化的内涵。克罗伯认为："文化的本质核心系由代代相传的，亦即历史上产生的业经选择而保存下来的观念和观念所具有的价值组成的。"④可以说，价值是构成文化的基础的统合因素，是文化的"无形的骨骼"。那么，何谓"价值"？"所谓价值不是源于需要，而是源于期待。换言

① ［美］黛安 E. 帕普利等. 儿童世界：下册. 曹秋平等译. 北京：人民教育出版社，1981：205.

② ［美］黛安 E. 帕普利等. 儿童世界：下册. 曹秋平等译. 北京：人民教育出版社，1981：196.

③ 刁培萼. 文化与儿童：我国实验小学整体改革目标审视. 教育研究与实验，1992（1）.

④ ［日］筑波大学教育学研究会. 现代教育学基础. 钟启泉译. 上海：上海教育出版社，1986：87.

之，不仅我们自己想要，别人也想要，并且想要的是正当的东西。因此，所谓价值，是超越了某一瞬间、某种状况下产生的需要的抽象化了的准则。"① 从这一观点出发，我们研究儿童文化，非常重要的是要了解儿童文化中的价值。儿童文化中的价值，包含着儿童对自己、对他人、对社会的期望和期待。作为儿童共同的期望性观念，价值在儿童的文化中发挥着重要作用，儿童在自己的文化生活中依据这种期待去行动、选择、彼此制约。

什么是儿童文化？"儿童文化是儿童自己的文化，是一种以儿童自己的思想和行为来决定其价值和标准的文化，它基本是一种口语文化"②；"儿童文化是儿童表现其天性的兴趣、需要、活动、价值观念以及儿童群体共有的精神生活、物质生活的总和。儿童文化是儿童内隐的精神生活和外显的文化生活的集合。儿童的精神生活或精神世界是主观形态的儿童文化，儿童外显的文化生活是儿童精神生活的客观化、实体化"③。

与成人文化相比，儿童文化有自己的特点。"儿童文化是充满激情、易变的，凭感觉成分多，而成人文化相对来说则体现为科学性、理性化，具有客观冷静和稳定的特点；儿童文化是充满张扬和想象的，而成人文化却表现为现实性和重复性；儿童文化的价值观具有多样性、易变性的特点，成人文化的价值观则更体现为固定化和不灵活性；儿童文化大多是口语化和形象化，成人文化却表现为书面化和抽象化。"④ "儿童文化有着自己的逻辑，自己的规则，自己的一套特殊语码。整体感知和反应，诗性逻辑，游戏精神构成了儿童文化的基本特征。"⑤

今天的儿童形成了自己的价值期待和价值追求。中国少年儿童研究

---

① ［日］筑波大学教育学研究会．现代教育学基础．钟启泉译．上海：上海教育出版社，1986：92.
② 边霞．儿童文化与成人文化．学前教育研究，2001（3）.
③ 刘晓东．论儿童文化：兼论儿童文化与成人文化的互补互哺关系．华东师范大学学报（教育科学版），2005（6）.
④ 裘指挥．理解儿童文化．学前教育研究，2003（2）.
⑤ 边霞．儿童文化与成人文化．学前教育研究，2001（3）.

中心等单位从一九九六年到一九九九年在全国范围内进行了四项大型调查，调查结果显示了今天少年儿童的状况，这些状况反映的是儿童的价值与期待，同时也表现出儿童文化与社会发展同步，务实、向上、乐观的精神面貌和价值追求构成今天儿童文化的总体面貌和特点。

（1）注重个人发展，追求自我完善。调查表明，少年儿童对自我发展和自我力量有较充分的估计，对自我发展充满信心。一九九六年"中国城市独生子女人格发展与教育状况调查"表明，自我接纳程度比较高的少年儿童占总调查人数的75.4%。76.2%的儿童对自己的未来充满希望，他们设计自己的将来，对未来寄予了无数的期盼，其中重要的一个方面是获得高学历。儿童开始学习运用法律手段维护自己的权益，61.4%的城市初中生和55.6%的农村初中生认为父母或老师翻看自己的日记或信件是一种侵权行为。儿童愿意在社会生活中发挥自己的作用，乐于积极解决遇到的问题。

（2）平等意识增强，富有宽容精神。今天的儿童渴望平等，具有较强的平等意识。他们要求自己的人格得到尊重，要求与家长平等相处，希望父母成为自己的朋友；要求老师平等对待每一个学生，他们开始向传统的师道尊严的师生关系挑战。面对多元的社会格局，今天的儿童富有宽容精神，面对不同意见的人，62.7%的小学生表示很愿意听他人的意见，28.6%比较愿意，48.6%的初中生选择很愿意，38.6%选择比较愿意。

（3）关心国家大事，具有较强的社会责任感。今天的少年儿童关心时事，他们或参与讨论，发表自己的观点，或投身实践，身体力行。在课余时间，他们积极参加各种社会公益活动。在享受物质文明成果的同时，今天的少年儿童也关注社会发展，注重精神追求。调查表明，少年儿童认为人生的最大幸福依次为：有温暖的家47.9%；为社会作贡献35.0%；有知心朋友28.5%；健康15.6%；事业成功14.0%；自由自在10.3%；受到尊重6.9%；有钱4.2%；有权有势2.2%。

（4）喜欢具有探索性和操作性的学习方式。对学习方式的调查表明，在他们最喜欢的学习方式中，排在前三位的是实验25.9%、用电脑21.2%

和读课外书 12.3%，可见儿童喜欢探索性学习。儿童课余时间喜欢做的事情，排在前五位的是：看电视 73.2%、读书 72.8%、与朋友聊天 54.3%、听流行歌曲 41.8% 和看电影 40.2%。从中可以看出，今天的少年儿童在对传统的书本学习仍感兴趣的同时，已不满足传统的学校学习方式，他们有自己喜欢的学习内容和方式，有自己的休闲方式，活动内容日益丰富。尽管家庭作业占去儿童大部分闲暇时间，但在娱乐休闲活动中，他们与同伴一起玩耍的比例最高，达 84.1%，表明儿童喜欢和同伴交往。[1]

今天的儿童形成了具有时代特点的独特的文化。"儿童时期的亚文化特征在世界上的一切社会中都存在，并且一直存在于整个有文字记载的历史中。然而，它们的力量及其重要性在各个时期各个地方各不相同。"[2] 可以说，今天儿童文化的影响比历史上任何一个时期都要大。

（三）儿童文化与成人文化

儿童文化是社会整体文化的一部分，受社会整体文化的影响，同时也影响着社会整体文化。当代社会发展突出的特点是儿童文化与成人文化互相影响。"儿童文化可以看做文化海洋中的一岛屿，文化海洋拍打着这岛屿的海岸，雕琢着它的周边，岛屿其他部分则自由地滋长着。虽然成人环境给儿童文化施加着极大的压力，但正如成人文化是成人社会的产物一样，儿童文化至少同样是儿童及其同伴群体的产物。"[3]

人类学把文化和文化之间的移入、统合及适应称为涵化（accultura-tion）。美国人类学家把涵化定义为："具有自己文化的集团进行的直接接触，致使一方或双方集团原来的文化样式发生变化的现象。"[4] 涵化是

① 全国少工委办公室，中国青少年研究中心．新发现：当代中国少年儿童报告．北京：中国少年儿童出版社，2000：15-28.

② ［美］黛安 E. 帕普利等．儿童世界：下册，曹秋平等译．北京：人民教育出版社，1981：205.

③ 郑金洲．基础教育改革与发展的世纪走向．上海：华东师范大学学报（教育科学版），2000（3）．

④ 冯增俊．教育人类学．南京：江苏教育出版社，1998：186.

文化发展的一个重要形式，任何文化在涵化过程中都会经历文化间的撞击、适应到融合的过程。在现代社会，儿童文化与成人文化之间的涵化表现出从未有过的强烈撞击和冲突，其结果一方面为两种文化提供发展的机会，"两代人共同成长"就是文化撞击、融合的结果，这其中包含着新的文化因素。涵化的另一方面的结果是文化危机的出现。今天的成人感叹"今天的孩子太不好教育了"，"真的弄不懂他们"，就是成人文化危机感的一种表现。儿童文化也存在危机，儿童文化毕竟是非主流社会文化，受社会其他种文化形式的影响比较大，尤其是成人文化对儿童文化有相当的影响力和支配控制作用。面对社会的急剧变化，面对成人过高的期望，面对成人有时充满矛盾的教导，儿童也不得不舍去自身固有的东西，在迷茫、困惑中成长。

1. 压力下的儿童

今天的儿童和儿童文化都面临新的挑战。"与三十年前的儿童相比，现在儿童的生活不仅变得更加体制化与私人化，也变得更为不稳定、不安全。儿童与成人之间的界线在一些领域中遭到侵蚀破坏，但在另一些领域则被大大地强化和延伸。不管在政治还是经济方面，儿童都被赋予了很多权利；但是他们也日益受到成人的监视与控制。并且，富有的儿童与贫穷的儿童之间的种种不平等已经以几何比例的速度递增。"①

美国儿童教育家戴维·爱尔坎德博士（David Elkind）在二十世纪八十年代出版了在美国引起强烈反响的三本书《被催促的儿童》（The Hurried Child）、《长大了但无处可去》（All Grown Up and No Place to Go）和《错误的教育》（Miseducation）。他指出，现代的儿童尽管在物质上获得许多，但在精神上承受着巨大的压力（stress）。他认为今天人们头脑中的儿童的形象与他们的父辈相比有很大变化，但这些变化对儿童有许多消极影响。"在家长、学校和媒体都以不同的方式催促儿童成长的过程中，匆忙成长的儿童也就成为压力下的儿童。"②

---

① ［英］大卫·帕金翰. 童年之死. 张建中译. 北京：华夏出版社，2005：83.
② David Elkind. The Hurried Child：Growing Up Too Fast Too Soon. Perseus Publishing – Published Date：03/10/1981.

　　儿童承受的压力来自于父母。爱尔坎德认为儿童的压力来自于他们父母的观念与做法。他从父母儿童观的变化来分析压力的产生。在美国人们曾经认为儿童是弱小的、需要保护的，所以美国传统的家庭教育模式是在儿童三岁以前留在家里由母亲照顾，父亲赚钱养家。但是随着美国妇女解放运动的发展，越来越多的妇女走出家庭，像男人一样参加工作；夫妻双双都要面对社会激烈的竞争和失业的威胁，因此父母对儿童的看法与期待也发生了变化。

　　爱尔坎德在《匆忙的儿童》（The Hurried Child）一书中对父母儿童观的变化进行了分析，他提出，首先，今天的父母把儿童看做自己的复制品（The child as surrogate self）。在今天的美国，当父母事业取得一些成绩的时候，他们希望自己的孩子能像他们一样，从小就是优秀的；当他们事业进入低谷的时候，他们更希望孩子早些取得成就，为将来打好基础。为了迎合父母的期望，儿童不得不从小就要面对与同龄人的竞争，并承受竞争带来的压力。爱尔坎德指出，儿童可能在竞争中学到一些东西，如处理问题的能力、成功后的自信等，但是竞争中只能有少数儿童能体会到这些由于竞争成功所带来的快乐，竞争带给更多儿童的是失败的阴影。其次，父母把儿童看做自己社会地位的象征（The child as status symbol）。父母们把孩子能在一流的幼儿园作为一种炫耀的资本，同时他们也会因为自己为孩子提供一流的环境，而要求孩子回报以一流的成绩和表现。父母过高的期望，对儿童来说是一种压力。第三，父母把儿童看做自己的合作者（The child as partner）。双亲工作的家庭中父母有严格的工作时间，这就要求儿童像父母的合作者一样，与父母执行同样的作息时间表。现在的很多美国家庭中，儿童需要与父母一起起床，甚至比父母更早地起床，去幼儿园或学校，晚上要自己带钥匙回家。父母没有更多的时间和精力照顾他们，陪伴他们，更需要他们快点长大，承担家庭的责任。第四，父母把儿童看做是他们的心理医生（The child as therapist）。在美国单亲家庭不断增多，在单亲的家庭中，无论是跟随父亲还是母亲，儿童都是他们父母倾诉痛苦，分担孤独的对象。爱尔坎德指出，尤其是单亲母亲，她们在承受生活负担的时候，往往已经没有平和的心情和充足的精力来抚养孩子。这样，儿童不但要克服自己在单亲生活中的痛苦和孤独，而且被迫要迅速成长起来，承受这些远远超出他承受能力的一切。爱尔坎德认为，以上种种父母儿童观的变化，导致了对儿童的态度与教养方式的变化，都可能导致对儿童的压力。

儿童承受的压力来自于学校。爱尔坎德这样评述学校教育："现代学校变得越来越工业化——教师是受过统一培训的，教材是按国家统一标准制定的，测试也更加机械化。甚至在学校的每一天也被切割成四十五分钟或五十分钟这样有组织的时间单元。"他认为学校在生产出更多更好的"产品"的压力下，忽视了儿童自身发展的特点和需要，而把他们当做流水线上统一规格的"容器"进行填充。当个别的"容器"填充得不够满的时候，这个工厂会给操作员——教师施加压力，迫使他保证每个"容器"都是没有大的缺陷，达到标准要求。如果儿童没有跟上这个系统的步骤，哪怕只是暂时的，也经常会被作为有缺陷的"容器"，而被贴上"有学习障碍（learning disabled）"、"大脑发育迟缓（minimally brain）"或"多动症（hyperactive）"等标签。爱尔坎德认为，这些儿童实际的学习能力并不差，比如他们可以很快自己就学习掌握好游戏机的操作技巧，只是学校教育没有唤起他们学习的兴趣和积极性。爱尔坎德指出学校这个工厂忽视了个体发育的差异性（individual difference），过早地给那些发展较慢或稍慢的孩子贴上学习障碍的标签，使儿童在学校的学习生活中处于压力之下。

爱尔坎德指出，在美国，人们对儿童学习的能力寄予越来越高的期望。人们相信的是儿童在任何年龄都可以进行"教育"，而不是儿童在任何年龄都可以"学习"。爱尔坎德认为"教育"与"学习"是有差别的："我们可以通过改变教材内容的难度来教育儿童；但是我们不能改变儿童学习的方式和他们认知发展的阶段。"正是基于对任何年龄儿童都可以"教育"的认识，学校加大了儿童学习的范围和深度，使年幼的儿童很早就开始接受识字、数学、科学等正规的教育。爱尔坎德认为，幼小儿童的学习方式不同于年龄大些的儿童和成人的学习方式，如果忽略幼小儿童在他们特有的发展水平上的特殊需要，而用学龄儿童的教材和教育模式来教育幼小儿童，显然会造成幼小儿童巨大的学习及心理压力。从小承受压力，不利于成人时期的心理健康。

儿童承受的压力来自于媒体。爱尔坎德认为方便快捷的媒体也是儿童压力的来源之一。爱尔坎德定义的媒体包括网络、电视、广播、报纸、杂志和电影等。他认为媒体可以扩大儿童的视野，但也使儿童看到了成人世界的各种各样的信息，电视作品中的暴力和色情的情节没有障碍地出现在儿童的视野之中；电视流动的画面减少了儿童思考的时间和机会。媒体尤其是电视的直观性和对儿童的无障碍性，使得儿童显得比他们的父辈们在他们这个年龄时更成熟。另外，对于网络，儿童能够比成人更迅速地接受网络带来的便利，在网络中儿童获得大量的信息，但是也非常容易造成现在的儿童更聪明、更有学习能力的假象。爱尔坎德指出，新兴的科技、便捷的媒体并不能改变儿童生理的成熟速度。然而，正是这些假象，使成人对待儿童时往往忽略儿童的实际年龄，而采用儿童表面看起来的年龄那样对待他们。例如，一个三岁的儿童，如果他表现出的学习能力和表达能力像个六岁的儿童，那么成人就会自然地像对一个六岁的儿童那样对待他，要求他，而很容易忘记了他还是个三岁孩子的事实，并可能下意识地减少对这个三岁儿童的照顾。爱尔坎德认为当儿童接触很多他不理解的成人世界的信息，成人又以更高的要求对待他的时候，儿童生活在压力之中。

爱尔坎德运用艾里克森的人格发展理论，从儿童心理发展的角度进行分析了压力给儿童造成的危害。艾里克森认为人生的每一阶段都存在独特的危机，危机的积极解决可以使个体获得这个阶段应有的美德，如果解决不好，则有可能导致个体人格的核心部分——"自我"的失败。爱尔坎德指出压力下的儿童会从有信任感、自主感变为有怀疑感、羞怯和多疑；压力下的儿童会从积极活跃、有主动感变为消极、有罪恶感；压力下的儿童会从勤奋、有能力变为自卑、无助。

爱尔坎德认为成人有责任去缓解压力对儿童的危险。他提出，对儿童的养护和教育应该遵循各阶段的特征及要求，尊重儿童身心发展的规律，要学会等待儿童的成长，而不是人为地催促他们成长。要重视游戏的作用

"游戏是缓解快速成长的一剂良药（Play：an antidote to hurrying）"。在现代匆忙的社会中，游戏对儿童身心发展的重要作用越来越被忽视。这处于长期处于压力状态下而又不善于表达自己情绪的儿童来说，有百害而无一利。儿童需要有一个途径来缓解这些压力，因此，爱尔坎德提醒人们要重视儿童的游戏。在游戏中，儿童可以充分发挥他的想象和聪明才智；在游戏中，儿童是强大的、有能力的、自信的；在游戏中，儿童可以与同伴建立友谊，发展社会性；在游戏中，儿童许多不愉快的情绪都可以得到释放。更重要的是，儿童在游戏中缓解了他生活中面临的压力。如爱尔坎德所说："如果你的孩子把一本无聊的连环画翻上一百遍；不停地在餐桌底下乱串；或是静静地坐在门前看着天空什么都不做，你就让他去吧，那是他在匆忙的成长过程中挤出一小点时间体会他的童年。"①

"一方面儿童需要社会化，另一方面，儿童的社会化又是必然的、无法避免的。然而既成社会文化又不总是理想态的，所以儿童在社会化过程中又处在异化的过程中，在得的同时又失去了纯真的天性，在获得哺育的同时又受到了污染。"② 闻名世界的意大利瑞吉欧幼儿教育体系的创始人洛利斯·马拉古兹（Loris Malaguzzi）的《儿童的一百种语言》，表明了儿童文化与成人文化的抗争。

不，一百种是在那里③

孩子
是由一百种组成的。
孩子有
一百种语言

---

① David Elkind, The Hurried Child：Growing Up Too Fast Too Soon, Perseus Publishing – Published Date：03/10/1981.

② 刘晓东. 论儿童文化：兼论儿童文化与成人文化的互补互哺关系. 华东师范大学学报（教育科学版），2005（6）.

③ [美] C. Edwards，L. Gandini，G. Forman. 儿童的一百种语言. 罗雅芬等译. 台北：台湾心理出版社，2000.

一百双手

一百个想法

一百种思考、游戏、说话的方式。

一百种倾听、惊奇、爱的方式

一百种歌唱与了解的喜悦

一百种世界

等着孩子们去发掘

一百种世界

等着孩子们去创造

一百种世界

等着孩子们去梦想。

孩子有一百种语言

（还多了一百种的百倍再百倍）

但是他们偷走了九十九种。

学校和文化

把脑袋与身体分开。

他们告诉孩子：

不要用双手去想

不要用脑袋去做

只要倾听不要说话

了解但毫无喜悦

只有在复活节与圣诞节的时候

才去爱和惊喜。

他们告诉孩子：

去发现早已存在的世界

而一百种当中

他们偷走了九十九种。

他们告诉孩子

工作与游戏

真实与幼想

天空与大地

理由与梦想

都是互不相关的。

因此他们告诉孩子

一百种并不在那里。

孩子说

不，一百种是在那里。

2. 媒介与儿童

现代社会以媒介的发展为标志。儿童在媒介高度发展的社会中成长，儿童文化与成人文化由于媒介的产生与发展而发生变化，产生冲突。新媒体是在威胁儿童还是在培养儿童？是否越来越多的儿童生活在电子屏幕控制下的"媒体童年"？他们通过电视等媒体接触了成人世界的事情，是否导致成人与儿童区别的消失？针对这些问题，现在存在着"两极化的解释"：一方面，有些人认为我们过去熟知的童年，正在消逝或消亡，而媒体（特别是电视）则是被指责的主要对象。从这个观点看，媒体消除了童年和成年之间的界线，因而也就破坏了成年人的权威。另一方面，也有一些人声称：在媒体的使用上，出现了一道越来越宽的代沟——也就是说，由于年轻人与他们父辈们对于新媒体科技体验不同（特别是计算机），使他们的文化和其父辈的文化之间出现了越来越大的裂痕。①

（1）印刷术的出现划分了成人与儿童的界限

二十世纪八十年代，美国纽约大学教授尼尔·波茨曼博士（Neil Postman）出版了一本书叫《儿童时代的消失》（The Disappearance of Childhood）。在书中，波茨曼博士指出，童年的理念是文艺复兴以来人类历史上最伟大的发明之一，美好的童年并非儿童天然地享有，也未必永远存在。童年的理念是否存在取决于当时社会的大众媒介形式。他认为

---

① ［英］帕金翰. 童年之死. 张建中译. 北京：华夏出版社，2005：4.

媒介对童年的影响是非常重大的，印刷术的发明和普及将儿童世界和成人世界相隔离，由此有了"童年"和"儿童"的概念。

"像一部了不起的时间机器——机械钟一样，印刷机捕捉住了时间，使之为人类服务，也改造了时间的观念。在这个过程中，它改变了人类对自身的认识。……印刷把现在和永远连接了起来，它将个人的观点带入一个未知的王国。"① 印刷机发明后的五十年里，人类文明的传播环境明显地在逐渐瓦解，并连同其他行业一起在进行调整。在有读书能力的人和没有读书能力的人之间产生了明确的界线。"印刷品使事件变得比它本身更有影响……印刷形式的存在才是真正的存在：其余的世界往往变得更虚无缥缈。学习变成了从书本中学习。"② 所发生的一切意味着"文化人"（Literate Man）已经诞生了。以前年幼者和年长者都不识字，他们的事情都局限在这里和现在，即"此时此地"。这也正是当时不需要有儿童概念的原因所在，因为人人共享同样的信息环境，生活在同样的社会和知识世界里。自从有了印刷术，成年就变得需要努力才能挣来了，它变成了一个象征性的成就，但不是生物学意义上的成就。未成年人必须通过学习识字，进入印刷排版的世界，才能变成成人。这样，在识字能力受到重视的地方，就出现了学校，在有学校的地方，童年的概念迅速发展起来。"十六至二十世纪的书籍文化创造了另一种知识垄断。这一次，是将儿童和成人相分离。一个完全识字的成人能接触到书中一切神圣的和猥亵的信息，接触到任何形式的文字和人类经历中有记录的一切秘密。大体上，儿童则不能。正因为如此，所以他们是儿童，他们被要求去上学。"③ 由此，儿童在社会上的地位也发生了巨大的变化。由于学校是为培养有文化的成人而设计的，儿童因此不再被看做成人的缩影，

---

① ［美］尼尔·波兹曼. 童年的消逝. 吴燕莛译. 桂林：广西师范大学出版社，2004：29.
② ［美］尼尔·波兹曼. 童年的消逝. 吴燕莛译. 桂林：广西师范大学出版社，2004：42.
③ ［美］尼尔·波兹曼. 童年的消逝. 吴燕莛译. 桂林：广西师范大学出版社，2004：109.

而被看做未发展成形的成人。学校教育开始认同儿童自身的特殊天性。"尽管在传统的（学徒）制度下，'童年'实际上在七岁就结束了……但是有组织的正式教育的结果是延长了儿童不必承担成人世界的要求和责任的时间。其实，童年远不是只有些许重要性的生物需求；它有史以来第一次作为一个成长阶段而出现，而且变得日益重要。"①

波茨曼博士认为是印刷术创造并隔离了"儿童世界"与"成人世界"。首先，印刷术创造了成年人的新定义：成人就是有能力阅读的人，相应地，儿童是指阅读能力欠缺的人，必须通过接受教育，才能成为成熟的成人。第二，阅读行为是极具个性的，或是带有"反社会倾向的"，印刷术可以重新赋予人类自我意识，让每一个独特的个体得以自我思考。波茨曼认为，自我意识的增长，是童年概念得以开花结果的种子，如果不是相信每个个体本身都很重要，个人的心灵与生命重于社会，童年的概念根本不可能出现。第三，印刷术起了隔离成人和儿童的作用，使儿童无法了解成人社会的秘密。了解性、金钱、暴力和死亡等秘密是成人最重要的特点，即使在当今社会，儿童与成人的最重要的区别仍然是成人拥有某些儿童不宜知道的信息。"这本身是一个奇特的讽刺。因为一方面，新兴的书本文化——用英尼斯的话来说——打破了'知识垄断'，它使神学、政治和学术方面的秘密变得能为广大的公众所获得，而这在以前是无法做到的；但是另一方面，由于局限儿童于书本学习，由于他们受制于书本学习者的心理以及校长和家长的监督，印刷向儿童关闭了日常生活的世界，而日常生活这个世界正是中世纪的年轻人非常熟悉的。最后，了解这些文化秘密成为成年的一个显著特点，因此，直到最近，儿童和成人之间的一个重要区别，还是成人拥有儿童不宜知道的消息。在儿童走向成年的成长过程中，我们分阶段向他们揭示这些秘密，至'性启蒙'为结束。"② 由此，成人的任务之一是要帮助儿童为将来能够

---

① ［美］尼尔·波兹曼. 童年的消逝. 吴燕莛译. 桂林：广西师范大学出版社，
　　2004：61.

② ［美］尼尔·波兹曼. 童年的消逝. 吴燕莛译. 桂林：广西师范大学出版社，
　　2004：72.

应付成人的符号世界而作准备。印刷术使童年以学习阅读而开始，童年成为某一阶段象征性成就的标志。

（2）以电视为中心的媒介模糊了成人与儿童的界限

波茨曼博士认为，在现代社会，以电视为中心的媒介环境模糊了成人和儿童的界限，媒介的发展动摇了童年的观念和理想。他认为，首先，电视导致个性消失，电视使每个面对它的人都成为相同的"社会人"，它带领人们走入一个与他人同时存在又转瞬即逝的世界，其速度远非人类个体经验所及。电视消灭了个性，而没有了个性，童年则不复存在。其次，电视也模糊了成人和儿童的界限。电视具有的"没有分别的可接近性"，不要求观众通过学习掌握这种观看形式，也不要求观众具有复杂的智力技能，结果它使儿童难以成长为成熟的成人，而成人也开始儿童化。波茨曼博士宣称"儿童时代，一个需要成人保护的特殊时期正在消失"，"儿童正变得越来越像成人"，"没有秘密，就没有童年"①。

波茨曼博士指出，电视侵蚀了童年和成年的分界线。借助其他电子的、非印刷的各种媒介，电视又重新创造出十四五世纪就存在的传播条件。从生物学上来看，我们人人具备看和解释图像的能力，还有能够听明白更多数图像的背景相关的语言的能力。正在兴起的新媒介环境在同一时间向每个人提供着同样的信息。鉴于我所描述的这种情况，电子媒介完全不可能保留任何秘密。如果没有秘密，童年这样的东西当然也不存在了②。

英国伦敦大学教育学院教育系帕金翰教授在《童年之死》一书中指出：（电视）消弱年轻人的力量……缩短并简化他们成为健康人类的自然与情绪发展所必需的经历……扼杀了他们发展表达自己意见的能力，并且拒绝、赋予他们想象的力量……完全冲洗掉一个孩子的自我形象……软化了他们的意志……（并且）在拒绝给予年轻人自省的机会，不让他们与正在萌芽的社会建构（也就是自我）进行沉静的对话的同时，

---

① Neil Postman. The Disappearance of Childhood. Delacorte Press.

② ［美］尼尔·波兹曼. 童年的消逝. 吴燕莛译. 桂林：广西师范大学出版社，2004：115.

（对年轻人）给予了一种最具破坏力的心理打击。在家庭中电视既被看做将家人聚集在一起的新方式，又被看做一种会破坏家庭中自然互动的事物。作为一种用来培养儿童情感和开发教育的工具媒体备受称赞，同时又因为它使儿童远离健康的或有价值的活动而受到指责①。

　　尽管波茨曼博士和帕金翰教授对电视文化的批评也许有些过激，但他们的观点唤起了人们重视社会媒介对儿童的影响，他们表现出的对儿童过早成人化、童年正在消失的忧虑，也促使人们关注现代社会中的儿童，关注儿童在现代社会中健康成长的问题。

　　美国学者爱莲·麦考仪（Elln McCoy）在其文章《孩子去哪里了?》（Where Have All The Children Gone?）中写道，今天的儿童与上一代人的童年相比有很多变化，但这些变化对儿童造成压力。② 第一，今天的儿童看起来、听起来比实际年龄要老成。儿童穿的衣服越来越接近成人的时髦样式，儿童说的话是他们从电视中学到的或模仿成人的老练语言。这种儿童形象对儿童的积极方面是儿童能较充分地表现自己，但"当儿童以比实际年龄更老成的方式说话时，他们开始认为自己已经长大；成人也这样认为，成人开始以儿童看起来的年龄对待儿童，很多时候超出儿童的发展水平，使儿童感到压力"③。第二，儿童做很多事情的年龄提早了。今天的儿童更早地走向外面的世界，更早地开始适应幼儿园的集体生活，更早地面对父母的离异，儿童也不像上几代人的童年那样有充足的游戏时间，儿童看电视的时间仅次于睡觉的时间。第三，今天的儿童知道的事情更多。儿童时代应该是天真无邪的、无忧无虑的时代，应远离成人世界的冲突和矛盾。但研究表明，由于大众传媒的影响和父母希望儿童尽早为未来作准备的教育观念，今天的儿童很早就了解成人世界的各种信息，好的、坏的，从暴力犯罪、性、癌症，到毒品、战争等

---

① ［英］帕金翰. 童年之死. 张建中译. 北京：华夏出版社，2005：29 – 45.

② Early Childhood Education 88/89 – Annual Editions. The Dushkin Publishing Group，Inc. P. 39.

③ Elln McMcy. Where Have All The Children Gone. Early Childhood Education 88/89 – Annual Editions. The Dushkin Publishing Group，Inc. P. 39.

等。"当儿童知道这些事情，但他们不能理解或没有能力对此做任何事情时，这就是对儿童的一种压力。"① 尽管世界和家庭都在变化，但儿童的需要没有变，他们仍需要没有压力的、足够长的童年时光去发展和成熟。埃尔坎特博士指出："儿童和成人的需要是不同的，他们与成人在学习和理解事物的方式上也是不同的。过早地把儿童暴露在成人世界之中，不利于帮助儿童为未来世界作准备；期望儿童尽早成熟，期望儿童像父母希望的那样生活，是对父母与儿童关系的一种暴力。"②

　　大众传媒迅速的发展使儿童有更多的途径获得信息，儿童的眼界更开阔，对世界的了解更快、更多。但大众传媒尤其是成人故事片、录像带、影碟和流行书刊，对儿童的社会适应产生消极的影响。首先容易促使儿童回避现实，逃避责任。调查发现，许多沉迷于电视、录像带和游戏机的儿童，往往是利用看电视、看影带和玩游戏机等来缓解焦虑。如果是一般的缓解是必要的，但如果"成瘾"，就会使儿童在遇到问题时，没有勇气承担责任，也没有通过自己的努力去改变处境的意识和能力。第二，渲染暴力的电视节目，非常容易被好奇的儿童所模仿，另外，过多地观看暴力电视节目，容易使儿童产生错觉，似乎这个世界是充满暴力的危险世界，从而没有安全感。暴力节目也容易使儿童形成在遇到危险时用暴力解决问题或冲突的意识和习惯。第三，传媒的内容有时传递着落后的观念。有的武侠小说传播封建的忠君思想、所谓"侠义"以及妇女对男权的依附；有的电视节目给儿童的是片面的性别角色特征，儿童在行为上的模仿表现为热衷于异性之间的吸引和交往，意识上的模仿则表现为性别角色过早分化，刻意按照传媒中的性别角色来塑造自己，结果影响儿童个性的和谐发展。另外，传媒中广告的影响也不容忽视，它不仅刺激儿童的消费欲望，而且引导儿童的消费需求，使儿童的消费进入盲目消费、高档消费和炫耀消费的误区。

　　（3）"数字化的一代"

---

① Elln McMcy. Where Have All The Children Gone. Early Childhood Education 88/89 – Annual Editions. The Dushkin Publishing Group, Inc. P. 39.

② David Elind. Miseducation. Alfred A. Knope, Publisher, NewYork.

二十世纪是网络时代，网络正深刻地改变着世界文明的面貌。从有形的物质世界到无形的精神世界的所有创造和成果，正越来越广泛地被压缩成 0 到 1 这两个数字，通过信息网络传到世界各个角落。美国前总统克林顿曾发表演讲说："在信息时代的阳光中，我们不应该让任何人落在黑暗中，信息科技应该成为每个美国孩子生而知之的权利，无论他们是贫穷的还是富有的。"互连网拉近了国家、民族、文化之间的距离，也拉开了世代间的距离。有人把现在的儿童称为是继"读书的一代"、"电视的一代"之后的"数字化的一代"、"WWW 一代"、沐浴在数字化中的"网络基因儿"（Net Genes）。美国专栏作家尼葛洛庞蒂（N·Negroponte）指出："未来真正的文化差距，其实会出现在世代之间……在今天的孩童眼中，光碟和网络就好像成人眼中的空气一样稀松平常。"今天儿童的知识拥有量和知识增长速度远远超过他们的父母和老师，代沟不可避免，甚至有人提出这不是过去的"代沟"，而是距离更远的"代圈"（generation lap）。

人们对数字科技的反映充满了矛盾心理。一方面计算机常被看做会对儿童行为产生不良影响的媒体。例如，计算机游戏让我们模仿暴力行为，计算机的"逼真"效果，鼓励儿童的盲目模仿；长时间玩计算机游戏影响孩子的大脑发育和身体健康；计算机也影响了家庭成员和社会成员之间的人际互动。另一方面，计算机导致了新的学习方式，而儿童对此反应最灵敏。计算机以某种方式释放了儿童天生的创造力与学习欲望。"这些表面上明显对立的观点，其实具有相同的弱点。它们将一个关于童年的神话，连结到了另一个与之相平行的科技的神话上了。……计算机一方面成为一个方便的替罪羊，在另一方面，计算机可以被用来当做一种万灵药，一项承载希望与梦想的工具，一种神奇的动力，可以释放从前一直被隐藏起来的智慧与美德。……最主要的是它改变了我们对于'学习'与'身为一个孩子'所具有的意义。"[①]

今天的儿童因为数字技术而拥有强而有力的新工具，他们用来查询、

---

① ［英］帕金翰. 童年之死. 张建中译. 北京：华夏出版社，2005：48.

分析、自我表述、影响他人以及玩游戏。他们拥有父母根本想象不到的灵活性，他们正以其父母从未想象出来的方式来缩小这个世界。不像在使用电视中是由别人为他们制作节目，在数字世界中，儿童是主动的行动者。

电脑和互联网属于在未来生存的一代，是他们生活的一部分。互联网使儿童享受网上冲浪的乐趣，与电视的单向、被动不同，互联网使儿童的活动具有交互性和反馈性的特点，它鼓励儿童的自发性探索，有利于发展儿童的自我意识和主体性。"我曾经与贫穷和富有的小孩一起工作，也曾经和书香之家与文盲家庭的子女在一起工作。但是这些差异似乎都无关紧要。除了极少数的例外，我在每个地方都看到儿童眼中闪烁着同样的光芒，以及他们想要将这个东西据为己有的同样的欲望。而且，不仅是想要它而已，他们似乎以某种深刻的方式知道它已经属于他们了。他们知道自己能够比父母更轻而易举地驾驭它。他们知道自己是属于计算机时代的人。"① 通过与互联网的互动，儿童在创造自己新的文化，这是一种兼具个人化与全球化的新文化，既注重个人的价值和选择，同时又强调与世界的交流与沟通。未来掌握在他们手中，尼葛洛庞蒂说："我们从没有这么需要以孩子为师，并且对此我们坦诚不讳。"

完全沉浸在"网"中的儿童也有令人担忧的问题。在"网络帝国时代"，儿童的游戏规则变了，"他们更多地把自己投入到一种智力游戏中，利用技术表达自己的情感与生活……但是，他们一点也不好玩，我透过他们的眼镜和有点电子化的眼睛看不到生命的本来，看不到那种应该活跃的动物性，他们的活跃过多地表现在虚幻的世界中。在这里，他们把自己假想得强大无比，他们可以在聊天室肆无忌惮，可以毫不费力地利用电子信件和大人物联系，可以在联机游戏上精神十足，可以轻车熟路地侵入五角大楼……在虚拟的世界中，他们用一只手指攻击瓦解着成人世界。但是，这改变不了他们在生活中的脆弱和缺乏生气"②。在

---

① ［英］帕金翰. 童年之死. 张建中译. 北京：华夏出版社，2005：52.
② 许知远. 阳光灿烂的年代. 书城，1999（6）.

"按钮"中长大的孩子，只要学会"按钮"就能坐享其成，不用创作，不用想象；在"网"中畅游也占用了儿童接触自然、体验友情的时间。《走出乐园》的作者斯蒂芬·克里尼认为儿童文化的商业化从根本上来摧毁了童年的传统行为及经验。他指出："电子媒体的出现好像破坏了传统的健康快乐的童年概念：全神贯注的街道玩耍、同辈人之间的交谈以及在公园中游来荡去等，这些与快乐的童年有联系的经历现在好像都不存在了。家长们好像也不再与他们的孩子交谈，"合家观看"（family viewing）只是一种"被动的仪式"①。

可以说，坐在电脑前，即使儿童在有最高分辨率的"窗口"（windows），也不能真切而清晰地感受人的世界。我们可以想象，当坐在电脑前长大的孩子年老的时候，他们的童年回忆是什么样的呢？如果童年的回忆和他们当下的生活没有什么差别，他们会是怎样的心情？他们的回忆也是金色的吗？

媒体改变了世界，模糊了成人与儿童的界限。"我们再也不能让儿童回到童年秘密花园里了，或者我们能够找到那把魔幻钥匙将他们永远关闭在花园里。儿童溜入了广阔的成人世界——一个充满了危险与机会的世界，在这个世界中电子媒体正在扮演着日益重要的角色。我们希望能够保护儿童免于接触这样世界的年代是一去不复返了。我们必须有勇气准备让他们来对付这个世界，来理解这个世界，并且按照自身的特点积极地参与这个世界。"② 尽管两代人坐在计算机前一起上网时，他们是朋友，甚至成人要以孩子为师，但是，成人对儿童的指导责任仍然存在，甚至比以前更重要。网络是一个开放的世界，成人有责任帮助儿童形成分辨信息和选择信息的能力，有责任平衡儿童在虚拟"网"上的时间和在自然中真实生活的时间。不能让计算机成为缩短儿童童年、加速儿童成人化的工具。

3. 代　沟

---

① ［英］帕金翰．童年之死．张建中译．北京：华夏出版社，2005：175.
② ［英］帕金翰．童年之死．张建中译．北京：华夏出版社，2005：226.

代沟，Generation Gap，也称代差。从英文含义看，Generation 是指人类生活的世代交替，代代相传；Gap 是指存在着缝隙、隔阂和差距。代沟的实际含义是世代差异，也就是代与代之间在观念、思想方式、生活习惯等方面的差异。所谓"代"是指一定社会中，由于年龄所规定着的人们成长和活动与其中的特定的时代和环境而造就的具有一定的社会特质的人群。就这个意义上说，年龄与其说是划分"代"的标准，还不如说是判别"代"的标志。① 美国社会学家曼海姆在《知识社会学文集》中提出"世代单元"（Generation Unit）概念，就是指一个具有同样的社会经历和历史背景以及相似行为规范和价值标准的年龄组。属于同一个世代单元的人们，一般在社会上处于同一个社会阶层，具有相同的社会地位，对现实的看法大致相同。因此，就会形成一种同代亚文化现象。代沟是文化变迁与文化冲突的一种反映。

"代沟"并非今天才有，所有人类文化都或多或少地表现出时代的差异，只不过代沟从没像今天这样表现突出罢了。在文化变迁速度如此之快，幅度如此之大的现代社会，代与代之间必然产生隔阂。长辈的经验对晚辈已逐渐失去指导意义，同辈人之间的相互影响开始超过异代间的影响。晚辈对长辈们津津乐道的事情已觉得太遥远了，长辈对晚辈常挂在嘴边的词汇也感到了陌生，这就是社会的现实。"就在前不久，老人还能说："你要知道，我曾经年轻过，可你却从来没有老过。"可现在，年轻人可以回敬说："你从来没在我的年轻时代里度过你的年轻岁月，你也不可能了。""② 代沟的存在、两代人之间差异的增大对新儿童观的建立是一种挑战。两代人之间有没有一座跨越沟壑的代桥？

法国文学家波尔·阿扎尔曾对成人与儿童进行了对比性描述：

> 人一到中年，看起来已经不是美的了。……脸上出现皱纹，皮肤长出疙瘩，眼睛干涩、混浊。肤色发黄，出现老人斑，洒

---

① 张永杰，程远忠. 第四代人. 上海：东方出版社，1988：37.

② ［美］玛格丽特·米德. 代沟. 曾胡译. 北京：光明日报出版社，1988：65.

什么样的阿拉伯香水也无济于事。脖子干瘪，或是甲状腺肥大，很是难看。上半身衰弱，腿也僵硬了。在自然的这种残酷对待下，他们意识到，自然已经抛弃了自己，自己的时代已经过去，即使什么时候死去都没什么关系。

人的灵魂也几乎并不能比肉体更好地保持年轻。心灵由于承受了许多的印象，其胶片已经用旧，感觉度完全迟钝了。每当想象力想要翱翔时，苍老的心灵却体味着死的痛苦，连想象的力量也没有。这是由于他们的明断事理，还是由于血液循环不畅通呢？不管怎么说，成年人不是自由的，他们成了自身的俘虏。当然，即使是他们，玩的时候还是很快乐的，但是，他们的玩乐是为了解除生活的疲惫，忘记人生的忧愁，以免为人生剩下的那点时间烦恼不已。他们并不为了玩而玩。

儿童的天国与此是何等的不同啊！住在这个王国的人们简直就像是与成人不同的另一个人种。对这些不知疲倦的孩子们的旺盛非凡的生命力，人们只能、只能表示惊叹。他们从早到晚四处奔跑喊叫，一会打架，一会和好，跳跃着跑向远方。他们夜晚的睡眠，只是为了第二天和太阳一道起床，然后又重做与昨日相同的事情。他们的弱小、未成熟的肉体，本来就是走向未来的成熟的不能抑止的希望。他们丰富地持有所有一切还未拥有的东西。他们居住在深藏着无限可能性的魔法的世界。幻想不仅是他们的首要乐趣，也是他们自由的标志，他们对生命的超越。他们还没有被事理所束缚，成为僵硬事理的俘虏还是遥远将来的事情。孩子们让梦想飞上云天，而且没有任何恐惧，没有任何私念，没有任何负担，这些幸福的人们在那里游戏。①

"代沟"作为一种普遍现象，引起不同领域的学者的关注，形成了

---

① 朱自强．儿童文学的本质．北京：少年儿童出版社，1997：75.

关于代研究的不同理论与方法论。日本的青少年研究所所长千石保先生在其《日本的"新人类"》一书中，区分了世代论和年代论两种方法。他认为，不同的生活经历产生不同的价值观，这就是世代论的核心；年代论是基于生命上的年龄变更，而在价值观和行为方式上产生的相应变化。这种区分实际上也就是基于个体角度的生命进程论和基于社会历史原因的世代继替论。正如美国著名的政治社会家理查德 G. 布朗加特在其《生命进程和世代政治》一文中说道："到了十九世纪，这一讨论进一步形成了科学的和理论的范式。对代沟问题的研究逐渐形成了生命进程论和世代继替论两种基本观点：实证论者强调生命进程发展的重要性，主张生命中的年龄上的差别好比是人的社会经历中的决定性因素；而社会变迁和历史发展则仅仅是对生命周期的外在的影响。历史学派从浪漫主义角度出发认为：生物学上的年龄差异对于理解社会文化和历史以及社会稳定和变革并不重要，世代继替现象以及世代界定应该是基于历史发展和社会变迁的。这两种稍有不同的分析方法，都是基于年龄和社会政治变化两者之间关系，显然年龄是两种观点的基本构成成分。"①

美国文化人类学家玛格丽特·米德提出，当今社会的代沟决非生物性的、那种历史上常见的代与代之间的各种差异，而是一个历史现象，是社会发展的结果。她运用人类学的方法论研究世代问题，在比较了六十年代和七十年代的文化特点后，提出在世代问题上的三种文化类型，即后象征性文化（post-figurative culture）、互象征性文化（co-figurative culture）和前象征性文化（pre-figurative culture）。后象征性文化又称长辈楷模文化，指晚辈向长辈学习经验。在社会发展缓慢的时代，年老代表着智慧的丰富，年轻一代只有在长辈权威的教诲和管教下才能生存，"成年人的过去就是每个新生一代的未来，他们早已为新生一代的生活定下了基调。孩子们的祖先度过童年期后的生活，就是孩子们长大后将要体验的生活；孩子的未来就是如此造就的……每一代儿童都能不走样地

---

① 孙嘉明. 观念代差：转型社会的背景（1991 – 1994）. 上海：上海社会科学院出版社，1997：5.

复制文化形式"①。互象征性文化又称同辈楷模文化，指晚辈和长辈的学习都发生在同辈人之间。在发展迅速的社会，没有理想的生活模式可以学习，人们总是根据各自的理解和需要来创造自己的生活，因而产生了同辈人间互相学习的要求。"在互象征文化中，年轻一代的经验与他们的父母、祖辈和社团中其他年龄较大成员的经验有着极为显著的不同"，"老年人仍然处于支配地位，他们树立典范，规定限制范围，年轻人的行为中所表现出的互象征性不得超出这些范围。"② 前象征性文化又称晚辈楷模文化，指长辈向晚辈学习。在日新月异的后工业社会，年轻人代替年长者成为未来生活的代表，他们快速理解和吸收变革社会的新信息，成为长辈学习的对象。米德认为，当今西方社会已步入晚辈楷模文化阶段，由此造成了第二次世界大战前的一代人和战争后的一代人在观念和行为上的巨大鸿沟，米德称为是"革命性代沟"。在今天，文化转型对每个人都是新课题，文化濡化不仅包括年轻人，也包括成年人。要跨越代沟，成人必须转变对儿童的观念，与儿童平等交流，共同成长。米德指出，真正的交流是一种对话，代际间对话的基础是"共同语言"，代表着对文化转型的共同认识。

4. 代际沟通与代际认同

文化变迁是指整个社会的文化特质、文化丛以及文化模式发生缓慢的、根本性的变化的过程。通常表现为新的文化取代旧的文化，或者对旧文化加以改造的过程，社会文化的变迁与发展必然反映在人们观念上的变化与进步。不同时代的人，作为社会精神现象的载体，其价值观的异同，又深刻地折射出社会文化的流变。

"在探讨代的差异时，我们当然要强调他们所处的时空差异性方面，但社会并不单纯地由某一代人组成的社会，总是以某一代为主体，同时由几代人共处于其中的社会。代的差异正是共处于同一社会中的相邻几

---

① ［美］玛格丽特·米德. 代沟. 曾胡译. 北京：光明日报出版社，1988：21-22.

② ［美］玛格丽特·米德. 代沟. 曾胡译. 北京：光明日报出版社，1988：43-46.

代人之间的差异。因而，他们在时空上的差异性当然是以他们在大的时空上的同一性为前提和背景的。在社会节奏十分缓慢的时代，这一同一性表现为几乎无差别的同一性，其结果当然只能形成同一模式的几'代'人。随着时代节奏的加快，今天同一社会中的相邻几代人在时空上的差异性已是一个明显的事实。"① 由于每代人所处的社会环境不同，阅历不同，心理感受不同，受教育的内容不同，导致每代人生活方式、行为方式和社会价值观念的差异，于是，形成了"观念代差"。观念代差反映了社会变迁的速率。社会变迁越快，观念的代差越大，越明显。任何一种社会文化变迁，都会产生相应的观念代差，这是不以人的意志为转移的。

克服代际差异的不利因素的最基本和最重要的途径是代际沟通。代际沟通就是两代人之间的相互理解、交流和对话。代际沟通的主要形式体现在两个层次中，即家庭中的代际沟通和社会中的代际沟通。家庭中的代际沟通提倡长辈与小辈的良好互动，互相尊重。受几千年传统思想的影响，孩子在家庭是受保护的对象，甚至是溺爱的对象。但是，通常孩子没有与成人平等的人格尊严，他们不得不屈从成人的意志，按家长的设计去成长，因此说，他们既是"小皇帝"又是"小奴隶"。梁实秋在《孩子》中写道：我问过一个并非"神童"的孩子："你妈妈是做什么的？"他说："给我缝衣的。""你爸爸呢？"小宝贝翻翻白眼："爸爸是看报的！"但是他随即更正说："是给我们挣钱的。"孩子回答全对。爹妈全是在为孩子服务。母亲早晨喝稀饭，买鸡蛋给孩子吃；父亲早晨吃鸡蛋，买鱼肝油精给孩子吃。最好的东西都要献呈给孩子，否则，做父母的心里便起惶恐，像是做了什么大逆不道的事一般。孩子的健康及舒适，成为家庭一切设施的一个主要先决问题。这种风气，自古已然，于今为烈。自有小家庭制以来，孩子的地位顿时提高。以前的"孝子"是孝顺其父母之子，今之所谓"孝子"乃是孝顺其孩子之父母。② 家庭中

---

① 张永杰、程远忠. 第四代人. 上海：东方出版社，1988：49.
② 梁实秋. 孩子. 宇宙风，1935（5）.

的代际沟通需要家长儿童观的转变。社会中的代际沟通包括在教育机构中的师生关系的转变，从教育者和受教育者的关系转变为人与人的"我—你"关系。社会中的代际关系还包括通过大众传媒的影响，在社会范围内形成尊重儿童的社会风气等。

由于社会文化的巨大整合作用，不断对年长者提出继续社会化和再社会化的要求。代际沟通是缩小代际差异的有效途径，代际认同是建构和谐代际文化的前提与需要。代际认同就是在代际沟通的基础上形成代与代之间共同的价值目标和行为目标，代际认同不是"代际同一"。代际认同要基于三方面的共识。首先，要承认生理学意义上的生命进程的不同。人作为一个生物体，有着发生、发展、消亡的自然规律，而这样的自然进程又会导致人在心理、观念和行为上差异。第二，要承认社会学意义上的"生命任务不同"。人的生命的不同阶段中，有不同的生命任务。生命任务是人的生命进程中的某一个阶段，被认为是必须的或是期望的活动。这种"生命任务"受社会文化规范的限定，并成为约定俗成的"规矩"，而被全社会所期望。不同的生命任务体现在不同的年龄就表现为不同的社会角色。第三，要承认人类学意义上的文化变迁。人类社会处于不断的发展变化过程中，要求文化不断变化，任何人在观念、态度、行为上要适应时代发展，及时调整，做出改变。

一九九八年中国青少年研究中心和云南晨光出版社组成"向孩子学习"课题组，并提出了"向孩子学习"的口号。在调查中他们发现，今天的儿童已经有能力影响成年人，这种影响改变了两代人之间的代际关系，意味着现代社会正向着两代人互相学习、共同成长的社会迈进。"向孩子学习"就是对这种革命性变化的表达。

"向孩子学习，两代人共同成长"有着深刻的社会文化、心理的原因。首先，社会快速发展与变迁的事实是"向孩子学习"的现实基础。在社会体制转变、价值观多元、生活方式多样、传统文化受到挑战的社会转型时期，儿童和成人一样都经受着剧烈的社会变化和文化转型带来的理解、适应和转变的过程。每个人都需要不断学习，更新知识和观念。可以说，成人与儿童在某种程度上是处于同一起跑线上，面对一个新世界，成人与儿童是平等的探索伙伴。其次，相对于父辈，今天的儿童更适应环境的快速变化。特殊的时代造就特别的儿童，今天儿童的价值观就是在对变化的社会环境的适应与选择中形成的。另外，儿童有巨大的可塑性和对世界天生的好奇心，他们对新事物敏感，新奇的事物总是让他们心驰神往，他们敢于也乐于尝试新的事物与活动。而成人由于传统文化和观念的影响，常常在认识和思想上表现出惰性，固有的观念也影响着成人接受新的事物与观念。第三，信息化社会给儿童提供了获得信息的多种途径与渠道，成人不再是知识的主要来源，成人的权威地位动摇了。在网络和数字化生存的时代，儿童通过网络与外界交流，获得大量信息，拓展了他们学习和交往的空间，开阔了他们的视野。过去是孩子不了解父母，觉得父母很神秘，如今父母不懂孩子，觉得孩子很神秘。在当代社会，儿童对成人的教育与影响变得越来越突出，儿童身上蕴藏的代表时代方向的潜能比任何时代都大。随着社会的发展和成人素质的提高，两代人共同成长成为时代进步的一种象征。

"向孩子学习"体现着新的儿童观，那就是把儿童看做与成人人格平等的人，成人不再是高高在上"俯视"儿童，也不是"仰视"儿童，而是让自己蹲下来，用平视的眼光与儿童面对面，目光相接，心灵相通，达到"视界融合"。"在这种视界融合中，所看到的就不仅仅是儿童的现实，也看到了他们的可能；不仅看到了他们的实然，也看到了他们的应然；不仅看到了他们的今天，也看到了他们的明天……而这一切都是为了使我们的教育、我们的教师能够为儿童们设置一种合理、充分发展的环境与条件，也使他们能够在被理解中充分享用儿童生活的幸福。"①

"信息化社会决定了两代人的双向社会化，成人'化'孩子，孩子也'化'成人。"② 现代社会是两代人共同成长的社会，现代文化是两代人共同创造的文化。"文化的生命不仅在于它的保存和积累，还在于它的更新与创造。只有时时更新的文化才能源远流长。"③ 儿童文化与成人文

---

① 刘晶波．师幼互动行为研究．南京：南京师范大学出版社，1999：序．
② 孙云晓．向孩子学习．北京：晨光出版社，1998：200．
③ 柳海民．教育过程论．重庆：重庆出版社，1994：200．

化两种文化的交融不仅使各自文化呈现出新的面貌，而且产生新的文化现象，"新时代的新文化是互补互生的文化，是交融出来的文化。因此成人对待儿童的最聪明、最明智的方式就是平等、对话、相互尊重，相互欣赏和相互补充"①。总之，由成人单方面控制儿童成长、由成人靠直觉引导儿童发展的时代已经结束，现代社会正朝着两代人共同成长的方向迈进。

三、儿童是权利主体

现代国际社会发展的重大进步之一是把儿童的权益宣布为儿童的个体权利，并从人权的角度加以保护。但是，我们不无遗憾地看到，这个世界是由成人主宰的世界，儿童权益受侵害的现象依然存在，儿童权利还没有形成社会政策和规划的"基本的社会价值"，儿童的利益处于危险之中。

儿童权利是一个多维度的、立体的概念。从社会构架角度看，儿童权利是一项制度，首先是法律制度，是由若干具体权利及其实现机制构成的。从发展观的角度看，儿童权利是一种历史和文化现象，儿童权利是人类文明发展的产物，要真正理解儿童权利，必须对儿童权利的发展作历史的、文化的考察。从道德意义上理解，儿童权利是一种理念。儿童权利也是"每个儿童个体的权利"，要求我们尊重每个个体儿童的权利，包括在家庭中，在教育机构中，在社会公共生活中。

儿童权利问题是复杂的社会问题。由于儿童权利主体的特殊性，儿童权利遇到的问题更多体现的是多元价值的冲突，如儿童权利与家长权利的冲突，儿童权利与传统习俗的冲突等等。在相当长的历史时期，儿童没有权利，甚至是虐待、谋杀和战争的牺牲品，是健康恶化的靶子，

①　朱小曼．教育的问题与挑战：思想的回应．南京：南京师范大学出版社，2000：311.

是被边缘化的群体。随着时代的发展，尤其是联合国《儿童权利公约》的颁布，"儿童是权利主体"成为儿童的新形象。儿童不仅是法律保护的客体，而且是有能力、积极主动的权利主体。儿童权利的尊重和保护既是人类文明的产物，也是衡量文明程度的重要标志。把儿童看做权利主体体现了人类对儿童更高水平上的尊重和理解，是科学儿童观必不可少的组成部分。

（一）儿童权利的历史发展

儿童权利观的形成经历了曲折的发展过程。正如人类理性的启蒙不是一朝一夕能够成就的，对待儿童权利同样需要注入更多人类的理性。

有人把"儿童"的固有特点归纳为四点：一是儿童只不过是人生的短暂停留；二是儿童具有某种自然天成的本性；三是儿童的单纯性；四是儿童在年龄上处于弱势，有着脆弱的依赖性。特点一和特点四以儿童的能力为中心，特点二和三关系到儿童的道德性问题。儿童的能力和道德性问题不仅涉及儿童政策和儿童福利问题，还影响到儿童的道德地位和儿童权利问题的理解。[①]

在相当长的历史时期里，没有成人和儿童的区分，但这并不意味着儿童与成人有相同的地位与价值。相反，儿童被当做成人的隶属品或特殊的财产，成人可以任意处置儿童，以至杀婴、弃婴和卖婴现象屡见不鲜。在《旧约·全书》中，儿童是被剥夺权利的、邪恶的罪人。随着资本主义生产方式的发展，儿童问题成为社会性问题，在十六七世纪的欧洲出现了国家法令规定的对孤儿、弃儿和贫困儿童的福利救济设施。高擎人文主义旗帜的文艺复兴运动给儿童的命运带来转机，儿童被看做宝贵的、可爱的、天性善良的，但儿童还是属于成人社会的一部分，成人社会没有保护儿童的责任。随着资产阶级革命的进一步发展，法国启蒙思想家抨击封建的等级制度、僧侣贵族特权，针锋相对地提出人权、自

---

① Michael Freeman. The Moral Status of Children：Essayson the Right of the Child. Martinus Nijhoff Publishers，1997，pp. 9 – 10.

由和平等的口号，论证了"天赋人权"、"社会契约"、"主权在民"等政治主张。在卢梭、康德等思想家看来，人的共同本性和目的决定了人人都有基本权利。十八世纪末的法国资产阶级大革命，不仅推翻了法国封建制度，为资本主义发展开辟了道路，而且有力地推动了资产阶级民主运动。这场革命对教育也产生了巨大影响，法国开始建立符合资本主义发展需要的近代教育制度。

进入十九世纪后，先进的资本主义国家通过了具有强制性质的普及义务教育法律，随着这些法律的实施，这些国家先后在十九世纪末和二十世纪初普及了初等教育。初等教育的普及是教育的一个划时代的标志，它标志着传统上只有少数人享受的教育成为面向所有儿童的教育，而且国家以法律形式保护儿童受教育的权利。英国产生了"国家是儿童最高监护人"的衡平法理论，其中蕴含着国家、家庭和社会对于儿童来说，更多的是责任和义务。

二十世纪初期，国际法领域开始把儿童作为权利持有者看待。尤其是经历了残酷的战争，人们更加渴望并追求自由、和平、民主的理想社会，对儿童的关注成为这种追求的一部分。第一次世界大战后，救助儿童国际联盟首次提出了"儿童权利"这个国际性概念，一九二四年国际儿童促进会在日内瓦举行第一次大会，与会各国签订了《日内瓦儿童权利宣言》，强调儿童的身心必须得到正常的发展。第二次世界大战中，"联合国儿童基金会"（UNICEF）成立，这是世界上首次成立的为各国儿童谋福利的国际组织。一九四八年十二月十日联合国大会通过《世界人权宣言》，倡导"人人生而自由，在尊严和权利上一律平等"，并将对尊严和权利的尊重视作追求自由、正义与和平的基础。其中把儿童的受教育权看做基本人权和生存权的一部分，而且规定教育应以充分发展人格、加强对人权和基本自由的尊重为目标。得益于西方社会人权运动的兴起和妇女地位的提升，人类理性的光芒也照射到了儿童这一特殊群体身上。人们开始意识到，儿童也是国际社会中的重要一分子，儿童在道德上是有权利的。

一九五九年十一月二十日，联合国第十四届全体会议通过了《儿童权利宣言》，这是联合国历史上第一个关于儿童权利的国际性条约，是国际社会提出"人类应将其最宝贵的赋予儿童"这一原则的初步尝试。宣言提出：儿童权利的承认，作为人类解放运动总体的一环，具有自己的特殊地位；针对虐待儿童现象，"必须保护儿童，使其免遭一切放任、虐待以及剥削"；在承认儿童基本权利的同时，要"逐步采取立法及其他措施，为捍卫这些权利而努力"。

一九八九年十一月二十日联合国大会通过了《儿童权利公约》，强调儿童生存、发展和受教育的权利。一九九〇年一月我国成为第一批签约国之一。《儿童权利公约》的公布标志着人类社会道德发展的一个新阶段。"人类愿意并且明智地将有关世界儿童的权利和需要，以及社会对其儿童的义务用法律文件的形式指定下来，要求各国都来遵守，这是史无前例的。"①

《儿童权利公约》的精神反映了国际社会对儿童权利的最新认识。在《儿童权利公约》开始生效的一九九〇年九月三十日，联合国在纽约召开了儿童问题世界首脑会议。首脑会议重申了"儿童至上"的原则，并认为只有在"一切为了儿童"的新道德观（儿童应该是人类一切成就的第一个受益者，也应该是人类失败的最末一个蒙难者）被普遍接受时，首脑会议提出的"结束大量存在的儿童死亡及营养不良的状况，并为所有儿童的生存和正常发展提供必要的保护"的总目标才能实现。会上通过了《儿童生存、保护和发展世界宣言》以及《执行九十年代儿童生存、保护和发展世界宣言行动计划》两个文件。宣言认为，为所有人提供基础教育，让人人都具有读写能力，是对全世界儿童的成长所作出的最重要贡献之一。

我国在《宪法》、《婚姻法》等国家法律中规定了儿童享有的基本权利，如生存权、被抚养权、继承权等。中国《宪法》明确规定"国家培养青年、少年、儿童在品德、智力、体质等方面全面发展"，"儿童受国家的保护"，"禁止虐待儿童"。我国还相继制定了《刑法》、《民法通

---

① 韦禾. 儿童的权利：一个世界性的新课题. 教育研究，1996（8）.

则》、《婚姻法》《教育法》、《教师法》、《义务教育法》、《妇女权益保障法》、《母婴保健法》、《残疾人保护法》、《收养法》等一系列有关儿童生存、保护和发展的法律以及大量相应的法规和政策措施。《中华人民共和国教育法》第四十五条规定：国家机关、军队、企业事业组织、社会团体及其他社会组织和个人，应当依法为儿童、少年、青年学生的身心健康成长创造良好的社会环境。《中华人民共和国义务教育法》第四条规定：凡具有中华人民共和国国籍的适龄儿童、少年，不分性别、民族、种族、家庭财产状况、宗教信仰等，依法享有平等接受义务教育的权利，并履行接受义务教育的义务。第五条各级人民政府及其有关部门应当履行本法规定的各项职责，保障适龄儿童、少年接受义务教育的权利。适龄儿童、少年的父母或者其他法定监护人应当依法保证其按时入学接受并完成义务教育。依法实施义务教育的学校应当按照规定标准完成教育教学任务，保证教育教学质量。社会组织和个人应当为适龄儿童、少年接受义务教育创造良好的环境。第十四条规定：禁止用人单位招用应当接受义务教育的适龄儿童、少年。

　　一九九一年第七届全国人民代表大会常务委员会第二十一次会议审议通过了《中华人民共和国未成年人保护法》，这个法律的颁布意味着对儿童的保护是具有法律意义的保护。《未成年人保护法》明确了儿童的权利和儿童权利保护的原则：

　　　　第四条　保护未成年人的工作，应当遵循下列原则：
　　　　（一）保障未成年人的合法权益；
　　　　（二）尊重未成年人的人格尊严；
　　　　（三）适应未成年人身心发展的特点；
　　　　（四）教育与保护相结合。
　　　　第八条　父母或者其他监护人应当依法履行对未年成人的监护职责和抚养义务，不得虐待、遗弃未成年人；不得歧视女性未成年人或者有残疾的未成年人；禁止溺婴、弃婴。
　　　　第九条　父母或者其他监护人应当尊重未成年人接受教育

的权利，必须使适龄未成年人按照规定接受义务教育，不得使在校接受义务教育的未成年人辍学。

第十五条　学校、幼儿园的教职员应当尊重未成年人的人格尊严，不得对未成年学生和儿童实施体罚、变相体罚或者其他侮辱人格尊严的行为。

第十七条　学校和幼儿园安排未成年学生和儿童参加集会、文化娱乐、社会实践等集体活动，应当有利于未成年人的健康成长，防止发生人身安全事故。

第十九条　幼儿园应当做好保育、教育工作，促进幼儿在体质、智力，品德等方面和谐发展。

第二十六条　儿童食品、玩具、用具和游乐设施，不得有害于儿童的安全和健康。

第二十七条　任何人不得在中小学、幼儿园、托儿所的教室、寝室、活动室和其他未成年人集中活动的室内吸烟。

第二十八条　任何组织和个人不得招用未满十六周岁的未成年人，国家另有规定的除外。

任何组织和个人依照国家有关规定招收已满十六周岁未满十八周岁的未成年人的，应当在工种、劳动时间、劳动强度和保护措施等方面执行国家有关规定，不得安排其从事过重、有毒、有害的劳动或者危险作业。

第三十三条　地方各级人民政府应当积极发展托幼事业，努力办好托儿所、幼儿园，鼓励和支持国家机关、社会团体、企业事业组织和其他社会力量兴办哺乳室、托儿所、幼儿园，提倡和支持举办家庭托儿所。

第三十四条　卫生部门应当对儿童实行预防接种证制度，积极防治儿童常见病、多发病，加强对传染病防治工作的监督管理和对托儿所、幼儿园卫生保健的业务指导。

第三十六条　国家依法保护未成年人的智力成果和荣誉权不受侵犯。

对有特殊天赋或者有突出成就的未成年人，国家、社会、家庭和学校应当为他们的健康发展创造有利条件。

第四十八条　学校、幼儿园、托儿所的教职员对未成年学生和儿童实施体罚或者变相体罚，情节严重的，由其所在单位或者上级机关给予行政处分。

一九九二年二月十六日中国政府正式颁布了《九十年代中国儿童发展规划纲要》，规定了儿童保健和教育等方面的一系列目标，提到二〇〇〇年将一九九〇年的婴儿死亡率和五岁以下儿童死亡率分别降低三分之一，使一九九〇年五岁以下儿童中度和重度营养不良患病率降低一半等。政府并对此作出了承诺，充分显示了我国政府重视和关怀儿童事业严肃、负责的态度。一九九九年十一月，针对未成年人犯罪比例上升这一严重的社会问题颁布了《预防未成年人犯罪法》。其核心是将惩治犯罪的关口前移到预防犯罪，以教育为主，惩罚为辅。法律规定对已满十四岁但不到十六岁的未成年人案件不公开审理，对已满十六岁不到十八岁的未成年人犯罪，除非激起社会共怒或者有很强的教育意义，才能公开审理；对没有完成义务教育的未成年人犯罪人，少管所必须保障他们继续接受义务教育，这是未成年人的权利；法律还规定监护人要管住未成年人，管不住就会受到处罚等等。国务院在《中国儿童发展纲要》（二〇〇一至二〇一〇年）规定："尊重、爱护儿童，使儿童免受一切形式的歧视和伤害。"并要求社会各界采取积极措施，"在全社会树立尊重儿童、爱护儿童、教育儿童的良好风尚，保障儿童参与的权利"。一系列法律的颁布使我国儿童权益的保障进一步有法可依，有章可循。法律的规定也反映着社会法规形态的儿童观。

（二）儿童权利与儿童权利保护的原则

人类一直都经历着这样两个时期：一是道德上升为法律；二是法律转化为道德。儿童道德地位上的变化会在法律上得到印证，同时，法律地位的变化也反映儿童道德地位的高低。儿童道德地位和法律地位在儿童保护运动中都得到迅速提升，可以说，对儿童的保护在这几十年间发生了基因突变式的变化。从一九二四年日内瓦《儿童权利宣言》到一九五九年联合国《儿童权利宣言》，再到一九八九年的《儿童权利公约》的通过，这期间伴随着工业的发展、民权运动的兴起以及妇女地位的提升，儿童权利问题受到了前所未有的关注。

点滴的变化都有着道德的依据，都反映一定的文化内涵①。"儿童"在历史发展的不同时代、不同文化背景下，有着不同的内涵。在家庭中，儿童被看做家庭的私有财产，对于私有财产，父母有权生杀。儿童也被看做被驯服的对象，家庭有责任严厉管教，甚至棍棒相加。在人类漫长的的幼年时期，儿童受到关照的道德地位本应是天然的，是出于本能的。但事实是，儿童的天赋地位仍然受到了剥蚀，其原因是复杂的。首先，人口结构的变化影响儿童地位。造成人口危机的原因包括饥荒、瘟疫、战争等，都严重影响了孩子的成活率，除了当时的卫生条件外，分娩时的意外情况也是成活率低的重要原因。杀婴和堕胎被一些地方用作控制和平衡人口的最简单的方法。其次，工业的发展影响儿童地位。十八世纪突然爆发式的工业革命完成了现代工厂体制结构的变革，随之而来的是对劳动力需求的变化。工厂追求廉价的劳动力，对童工就有了大量的需求。在工厂中，儿童受到的对待是不人道的，直到十九世纪上半叶，童工的状况仍继续恶化，童工实际上是一种新的资源，借助这些资源企业才能负担沉重的赋税。与此同时，我们也看到，作为工业元素的儿童福利逐渐发展起来，儿童利益保护作为国家责任也一同发展起来。

儿童地位的变化反映在法律上就是儿童权利概念的出现。但是，儿童的权利主张有时候和其自身的现实利益或他人的利益是矛盾的。在矛盾的时候如何认识儿童的权利及其道德地位的重要性，就产生了不同的看法。弗里曼将这些看法归为三方面：

---

① 王雪梅. 儿童权利论：一个初步的比较研究. 北京：社会科学文献出版社，2005：17.

第一类观点，权利和权利语言本身的重要性被夸大了。有其他更具有道德意义的价值，如爱、友谊、同情、利他主义，而且这些价值将会比那个不可否认的义务为基础的权利能把彼此的关系提到一个较高的层面。这种观点与儿童权利是对立的，特别是在以家庭关系为背景的情况下。或许在理想的道德社会，这种观点是对的。权利常常用来解决利益冲突，理想社会是和谐社会，冲突是不存在。但是，根本就没有理想社会，对儿童来说肯定没有。儿童是非常脆弱的，需要权利保护他们的尊严和正直。……当然，可能有人担心，儿童有了权利就会制造冲突，他们抱怨所受的待遇；他们提出合法的主张；他们挑战权威。

第二类观点，假定成人因爱、关怀、利他和儿童发生了联系，以致使儿童权利成为多余的了。这是理想的儿童—成人关系：它强调成人只考虑儿童的最大利益。……

第三类观点，人们都把童年看做黄金年代，看做一生中最好的年华。童年是天真无邪的象征。……正像童年时我们躲避掉了成年生活的责任和苦难一样，我们也没有必要去思考权利的事情，一个我们必须假定是为成人保留的概念。但是，由于贫困、疾病、剥削和虐待充满全球，所以，这个神秘的"幸福的、安全的、有保护的、天真无邪的童年"恰是一个明天明白白的错误。[①]

从以上分析可以看出，不需要主张儿童权利的自由理想社会至少现在是不存在的，儿童权利是重要的，同时主张权利对社会环境也是有要求的。即使是法律上对儿童的承认，也包含着不同文化背景的冲突。从生物学角度上，有的地方把十三四岁作为儿童与成人的分界线，认为这

---

① 王雪梅．儿童权利论：一个初步的比较研究．北京：社会科学文献出版社，2005：35.

个年龄的孩子在生理机能上已达到成年；我国古代曾经以身高作为判断是否成年的标志，认为达到一定的高度就具有了成年人的气力。在儿童公约的讨论过程中，对"儿童"定义的争论就突出体现了各种文明之间的冲突。关于童年的起点，出于宗教原因，有些国家的代表认为胎儿是有灵魂的，因此，法律应当禁止堕胎，并对胎儿加以保护，也因此认为童年的起点是从胎儿算起。特别是十九世纪以来，更多的人出于对生命的尊重，认为胎儿也是具有生命的个体，对儿童的保护应该包括保护胎儿，并建议儿童公约应确认儿童从胎儿开始。关于童年的终点，争论的焦点主要在于统一标准和尊重不同文化背景下法律规定之间的冲突。在有的国家或地区，特别是处于热带地区的国家和贫穷国家，因儿童成熟较早或贫困儿童众多，使得这些国家或地区难以负担众多儿童的生活，成年年龄规定偏低，从十三岁到十八岁不等。关于儿童的定义，《儿童权利公约》确认"儿童系指十八岁以下的任何人"。对于儿童、未成年人、少年和青少年称谓的使用及年龄界线的划分，国际和各国均未做统一明确的界定。例如，英国刑法将十四至十八岁间应负刑事责任者称为未成年人。德国少年法院法将十四至十八岁者称少年，将十八至二十一岁者称未成年青年。我国《未成年人保护法》将十八岁以下者均视为未成年人。

无论如何，在儿童权利观念的生成和发展中，关于儿童及儿童权利的国际文件，特别是儿童公约成为人们认识儿童权利的基本依据。《儿童权利公约》规定儿童具有生存权、受保护的权利、发展权和参与权。

《儿童权利公约》的主要内容：

1. 儿童有生存权

（1）儿童生存权的界定

生存权是首要的人权，是人的生命安全和生活保障的权利，是享有其他人权的前提。

生存权，首先是指生活保障权，包括生命权、健康权和其他人身权利。任何人出生后即获得了生命权，享有生命安全不受非法侵害的权力。儿童享有生命安全受特殊保护的权利。生存权其次是指生命保障权，包括获得足够的食物、一定的住所以及其他生活保障等基本条件的权利。

对生命、存活及死亡的认识：

生命除了指活着（有活动、呼吸、说话、视觉）外，还应包括更深一层的意义，即包括个人的欢乐，自己与他人、周围环境的和谐共存；存活除包括儿童固有的生命外，还应包括儿童的生命在某些时刻受恶劣环境（战争、灾难）所威胁而获得的生存；生命的毁灭则意味着死亡。

（2）儿童生存权易受威胁的情况和原因

易受威胁儿童的类型：

婴幼儿：五岁以下的婴儿，易受营养不良或疾病的影响。

流浪儿：无家可归的流浪儿由于无固定住所，不仅其身体健康受到影响，而且其行为也易受他人或社会的不良因素的影响。

孤儿：缺少父母的儿童，由于不能得到家庭的温暖而流浪于社会之中，其易受流浪儿同样的影响。

易受威胁儿童还包括残疾儿童、受虐待儿童、难民儿童。

儿童生存权受威胁的原因：

贫困、饥饿、饥荒、营养不良；

受他人（主要是成年人）的侵犯，包括身体上和精神上的侵害（拐卖儿童案件给儿童造成的身体和精神上的伤害）；

环境污染、各类疾病（儿童的各种疾病和传染病）；

恶劣的工作环境（缺乏安全设施而导致死亡）；

涉及犯罪案件的儿童（少年）。

（3）儿童生存权的法律保护

每个儿童均有固有的生命权。国家应最大限度地确保儿童的存活及发展。（第6条）。

2. 儿童有获得保护的权利

（1）儿童有获得保护权利的含义

儿童有获得保护权利包括儿童免受歧视、剥削和虐待。

儿童免受歧视：每一位儿童不因本人或其父母或法定监护人的种族、肤色、财产、伤残、出生或其他身份而受任何歧视。

国家应采取一切适当措施确保儿童得到保护，不受基于儿童父母、法定监护人或家庭成员的身份、活动、所表达的观点或信仰的歧视或惩罚。（第2条）

儿童免遭剥削和虐待：

国家应采取一切适当的立法、行政、社会和教育措施，保护儿童在受父母、法定监护人或其他任何负责照管儿童的人的照料时，不致受到任何形式的身心摧残、伤害或凌辱，忽视或照料不周，虐待或剥削，包括性侵犯。

（2）危机和紧急状态下的儿童有权获得特别保护

对于儿童或其父母要求进入或离开一缔约国以便与家人团聚的申请，缔约国应以积极的人道主义态度迅速予以办理。缔约国还应确保申请人及其家庭成员不致因提出这类要求而承受不利后果（第10条）

（3）儿童有获得保护的权利的根据

儿童自身的特点需要获得保护：

儿童由于年幼及发展特点，需要特别保护，不论儿童的性别、国籍、文化背景和其他原因，都有权获得保护。任何国家、机构、个人及儿童自身都有责任尊重这些权利。

a. 儿童的生理特点：儿童年幼，身体处在生长发育阶段，需要获得国家、家庭、学校及社会的保护。

b. 儿童的心理特点：年幼儿童心理因素不稳定，需要得到关心、帮助和保护。

c. 儿童的智力特点：儿童年幼，智力正在发育，尚缺乏认识能力和分析能力，需要得到帮助和保护。

儿童的实际处境：

a. 全世界有数以百万计的儿童生活在特别困难的环境之中，包括孤儿、流浪儿、难民或流离失所儿童、战争或灾难的受害儿童、在社会上处于不利地位的儿童、处于受各种形式剥削的儿童、残疾儿童、少年罪犯、种族隔离和外国占领的受害儿童。

b. 有一亿多儿童从事繁重的、危险的、违反国际公约的各种工作。

c. 吸毒对为数众多的青年人构成全球性威胁，也越来越多地威胁到儿童——包括在生命的产前阶段所造成的永久性损害。

d. 过重的学习压力。

对大多数儿童而言，其处境仍然很困难，这种状况需要改善。

由于经济、政治及社会环境等因素的影响，儿童获得保护的权利仍然遭受各种不同形式的侵害，例如：剥削、虐待、战乱、疏忽及遗弃。

"处于严重困境的儿童"：孤儿、雏妓、受性侵害的儿童、犯罪少年，特别需要获得特别保护。

3. 儿童有发展的权利

（1）儿童发展权利的含义

儿童发展的权利包括接受一切形式教育（正规和非正规的教育）的权利，每一个儿童有权享有足以促进其身体、心理、精神、道德与社会发展的生活水平。

（2）儿童受教育的权利

a. 儿童受教育的权利包括：

接受正规教育：指义务小学教育、中学教育（普通和职业教育）和高等教育等正规的学校教育。

接受非正规教育：指儿童通过学校以外的其他条件，如获得有关的信息或参加活动等，而受到有利于其知识、身体、性格等方面的健康发展的教育（第13、17、28、31条）。

b. 教育儿童的目的：

最充分地发展儿童的个性、才智和身心能力；

培养儿童对人权和基本自由以及《联合国宪章》所载各项原则的尊重；

培养对儿童的父母、其自身的文化的认可、语言和价值观、儿童所居国家的民族价值观、其自身的文化的认可、其原籍国以及不同于其本国的文明的尊重；

培养儿童本着各国人民、族裔、民族和宗教群体以及原为土著居民之间的谅解、和平、宽容、男女平等和友好的精神，在自由社会里过有责任的生活；

培养对自然环境的尊重。

（3）儿童有获得适应其身体、心理、精神、道德及社交发展的生活水平的权利。

a. 含义：

每个儿童均有权享有足以促进其心理、生理、精神、道德和社会发展的生活水平。

b. 要求：

儿童的父母或其他负责照顾儿童的人，负有在其经济条件许可范围内，确保儿童发展所需的生活条件的首要责任。

缔约国按照本国条件及能力范围，采取适当措施帮助儿童的父母或其他负责照顾儿童的人，实现上述权利（第27条）。

4. 儿童有参与的权利

（1）儿童参与权利的含义

儿童的参与权利是指儿童获得参与社会生活的权利，儿童的社会性参与不仅是他们的基本权利，也是他们成长与发展的基本需要。

（2）儿童参与权利实现的步骤

参与的阶段：非参与→参与（参与的程度）

非参与阶段：完全受支配（按照成人的意志行动）→被动参与（儿童不明白参与的真正含义）→象征性的参与（儿童很少有选择的权利）。

参与（参与的程度）：成人制定计划，儿童自愿参与→咨询儿童意见及告知儿童意见获得重视→成人出主意与儿童共同决定→儿童出主意和决定，成人帮助→儿童出主意定决定，邀请成人共同决定。

《儿童权利公约》规定了儿童权利保护的基本原则：

1. 儿童最佳利益原则

《儿童权利公约》第 3 条规定："关于儿童的一切行动，不论是由公私社会福利机构、法院、行政当局或立法机构执行，均应以儿童的最大利益为一种首要考虑。""首要考虑"意味着我们处理有关儿童的事务中，首先要考虑儿童的最大利益，任何事情凡是涉及儿童，必须以儿童利益为重。

2. 尊重儿童尊严原则

《儿童权利公约》自始至终贯穿着尊重儿童的精神。对儿童的尊重包括尊重儿童的基本权利和基本自由，以儿童的健康生存和发展为重；还包括对儿童的人格尊严、观点和意见的尊重。对儿童观点和意见的尊重，《儿童权利公约》第 12 条规定："缔约国应确保有主见能力的儿童有权对影响到其本人的一切事项自由发表自己的意见，对儿童的意见应按照其年龄和成熟程度给以适当的看待。""为此目的，儿童特别应有机会在影响到儿童的任何司法和行政诉讼中，以符合国家法律的诉讼规则的方式，直接或通过代表或适当机构陈述意见。"对儿童人格尊严的尊重，《儿童权利公约》第 16 条第 1 款规定："儿童的隐私、家庭、住宅或通信不受任意或非法干涉，其荣誉和名誉不受非法攻击。"这使儿童获得了一种积极维护个人人格尊严的权利保障。

3. 无歧视原则

无歧视是国际人权法中最重要的条款，也是儿童权利保护中十分关键的要素。《儿童权利公约》第 2 条、第 7 条、第 8 条、第 23 条都规定了这样的思想：不管儿童的社会文化背景如何、出生贫富、是男是女、正常或残障，都应得到平等对待，不应受歧视或忽视。

关于《儿童权利公约》，联合国儿童基金会驻华办事处高级官员魏拉曼曾作过如下的解释和评说：

批准《公约》的国家有保护儿童的法律义务，一国签署一国际公约后将在国际被评判。

社会，意即政府，及全体公民都有义务满足儿童的基本需求。

在《公约》面前，所有儿童都是唯一和宝贵的。这就是说每个政府和社会都有义务满足每一个儿童的基本需求。

如果我们关心满足每个儿童的基本需求，那么我们就必须学会关注"杯子里空着的四分之一"。换句话说，我们必须发现在哪些条件下、哪些方面、哪些儿童群体中，他们的基本需求还没有得到满足。我们可以为"杯子里四分之三是满的"而沾沾自喜。诚然，作为人类，对成就感到高兴是正常的，但我们不能因此而感到满足。我们不能躺在过去的成绩上睡大觉。我们必须满足所有儿童的基本需求。我们不能因为任何理由忽视任何一个儿童群体。

也就是说，所有缔约国促进儿童权利方面的进展情况，都将置于国际范围的监督之下，是否取得进展将受到国际社会的监督和评价。①

（三）儿童是权利主体

将儿童视为具有权利的主体的理念是在《儿童权利公约》中才得以确立的。儿童权利从更广泛的意义上说，是人们如何看待儿童和对待儿童的观念问题。儿童是权利主体这一观念有其对儿童更深的认识和理解。.

1. 儿童和成人一样，彼此平等，具有相同的价值

联合国儿童权利委员会副主席汉姆柏格先生在阐述《儿童公约》的基本精神时指出，在传统上儿童总是被人们看做宝贵的东西，但没有被看做权利的主体。政治家、专业工作者和家长虽然关心儿童的幸福，但

---

① 郝卫江. 尊重儿童的权利. 天津：天津教育出版社，1999：26.

出发点是使脆弱的儿童不受伤害。人们没有普遍认识到儿童也是有能力的，他们有自己的观点和想法，应受到尊重，拥有权利。在中华民族的传统中，儿童被认为是宝贵的、重要的，但往往是从"国"或"家"的角度把儿童看做国家发展和家族繁衍的工具，儿童的价值与权利相分离；儿童常被当做弱小的被保护对象，而不是与成人平等的、具有相同权利的独立个体。

权利是人在社会中拥有的生活资格，是他的生命机体和文化角色应有的自主性，也是社会应该赋予他的自由性。人权表明人在社会中是一个活动的主体，具有自主、自由能力，剥夺一个人的自主和自由，这个人就失去了基本权利。人权具有平等性、公正性和尊严性，人权要求社会中的人际关系是平等的，要尊重每个人的人格与价值。儿童是权利主体意味着把儿童看做与成人人格平等、具有相同的社会地位、享有基本人权的积极主动的、人格独立的人，是拥有权利并能行使自己权利的自由主体。儿童是权利主体表明儿童的权利与价值是统一的，要求人们不仅看到儿童对社会的意义，看到儿童弱小而需要成人保护的事实，而且更要看到儿童作为人所具有的生命的尊严与价值，以及在社会中享有的权利和地位。

2. 儿童作为权利主体拥有权利

按照《儿童权利公约》精神，儿童享有的基本权利有生存权、受保护权、发展权和参与权。儿童的权利反映了儿童在社会关系中的地位，是儿童作为主体的一种资格，是被社会意识或社会规范认为是正当的行为自由。法律赋予了儿童这一权利主体以基本的人权：生存权、受保护权、发展权和参与权。这些基本权利是与儿童作为人的本性与尊严相一致的，践踏这种权利就是对人性和人的尊严的践踏；另外，这些权利也不是由其他权利派生出来的，它本身就是儿童权利存在的基础。

有人认为儿童太幼稚，不懂得如何运用权利，甚至可能乱用权利这并不能构成否定儿童权利的理由。从婴幼儿的角度看儿童的能力，容易将机能上的自治不能和缺乏对具体生活内容的选择能力相混淆。把能力作为抑制权利的理由，无论多么善意，都具有潜在的危险性①。

总之，儿童拥有法律赋予的权利意味着儿童权利是人权不可分割的一个组成部分，意味着儿童可以通过法律手段行使自己的权利，保卫自己的权利；意味着儿童与社会的关系成为一种法律的契约关系，社会有责任保护儿童权利的实现。儿童是权利主体这一儿童观要求人们观念的转变，从儿童是法律保护的客体转变为儿童是权利的主体，从只有家长有保护儿童的责任转变为国家和社会都有保护儿童的义务，在教育中，从把儿童"培养成……"转变为"为儿童成为……而服务"。总之，儿童是权利主体要求我们把儿童从被动中解放出来，使儿童成为有主动性、能动性和创造性的人。"有权利就意味着有能力要求尊重，有能力提出要求，并有能力要求对方听取。"②

3. 儿童作为权利主体的特殊性

儿童和成人一样平等地拥有法律保护的权利。但是，儿童毕竟是发展中的人，身心处于发育成熟过程之中，与成人相比，在体力、心理上都处于弱势，这决定了儿童作为权利主体的特殊性。

（1）儿童权利的行使需要社会的教育和保护

儿童是社会发展的未来和基础，尽管儿童群体不直接参与社会生产，儿童仍在社会体系中占有一席之地，并影响社会的发展；儿童作为社会有特殊需要和权益的群体，需要社会在精神上和物质上给予特殊的照顾和法律保护。儿童与社会的关系决定了社会有责任保障儿童权利的实现。

儿童权利的相对义务人是成年人，因此，成年人对儿童权利的实现具有不可推卸的责任和义务。对儿童的保护不仅是家长的责任，更是国家和社会的责任。确立儿童权利的法律保护在司法实践上包含两层意义：一是国家以法律形式，根据儿童身心发展的特点与需要，把社会公众保

---

① 王雪梅. 儿童权利论：一个初步的比较研究. 北京：社会科学文献出版社，2005：39.

② Kate Federle. "Rights Flow Down hill". International Journal of Children's Rights. 1994；M. Freeman. The Moral Status of Children：Essay sonthe Rights of the Child. Martinus Nijhoff Publishers，1997，p. 11.

护儿童权利的愿望和意志集中起来转化为国家的意志，用以调整家庭、学校、社会各方面及公民个人同儿童权利保护之间的关系；二是对儿童权利保护负有责任和义务的组织和个人，必须严格执行关于儿童权利保护的各项法律规定，确保儿童权利法律保护的实现，否则要承担法律责任。关于儿童的法学理论新的观点是，家长是儿童的当然监护人，国家是儿童的更高监护人。儿童权利保护和健康成长不再仅仅是家庭的事，而且也是社会的事、国家的事。

教育是实现儿童权利过程中的基本环节，教育是儿童学习运用权利和保障儿童权利实现的重要途径。受教育是儿童的基本权利，受教育本身也是儿童行使权利、发展权利意识的过程，教育的最终目的是使儿童成为独立的、成熟的、能正确行使自己权利的公民。在教育中保障儿童权利的实现是教育的基本职能之一。过去我们常从狭隘的教育观念出发，认为教育就是传授知识，教师和儿童的关系就是传授者与接受者的关系，儿童仅仅被看做塑造的对象。"儿童是权利主体"要求我们把儿童和教育的关系放在整个社会的大背景下去认识，把教育理解为一个完整的过程，如教科文组织所言："'教育'一词指的是社会生活的整个过程，通过这一过程，个人和社会群体学会在国家和国际社会内，并为了国家和国际社会的利益，自觉地、全面地发展个人能力，培养观念和爱好，拓展知识。这一过程并不局限于任何特定的活动。"[①] 成人和教师不仅是教育者，而且是儿童权益的维护者。仅仅把儿童确认为教育的主体是不够的，必须把儿童看做"权利主体"，这是现代儿童观的内涵，是"人类的新道德"。

（2）儿童作为权利主体拥有权利，但不连带与成人一样的责任和义务

权利与义务的统一是一般的法律原则，但对儿童权利的法律保护主要是成年人的义务和责任。儿童作为一个特殊的群体，他们不仅需要特

---

① ［巴巴多斯］桑德拉·普鲁内拉·马松．儿童在教育中享有的权利：《儿童权利公约》解读．新华文摘，2000（9）．

殊的法律保护，而且他们只能在未来才能履行法律上的义务。"权利和义务的暂时不对等性，是对儿童权利的法律保护的一个显著特点。"① 社会和成人不仅要承认儿童的权利，而且要保证儿童权利的实现。

《儿童权利公约》有效而又恰如其分地将儿童及儿童权利的概念从人们思考的边缘推到了舞台中心。《儿童权利公约》把儿童看做有需求的个人，这种需求会随着儿童的成熟和年龄的增长而变化。《儿童权利公约》力图使儿童权利与父母的义务以及对儿童生存、发育和保护负有责任的其他人的义务保持均衡，并在影响儿童生活的决策上赋予儿童参与权。因此，该公约已超越了现有的各种公约。② 《儿童权利公约》也使儿童是权利主体这一儿童观更具有现实性。

（四） 儿童权利的保护及反思

在制度上承认儿童的权利是儿童权利观念的进步，表达了人们的渴望与向往。真正在社会实践中保护儿童权利的实现，才是儿童权利的目标。"一个处于童年期的儿童被认可具有一定的道德地位，在这种地位中他的权利受到了认真的对待，这就是一个好的童年。……童年是一种社会的建构。"③ 当今的世界，儿童还没有在享受"好的童年"。二〇〇二年五月，联合国大会在纽约召开了儿童问题特别会议，这是联合国大会有史以来第一次专门讨论世界儿童和青少年问题的会议。七十多个国家的元首或政府领导人以及一些非政府组织代表、热心儿童事业者、青少年自己的代表出席了会议。联合国秘书长安南在报告中指出："当前在世界范围内没有任何一个问题比全球儿童的未来更紧迫，更有代表性。"根据安南的报告《我们孩子》（We the children），全世界每年出生婴儿1.32 亿。而在全世界的孩子中，因得不到预防服务而夭折的儿童，每年

---

① 郝卫江. 尊重儿童的权利. 天津：天津教育出版社，1999：39.

② ［巴巴多斯］桑德拉·普鲁内拉·马松. 儿童在教育中享有的权利：《儿童权利公约》解读. 新华文摘，2000（9）.

③ M. Freeman. The Moral Status of Children: Essays on the Rights of the Child. Martinus Nijhoff Publishers, 1997, p. 7.

有 1100 万；得不到免疫注射的儿童占 26%；5 岁以下的幼儿死亡率超过 8%；1/4 的孩子生活在绝对贫困之中，1.5 亿孩子营养不良；19% 的儿童得不到清洁饮水供应；40% 的婴儿出生后不被登记入册；1.2 亿儿童不能上学，其中 60% 是女孩。

中华民族素有"携幼"、"爱幼"的传统美德，古语"幼吾幼以及人之幼"流传至今，国家一直重视儿童的生存、保护和发展问题。但是，与《儿童权利公约》所确立的儿童保护的国际标准相比，我国对儿童权利保护的水平还很低，从国家、社会到家庭，从政治、经济到文化、政策都还缺乏一套儿童权利保护的运作机制，很多保护儿童的措施没有落实。儿童权利观念还没有注入每个中国人的心田，儿童权益保护还没有成为我们时代的精神风貌。

有一项调查，对象是北京地区中小学生，其中一个题目是你认为什么是"儿童"。调查结果是：十一至十二岁的小学生普遍回答：不够 1.2 米，要大人管，爱看动画片，单纯、无自主能力的人是儿童；十三至十四岁的初中生普遍认为：很自由、天真活泼、淘气的人，生活经验少，分辨是非能力差，接受东西快的人是儿童；十七至十八岁的高中生认为，基本不具备独立思考能力，生活基本不能自理，对他人有依赖性，年龄小，认知能力低，知识面窄的人是儿童。调查中，调查者发现一个有趣的现象是，三个年龄段的孩子绝大多数都不承认自己是儿童，高中生没有一个人认为不满十八岁的是儿童，初中生大多将儿童年龄定在十四岁左右，小学生把儿童年龄限定在十岁，甚至是四岁之前。[①] 为什么儿童不愿意承认自己是儿童？这个问题值得我们思考。

儿童不愿意承认自己是儿童的原因很多，其中有心理发展的原因，儿童期处于成长发育阶段，不仅生理不断发展，而且心理发展迅速，儿童渴望成为像成人那样独立的人、自主的人，渴望参与社会生活，渴望自己成为社会中有地位、有权利的一员。儿童不愿意承认自己是儿童也与成人的"儿童"观念有关，也与成儿童在社会中的地位与现状有

---

① 郝卫江．尊重儿童的权利．天津：天津教育出版社，1999：10.

联系。

在今天的社会中，儿童是庞大的消费群体。随着人民生活水平的不断提高，每个家庭在孩子身上的投入越来越大。儿童消费成为一个巨大的市场。据《中国经营报》报道，为了解城市儿童消费状况，北京美兰德信息公司于二〇〇一年六一儿童节前夕进行了儿童消费市场的调研。调查涉及北京、上海、广州、成都、西安五大消费先导城市，调查以街头拦截式访问方式进行，调查对象为零至十二岁儿童的家长。调查结果显示，城市儿童人均月消费近 900 元，五市儿童月消费总额约 40 亿元。五市平均每户家庭的儿童月消费高达 897 元。其中广州儿童月平均消费最高，达 1101 元；其次为北京，平均每月为 1009 元；上海居第三位，为 972 元；成都和西安儿童消费水平稍低，平均为 701 元和 462 元。儿童消费最高的广州市与儿童消费最低的西安市相比，高出 1.4 倍。调查显示，五大城市儿童消费市场的消费十分可观。据统计，五市有零至十二岁儿童约 441 万人，按平均每人每月 897 元计算，月消费总额近 40 亿元。其中上海的市场最大，超过 16 亿元；北京和广州分别为 9.6 亿和 7.0 亿元；成都居第四位，为 3.6 亿元；西安的儿童消费市场相对较小，为 2.8 亿元。五市儿童全年消费超过 475 亿元。

调查显示，虽然食品与服装消费仍是城市儿童消费的主要部分，但教育支出已占到相当比例，成为儿童消费的新热点。保证基本生活需要的"食品"和"服装"支出占六成四，其中食品占总支出的 58.0%，服装占支出的 6.1%，两项合计占儿童消费总支出的 64.1%，年消费金额超过 280 亿元。调查显示，在基本生存消费之外，教育支出成为城市儿童消费的最大部分。本次调查五市儿童"教育"支出占据了儿童消费的五分之一强，达到 21.4%，全年消费额已超过 94 亿元。另外，儿童消费中用于"娱乐"、"医疗"和"零用钱"的支出分别为 6.8%、4.3% 和 3.4%，分列三至五位，三项合计全年消费金额也超过 60 亿元。儿童人均年零用钱近 250 元，年零用钱总额超过 10 亿元。五城市儿童的"零用钱"每人一年平均 245 元，收入低的城市，家长给孩子的零用钱反而更高。西安的儿童最"富有"，年"零用钱"高达 349 元；其次为成都，平均为 324 元；广州和北京分别为 254 和 218 元；上海的家长给孩子的"零用钱"最少，为 195 元。五大城市儿童"零用钱"总额相当可观。据统计，五市有零至十二岁儿童 441 万人，按平均每人每年 245 元计算，全年零用钱总额超过 10 亿元。其中上海的总额最大，高达 3.3 亿元；北京和西安均为 2.1 亿元；成都和广州分别为 1.7 亿元和 1.6 亿元。

我国的儿童是一个庞大的群体，最新人口统计结果表明，我国零至十四岁的人口占总人口的 22.89%。儿童群体也是商家看好的大市场，他们以各种形式诱导这一群体的消费，不惜为了钱财而侵害儿童利益。有一段时间，在中小学生中兴起了"集卡热"，生产方便面的商家为了促销，在每一袋方便面中都放有儿童喜欢的梁山好汉图画卡、球星卡或卡通人物卡，把一套卡集全后可有奖励。儿童为了收集到足够的卡，午餐就吃方便面，甚至为了得到卡，有的儿童把卡取出来后，把方便面随手仍掉。商家利用儿童的好奇、求刺激和想在同伴中受尊重的心理，不仅使儿童不能有平衡的饮食，而且非常容易使儿童养成浪费的习惯。

目前市场上的儿童用品，争奇斗艳，琳琅满目，对孩子充满诱惑力。再加上家长对孩子的溺爱，很多家长对子女百依百顺，无限制地满足孩子的要求，从不拒绝。在少年时受过苦的父母，更觉得现在条件好了，"不要让孩子受自己过去受过的苦"，因此物质上尽量满足子女。但是，在巨大的儿童消费市场上，对儿童权益考虑多少呢？儿童是消费群体中的弱者，他们对食品安全的辨别和自我防范能力差，最容易受到伤害。

在六一儿童节即将到来之际，省消费者权益保护委员会对全省市场进行了调查，发现儿童消费存在许多不安全隐患。

1. 用有毒、有害、变质或劣质原料制作的少儿食品、饮料、玩具、日用品等。

2. 二次污染的少儿食品，如卡片、玩具与食品混合包装的零食，用不洁包装盛装的食品等。

3. 添加了不利于身体正常发育的化学制剂或药物成分的保健品和食品。如添加了激素、兴奋剂等成分的保健品及添加了过量防腐剂、色素等成分的食品。

4. 产品设计有安全隐患的食品，如灼伤喉咙的饮料，噎死婴儿的果冻。

5. 设计不安全的玩具物品，如易脱落配件的玩具、具攻击力的仿真枪等。

6. 购物、娱乐场所和其他消费场所提供的不安全服务或设施，如游乐场提供的不安全游乐项目或设施，商场、酒店告示消费场所存在安全隐患的各式电梯电力设备、易滑地板等。

7. 不合格装修材料导致的生活环境污染，如劣质油漆、涂料等装修材料使儿童居室内聚集大量含甲醛、苯、氨等有毒有害且不易散发的气体。

8. 不安全的网络消费，如被不法分子利用的网上交友、传销等；

9. 内容不符合公民道德规范和健康要求的商品，如宣扬色情、恐怖、暴力、迷信、赌博等不健康内容的玩具、饰品、电子游戏、书籍等。

儿童食品存在危害。

昨日，国家轻工业食品监督所杜红琳工程师告诉记者，目前儿童食品存在诸多危害：

用低于国家标准甚至是毫无营养成分的食品冒充标准产品；过量使用化学合成物质，增加儿童食品中不应有的化学物质种类和数量；儿童食品中农药残留量过高；儿童食品中添加剂含量超标；产品设计存在安全隐患，造成儿童口腔伤害甚至窒息死亡；一些食品尤其是腌制、腊制、油炸食品含有亚硝胺等致癌物质；产品细菌超标，卫生指标不合格；食品袋里装入粗糙劣制玩具，污染食品，挥发出有害物质；食品外包装标准含混，说明不规范等。

儿童服装甲醛超标。

四川大学华西公共卫生学院陈希宁教授认为，婴儿类服装甲醛含量超标危害极大，由于婴幼儿的皮肤天生娇嫩，对甲醛等化学物质几乎没有抵抗力，当孩子衣服中的甲醛慢慢释放出来后，孩子最容易产生的症状是疲倦、流泪、失眠、头痛、咳嗽等，长期接触会引起皮疹甚至是其他病变，这对婴幼儿的身体健康和生长发育会产生严重影响。①

　　生存环境的健康和安全是儿童生存权利实现的重要保障。但是，在如今市场经济的社会中，为了赚钱而牺牲儿童利益，儿童成为受害者的例子很多。

　　　按照国务院要求，监察部近期派出调查组，在安徽省监察厅和有关部门的配合下，对阜阳劣质婴儿奶粉事件有关监管者的责任问题进行了调查。

　　　经查，二〇〇四年四月前，大量营养素含量全面低下的劣质婴儿奶粉通过郑州、合肥、蚌埠和阜阳批发市场流入阜阳农村销售点。劣质奶粉导致婴幼儿生长停滞，免疫力下降，进而并发多种疾病甚至死亡。阜阳市发生了189例婴儿患轻中度营养不良、12例婴儿死亡的恶性事件，造成恶劣影响。

　　　造成阜阳市婴儿劣质奶粉事件的原因是多方面的。自二〇〇三年五月阜阳市出现第一例关于劣质奶粉造成婴儿营养不良的投诉后，市工商、卫生等部门对劣质奶粉进行过清查，也向消费者发布过警示，公布了劣质奶粉"黑名单"。二〇〇四年一月，市政府也召集有关部门部署过对奶粉市场的专项整治，工作取得过一些成效。但总体上阜阳市政府和工商、卫生等部门存在着对劣质奶粉充斥市场及婴儿受害问题情况不明、重视不够、清查不彻底、督查不到位、执法不严等问题，一直未能有效遏制劣质奶粉充斥市场的状况。

---

①　徐虹.儿童消费警示录.四川日报，2004-05-27.

　　阜阳市政府对劣质婴儿奶粉事件负有严重失察、督查不到位的责任；阜阳市工商局作为流通领域的执法主体，对劣质婴儿奶粉事件负有严重失职的责任；阜阳市卫生局作为《食品卫生法》的执法主体，对劣质婴儿奶粉事件负有严重失察、食品安全监管工作不到位的责任。……①

　　从这个血的例子中，我们能看到儿童权益在受到践踏。儿童作为幼小生命的生存权都没有保障，更何谈儿童的发展权？

　　除了儿童消费市场的隐患，如今儿童成长与玩的权利也处于尴尬境地。过重的学习负担使儿童失去了玩的权利，造成儿童诸多生理和心理问题。

一个五岁孩子的作息时间表②

　　三月底的一天晚上9时，河北省石家庄市一条大街上，《燕赵都市报》记者赵书华看到一辆自行车从大街上急驰而过，车上还载着一个孩子。忽然，"咚"的一声，孩子从急驰的自行车上掉下来，摔得不轻。赵书华忙上前去帮忙，原来，孩子在自行车上睡着了。孩子的父亲也急忙下车把孩子扶起，对赵书华说："孩子太累了，昨天晚上上了一个班（社会上举办的少儿知识技能类学习班——记者注），今天晚上又上了一个班。"

　　赵书华于是与这位家长共同探讨起孩子学前教育的话题。这位父亲说，现在广播、电视、报纸天天在讲孩子早期教育如何如何重要，有的家长从娘胎里就开始"开发"孩子了。自家孩子虽然才上幼儿园，但邻居家的孩子都在上这班、那班，咱的孩子不上又怎么与别的孩子竞争呢？说着，他从身上拿出一份孩子的作息时间表递给赵书华。下边就是这个五岁娃娃的作息时间表：

---

① 夏长勇．监察部严肃查处阜阳奶粉事件有关责任人．人民日报，2004-06-10.
② 杨占苍．一个五岁孩子的作息时间表．中国教育报，2002-04-01.

星期一：早 7 时起床，8 时上幼儿园；15 时至 17 时，学识字；18 时回家吃饭；19 时去少年宫上画画班；21 时写识字作业 1 小时；22 时洗漱、睡觉。

星期二：早 8 时上幼儿园；15 时学外语；18 时回家吃饭，看书 1 小时；20 时学拼音 1 小时；21 时看电视；22 时睡觉。

星期三：下午 15 时至 17 时学美术；晚上去少年宫学围棋；回来，学英语 1 小时；22 时上床睡觉。

……

周六上午：学珠脑心算。

周日下午：学小提琴。

"唉，没办法。现在社会竞争这么激烈，不从小抓紧点，以后上不了名牌大学，找不到好工作，就影响了孩子的一生。"孩子的父亲道出了许多家长的忧虑和无奈。

今天的儿童确实是"忙碌的儿童""被催促成长的儿童"。今天的孩子确实比上几代人在物质上拥有更多，他们确实得到了社会、家庭几代人的关注与厚爱。但是，今天的孩子在感受无限关爱的同时，也承受着太大的压力。有调查显示城镇居民中，有 95.5% 的家长希望自己的子女上大学，其中 42.8% 的家长希望子女读到博士。家长的高期望使无数的孩子感受不到童年的幸福和快乐。一个四岁小孩在幼儿园的绘画中，表达自己最希望发生的事情是自己家的钢琴被偷走了，这样他就不需要再练钢琴了。现在太多的孩子在最喜欢游戏的年龄被逼迫去学习对儿童没有意义的文字和字母，太多的孩子在周末与父母一起奔波于各种兴趣班之间。甚至有的幼儿园为了满足家长的需要，周六照常开园，教孩子各种知识；有的家长，除了幼儿园里让孩子学习的英语、汉字和数学之外，还要自己给孩子出数学运算练习题，要求老师帮助孩子完成。难怪孩子无奈地唱道："书包最重的人是我，作业最多的人是我，起得最早、睡得最晚的人，是我是我还是我。"

今天的儿童深感来自家庭和社会的压力，他们不能做、也没有时间做自己喜欢的事情。一九九九年"中国少年儿童发展状况调查"中，关于儿童一天中自主安排时间方面，8.3%的孩子没有自己能支配的时间；自己能支配时间只有1分钟–30分钟的占2.3%；有31分钟–60分钟的占21.6%；有61分钟–120分钟的占26.2%；有121分钟–180分钟的占3.2%；只有8.4%的孩子自主支配的时间在180分钟以上。① 可见儿童根本没有足够的休闲和娱乐时间，即使在闲暇时间，儿童用在做作业的时间最多。许多父母把自己未实现的年轻时的愿望寄托在孩子身上，而没有考虑儿童的兴趣、爱好和能力，成人过高的期望使儿童感觉自己永远是个失败者，永远处于达不到父母要求的压力之下。这致使儿童想逃避现实，期望尽快走出"不幸的童年"。在如此大的压力和不自由的状况下，难怪儿童不愿意是儿童。

在家庭中，体罚儿童的现象仍然存在。有调查表明，尽管调查中显示只有3.33%的成人表示赞同打子女，但实际情况远非如此。尽管仅有14.29%的家长承认，"因为孩子学习成绩总没有进步或调皮，经常打孩子"，但事实上，却有25%的中小学生反映"因为学习进步不大，经常受家长打骂"。还有不少家长认为体罚孩子是"严格要求"，打孩子是让孩子成材的必要手段。② 在学校中，儿童也时刻面临被罚的可能，"杭州一重点小学五年级某班，几位学生因纪律不好而被教师罚抄课文《海上日出》10遍，几位男生高叫'太多'，教师当即加码：罚11遍！……某小学五年级一次听写，几个学生共错18个字，全班同学一律被罚抄30遍，据说这样会起到共同监督的作用"③。因为写错一个生字可能被老师罚写200遍，成绩没达到家长要求的分数，一定挨打，所以竟有的学生求购"挨打不痛药"。孩子有很多恐惧，怕被"请家长"，怕考试分数低而被当"差生"看待，怕被同学打小报告受罚。在如此心境下，谁不盼

---

① 全国少工委办公室. 新发现：当代中国少年儿童报告. 北京：中国少年儿童出版社，2000：210.

② 全国少工委办公室. 新发现：当代中国少年儿童报告. 北京：中国少年儿童出版社，2000：258.

③ 杨东平. 教育：我们有话要说. 北京：中国社会科学出版社，1999：17.

望快点长大呢?

媒体的广告也不负责任地误导儿童。电视中有这样的画面,某个同学在黑板上做数学题的速度明显比另一个儿童速度快且准确,没有做出数学题的儿童满脸困惑,为什么?原来是那个儿童吃了某种营养品。显然,这种宣传是对儿童极其错误的误导。还有的广告中,一群儿童高兴地喝着某种饮料,而只有一个衣服破旧的小孩眼看着他们远去。各种广告产品的诱惑使儿童永远有更高的生活需求,和广告中的生活比起来,儿童总是感觉生活中缺少了什么东西,总是感觉不幸福,他们从小就立下志愿,长大挣大钱。

媒体宣传时常误导儿童甚至侵犯儿童的权利,如舍身救人,"背起爸爸上学"的宣传,引导儿童承担本应由国家、社会和成人承担的责任。有报纸在六一节之前,在幼儿园进行了记者装扮陌生人把孩子带出幼儿园的测验。报道如下:

> 二十五日,在市西郊路的一家幼儿园。记者说了一句:"叔叔给大家照相。"8个小朋友中,立刻有6个要跟着,随意挑选了2个,被选中的很是高兴,而被淘汰的则显得有些失落,但还不甘心,就偷偷地跟在后面一起出了幼儿园……
>
> 以上,就是本报进行的第二次防拐演习中所出现的一个镜头。在当天的"诱拐"行动中,随意挑选的15个小朋友,有12个小朋友上了当,上当率达80%。欣慰的是还有3个小朋友不为所动。

> 目标一:爸爸是警察的冬冬
> 谨慎的孩子输给一块雪糕
> 一进小班,孩子们就特开心地看着记者,因为事先有教师指点,进教室就准确找到了三岁半的男孩冬冬。
> "你就是冬冬吧?"记者一问,平时很活跃的他,一下子腼腆了起来,低头摆弄着小课本,小脸有点红。"我们是你爸爸的

同事，从你们幼儿园路过，过来看看你。"记者进一步骗取信任。但是冬冬还是不大答理。

"你爸爸不是警察吗？我们都是一起工作的。你妈妈叫×××。"这回孩子有点相信了，抬起了头看着记者说："我爸爸上班呢。"

"对啊，我们都在一起工作，你爸爸让我们来看看你，你要吃啥，咱就去买点啥。"小家伙不断地摆弄着手里的小课本。"我不去。"看来要迈出这个门，还不是一件容易的事。

"你想吃啥？要不，阿姨给你买雪糕，买那种能在舌尖绕着玩儿的雪糕。"听说许多小朋友都喜欢吃那种能在舌尖绕着玩儿的雪糕，这可是记者事先打听到的"秘密武器"。冬冬一听，立即来了精神，"我妈妈不给我买"。然后就特渴望地望着记者，"那咱们现在就去买，走吧"。小家伙笑了，站了起来，拽着记者的手就往外走。

目标二：三岁半女孩贺贺
女孩轻易就被"照相机"领走
贺贺是个小女孩，和冬冬同岁。但是"行骗"之前，记者忘了问园长谁是贺贺，有点犯愁。就在记者担心找不到她的时候，小女孩却自报家门："我是贺贺。"呵呵，正愁找不到你呢！

贺贺比较安静，问吃什么，什么也不吃，说是父母的同事也不理，总之就是雷打不动的翻自己的小课本。摄影记者就给贺贺拍了张照片，"来，看看我们的小美女漂亮不。"就把相机递过去，让孩子们看贺贺的照片，其他的孩子一下子就活跃了起来，并且争抢着要照。

贺贺一看大伙热情这么高涨，也说："我也要照。"摄影记者趁热打铁来了句："好啊，走，咱们到外面去，然后叔叔给你买好吃的。"小贺贺开心地蹦跳着，就往外跑。

出了幼儿园的第一道门，贺贺和冬冬兴奋得跳了起来，记者一手领一个，走了一半，实在不忍心了，"如果我是坏人，你们不害怕吗？"两个孩子有点吃惊地看着记者说："阿姨，你不像坏人。"问冬冬："爸爸平时有没有告诉你不要和陌生人走？"小家伙天真地看着记者，"没有讲过。"

……

家长、园长直呼没想到。

"不会吧，我平时就教她不要跟陌生人说话，不要吃陌生人给的东西，而且孩子也记牢了。"当记者告诉小丽的母亲，她的女儿曾被"骗子"成功带走时，她一脸的惊讶。其他孩子的家长听完记者的讲述之后也直说没想到。

侯园长看着"骗子"成功带走孩子后，担心地说了句："那可都是我们幼儿园里最精明的孩子，平时把这些安全规则也都记住了。没测试之前，我还信心满怀的呢，现在……这样的结果真是没想到。"

事实表明，真正遇到"险情"时，孩子们的防范意识还是很难让人放心。正常情况下这种情况不会发生在幼儿园里。有门卫和教师层层把头，即便真有陌生人来接孩子，老师也会主动上前询问。但在日常外出游玩时，一旦孩子离开家长视线，危险很可能就在身边。

这样的报道吸引了众多人的眼球，也让幼儿园和家长更关注儿童安全问题。但是，这样做测验，对年幼的儿童公平吗？大多数四五岁的儿童都被糖果、玩具所诱惑，跟随陌生人走出幼儿园。要求辨别能力很差的幼小儿童去分辨好人和坏人，这样的要求合适吗？要求年幼儿童在遇到"险情"时有防范意识，这是对儿童不切实际的过高要求，超越了儿童的能力范围，何况，记者还是已经走进了幼儿园去"欺骗"儿童。关于儿童安全问题，我们首先应该想到的是社会和成人应该承担的责任，幼儿园要加强防范措施，不能让陌生人随意走进幼儿园，确保儿童的安全，然后才是呼吁对儿童进行安全教育。尊重儿童的权利，包括尊重儿童受保护的权利。

在儿童权利成为社会文明进步的重要标志的现代社会，侵犯儿童权利的现象仍然如此普遍地存在。我们不禁要反思，尊老爱幼是中华民族的历史传统，流传至今，为什么在过去几千年的历史中，儿童权利概念没有破土而出呢？除了政治、经济因素之外，文化的、道德的价值观也是遏制儿童权利观念生长的重要因素。

我国古代就有重视儿童的思想。《易经》中的"蒙以养正"，孟子在《礼运大同篇》提出的"幼有所长"，"幼吾幼以及人之幼"，《周礼》中的"慈幼"的主张，这些都表达了中国传统上原始人道主义对儿童特别的爱护和关怀，同时也蕴含着中国传统文化中把儿童视为国家和家族事业的延续这一儿童观。我国古代的"慈幼"思想不仅是出于父母对孩子的天然感情，更多地是从社会角度出发，把它作为富国强兵的政治手段，作为维系封建伦理关系的政治伦理。"慈幼"还多与"养老"联系在一起，《周易》记载的大司徒保息万民的六项措施中，第一条是"慈幼"，第二条是"养老"。春秋时齐桓公在葵丘与各国诸侯所写的盟约中也有"敬老慈幼"一条。老人的生活经验需要传递，幼小的儿童需要学习生活经验，这两方面都关系到社会的未来，同时"慈幼"和"养老"又是相互尽义务的对象，基于这种理解，两者的关系成为重要的社会规范：一方面提倡"慈幼"，另一方面提出儿童要尽孝道。

我国古代的"慈幼"思想带有浓厚的政治色彩，儿童受到重视，但更多的是把儿童当做工具，并没有给儿童应有的地位和权利。儿童不是独立的人，儿童永远是需要服从成人的，是为了光耀门庭、养老送终而存在。中国传统儒学重"礼"，"礼"就是伦理纲常、道德规范，在"君"、"臣"、"父"、"子"的封建伦理关系之中，儿童在家里根本没有任何参与家庭事物和发表意见的权利。人们往往认为儿童是"幼稚的"、"不懂事的"，不能乱说乱动，永远处于成人的保护之下的"小孩"。教育领域中的师生关系也是父子关系的扩展，师生之间是不平等的，"师道尊严"。

中国封建家长制的形成深受儒家尊卑长幼伦理观的影响，父权至上的价值观一直占据主流，对儿童的关爱始终仅仅是从德和仁的角度出发的。尽管中国素有爱护儿童的良好传统，但是，这种爱护多是出于"爱护弱小"和"扶贫济弱"传统道德观念，这样受到保护的儿童只能依附于成人，他们的价值主要在于承载成人对于家庭和社会的期望。

"长大成人"自古以来被念得如顺口溜一样，孩子出生时的祝福是"快快长大成人"，孩子淘气时家长的叹息是"什么时候才能长大成人啊"。仔细分析这四个字，意思是"长大后才能成为一个人，或者说长大后才能成为一个真正的人"。从假设的角度看，长大成人意味着"如果要成为一个人，必须长大才行；或者说要成为一个真正的人，必须要等到长大"。所以，"长大成人"从逻辑上可推导出"孩子不是人"。千百年来，我们不就是如此对待孩子吗？家长把孩子看做自己身上掉下来的"一块肉"，是自己的"掌上明珠"、"心肝宝贝"、"小棉袄"。其实，这些比喻都隐含着"孩子不过是孩子"，孩子还不是拥有独立人格的人。

当家长把孩子看做自己身上掉下来的"一块肉"，而孩子这个"宝贝疙瘩"又不可能具有和成人一样的独立人格时候，很自然会导致家长对孩子人格的种种偏见，甚至是错误的见解和认识。首先，人格不平等。家长不承认孩子拥有与自己平等的人格，即使孩子拥有人格，其人格的等级、地位或状态与大人存在差异；其次，人格不独立。孩子的人格是家长人格的附属部分，家长的人格可以代替孩子的人格；第三，人格不完整。即使承认孩子有人格，也认为孩子的人格与他们的身心发展年龄特点一样，处于不断发育、成长之中，是不完整的，不健全的。

既然人身附属于家长，人格依附于家长，那么，孩子在家长眼里，永远是缺乏能力的，不可能自我主导、自我决定和自我负责，家长的意志取代了孩子的意志，孩子成为家长意志的执行者。同时，重大事情都由家长包办，从幼儿园时期的生活起居，穿脱衣服，到青少年时期的学业、选大学和选专业，甚至到青年时期的就业、婚姻等，都由家长作出种种安排，提出规划，以至达到包办代替。在成人的眼中儿童必须依附大人，需要被雕琢，他们的自我意识和独立人格完全常常被忽视，更谈不上作为独立主体而应享有相应的权益了。为人父母的家长滥用其家长权利，可以随意侵犯孩子的私域，并且并不认为这是对孩子的侵犯和伤害，反而认为是对孩子负责，是关心、爱护孩子的表现。所谓家长制就是在这种极端家长化的一系列认识、观念、理论基础上形成的，由家长主宰家庭一切的惯例①。

应该说，我国虽然有比较健全的法律体系，但公民权利本位的法律理解还没有确立，还缺乏个人权利本位的概念。由于缺乏与法律体系相适应的公众法律意识和权利意识作为社会心理基础，所以在如今社会中，往往是有法不依。公众法律意识的淡薄使儿童权利屡遭侵犯。

把儿童看做实现家族利益、延续个人事业生命的接班人，并期望儿童通过为社会、国家建功立业而实现这种延续的传统思想，仍然影响着今天人们对儿童的认识和态度。许多父母把孩子看做自己的私有财产，是"未来投资"，为孩子苦心设计将来，对孩子寄予过高的期望；为了未来的"出人头地"，不惜牺牲儿童今天的快乐；为了分数，不惜放弃儿童的一切个人爱好和兴趣。如果孩子没能达到家长的要求，就会受到打骂、嘲讽，这样酿成的悲剧在全国已经发生了多起。

我国儿童权益的维护与保障形势不容乐观，随着社会转型、文化冲突、价值多元，儿童合法权益保护越来越成为社会问题。除了对儿童的歧视和虐待，在离婚、再婚家庭中对儿童的抚养和教育问题、贫困家庭中孩子的上学问题、留守家庭孩子的教育问题、未成年人犯罪率上升问题、社会中各种不良文化侵蚀儿童的心灵问题等等，都使得保护儿童的身心健康成为是社会迫切需要解决的问题，在我国保障儿童权利的路还很长。

人权的性质和范围受社会的经济结构以及相应的文化发展的制约，归根结底决定于人们的物质生活条件。对儿童的价值与权利的认识反映了一个时代或一定文化对儿童以及儿童与社会关系的认识水平。儿童权利的实现依赖于全社会对"儿童是权利主体"这一观念的基本认同和深

---

① 曾波，胡新范. 人就是人. 北京：中国社会出版社，2005：118.

刻理解。也许，当儿童真正成为社会的"第一位"（Number One）时，当运用法律手段保护儿童权利成为社会的现实时，儿童最愿意成为儿童！

人是文化的存在，是"有思想的芦苇"，是超越性存在。人的超越不只是满足物质生活的需要，它是一种更好的、新的生命存在的可能性的追求。如同普列斯纳（H·Plessner）所言，人永远意欲着和期盼着，思考着和想象着，感觉着和信仰着，为自己的生命担忧着。在这些活动中，他不断认识自身的完善性与达到它的可能性之间的距离。我们在对儿童的理解中超越着自身，完善着自身。相信随着社会的发展，儿童作为权利主体的内涵将不断丰富。

西塞罗在《论老年》中指出："生命的途径是固定的，自然只安排一个途径，每人只能跑一回，生活中每一个阶段自有其适宜的特质：童年的幼稚、青年的勇迈、中年的稳定、老年的成熟——这都是自然的顺序，应该按照适宜的时候去令人享受。"保障儿童度过快乐的童年时光的权利，可能是我们给儿童最好的礼物！

主要参考文献

著作部分：

1. 马克思恩格斯选集：第 1 卷．北京：人民出版社，1965.
2. 马克思恩格斯选集：第 2 卷．北京：人民出版社，1965.
3. 马克思恩格斯选集：第 3 卷．北京：人民出版社，1965.
4. 马克思恩格斯全集：第 4 卷．北京：人民出版社，1972.
5. 马克思恩格斯全集：第 42 卷．北京：人民出版社，1972.
6. ［德］黑格尔．哲学史讲演录第三卷．贺麟译．北京：商务印书馆，1981.
7. 高清海等．人的"类生命"与"类哲学"．长春：吉林人民出版社，1998.
8. 高清海．人就是"人"．沈阳：辽宁人民出版社，2001.
9. 高清海．找出失落的哲学自我：哲学创新的生命本性．北京：北京师范大学出版社，2004.
10. ［德］蓝德曼．哲学人类学．彭富春译．北京：工人出版社，1988.
11. 韩民青．当代哲学人类学．南宁：广西人民出版社，1998.
12. 夏甄陶．人是什么．北京：商务印书馆，2000.
13. ［德］恩思特·卡西尔．人论．甘阳译．上海：上海译文出版社，1997.
14. ［俄］尼·彼·杜比宁．人究竟是什么．李雅卿，海石译．北京：东方出版社，2000.
15. 潘知常．诗与思的对话．上海：三联书店，1997.
16. 阿正．对话：文化嬗变与中国命运．北京：西苑出版社，2002.
17. 曾波，胡新范．人就是人．北京：中国社会出版社，2005.
18. 滕守尧．文化的边缘．北京：作家出版社，1997.
19. 欧阳谦．人的主体性和人的解放．济南：山东文艺出版社，1986.
20. 杨春时．生存与超越．桂林：广西师范大学出版社，1998.
21. 杨适．中西人论的冲突：文化比较的一种新探索．北京：中国人民大学出版社，1991.
22. 隽鸿飞．发展：人之生存方式的变迁．北京：社会科学文献出版社，2004.
23. 张适耿．世界与人．济南：山东人民出版社，1996.

24. 韩震．生成的存在．北京：北京师范大学出版社，1996.

25. 杨敬年．人性谈．天津：南开大学出版社，1998.

26. 王一川．意义的瞬间生成．济南：山东文艺出版社，1988.

27. ［美］乔治．H. 米德．心灵、自我与社会．赵月瑟译．上海：上海译文出版社，1992.

28. ［法］阿尔贝特·史怀泽．敬畏生命．陈泽环译．上海：上海社会科学院出版社，1996.

29. 尹星风．理性的创造与超越：人类认识之谜．北京：人民出版社，1995.

30. 蔡拓．可持续发展：新的文明观．太原：山西教育出版社，1999.

31. 陈中立，杨楹，林振义，倪健民．思维方式与社会发展．北京：社会科学文献出版社，2001.

32. 俞宜孟．本体论研究．上海：上海人民出版社，1995.

33. 易中天．艺术人类学．上海：上海文艺出版社，2001.

34. ［美］弗朗兹·博厄斯．人类学与现代生活．刘莎等译．北京：华夏出版社，1999.

35. 叶振文．孩子需求论．上海：复旦大学出版社，1998.

36. 齐振海．未竟的浪潮．北京：北京师范大学出版社，1996.

37. 李景林．教养的本原．沈阳：辽宁人民出版社，1998.

38. 魏金声．现代西方人学思潮的震荡．北京：中国人民大学出版社，1997.

39. 秦光涛．意义世界．长春：吉林教育出版社，1998.

40. 余潇枫．哲学人格．长春：吉林教育出版社，1998.

41. ［德］卡尔·雅斯贝尔斯．智慧之路．柯锦华，范进译．北京：中国国际广播出版社，1981.

42. ［美］弗洛姆．健全的社会．欧阳谦译．北京：中国文联出版公司，1988.

43. ［美］弗洛姆．为自己的人．孙依依译．北京：三联书店，1988.

44. ［美］弗洛姆．说爱．王建朗，胡晓春译．合肥：安徽人民出版社，1987.

45. 伍蠡甫．西方论文选．上海：上海译文出版社，1979.

46. ［美］斯蒂芬·古尔德．熊猫的拇指：自然进化史沉思录．田洺译．北京：三联书店，1999.

47. ［美］E. 希尔斯．论传统．傅铿，吕乐译．上海：上海人民出版社，1991.

48. 邴正．当代人与文化：人类自我意识与文化批判．长春：吉林教育出版社，1998.

49. 王治河．扑朔迷离的游戏：后现代哲学思潮研究．北京：社会科学文献出版社，1998.

50. ［法］埃德加·英兰. 迷失的范式：人性研究. 陈一壮译. 北京：北京大学出版社，1999.

51. 李淑梅. 社会转型与人的现代重塑. 太原：山西教育出版社，1998.

52. ［伊朗］S. 拉塞克，［罗马尼亚］G. 维迪努. 从现在到 2000 年教育内容发展的全球展望. 马胜利译. 北京：教育科学出版社，1996.

53. 联合国教科文组织国际教育发展委员会. 学会生存：教育世界的今天和明天. 上海：上海译文出版社，1979.

54. 国际二十一世纪教育委员会向联合国教科文组织提交的报告. 教育：财富蕴藏其中. 北京：教育科学出版社，1996.

55. 王逢贤. 优教与忧思. 北京：人民教育出版社，2004.

56. 鲁洁，王逢贤. 德育新论. 南京：江苏教育出版社，1994.

57. 瞿葆奎. 教育学文集：教育与教育学. 北京：人民教育出版社，1993.

58. 朱小曼. 教育的问题与挑战：思想的回应. 南京：南京师范大学出版社，2000.

59. ［日］筑波大学教育学研究会. 现代教育学基础. 钟启泉译. 上海：上海教育出版社，1986.

60. 陆有铨. 躁动的百年：二十世纪的教育历程. 济南：山东教育出版社，1997.

61. 陆有铨. 现代西方教育哲学. 郑州：河南教育出版社，1993.

62. 黄济. 教育哲学通论. 太原：山西教育出版社，1998.

63. 陈友松. 当代西方教育哲学. 北京：教育科学出版社，1982.

64. 柳海民. 教育过程论. 重庆：重庆出版社，1994.

65. 柳海民. 教育原理. 长春：东北师范大学出版社，1998.

66. 项贤明. 泛教育论. 济南：山东教育出版社，2000.

67. 郭元祥. 生活与教育. 武汉：华中师范大学出版社，2002.

68. 石中英. 知识转型与教育改革. 北京：教育科学出版社，2001.

69. 桑新民. 呼唤新世纪的教育哲学：人类自身生产探秘. 北京：教育科学出版社，1993.

70. 戚万学. 冲突与整合：二十世纪西方道德教育理论. 济南：山东教育出版社，1995.

71. 梁忠义. 日本教育与经济. 长春：东北师范大学出版社，1989.

72. 梁忠义. 战后日本教育：日本的经济现代化与教育. 长春：吉林教育出版社，1988.

73. 陈桂生. 教育原理. 上海：华东师范大学出版社，1993.

74. 江光荣．人性的迷失与复归．武汉：湖北教育出版社，2000.

75. 车文博．西方心理学史．杭州：浙江教育出版社，1998.

76. 冯建军．生命与教育．北京：教育科学出版社，2006.

77. 金生鈜．理解与教育：走向哲学解释学的教育哲学导论．北京：教育科学出版社，1997.

78. 傅维利．文化变迁与教育发展．成都：四川教育出版社，1988.

79. 袁桂林．当代西方道德教育理论．厦门：福建教育出版社，1995.

80. 赵中建．教育的使命：面向二十一世纪的教育宣言和行动纲领．北京：教育科学出版社，1996.

81. 中央教育科学研究所比较教育研究室．简明国际教育百科全书：人的发展．北京：教育科学出版社，1989.

82. 马云鹏．课程实施探索：小学数学课程实施的个案研究．长春：东北师范大学出版社，2001.

83. 李玢．世界教育改革走向．北京：中国社会科学出版社，1997.

84. 涂艳国．走向自由：教育与人的发展问题研究．上海：华中师范大学出版社，1999.

85. ［加］克里夫·贝克．学会过美好生活：人的价值世界．詹万生译．北京：中央编译出版社，1997.

86. ［德］O. F. 博尔诺夫．教育人类学．李其龙等译．上海：华东师范大学出版社，1999.

87. 刁培萼．教育文化学．南京：江苏教育出版社，1992.

88. 杜时忠．人文教育论．南京：江苏教育出版社，1999.

89. 孙云晓．向孩子学习．北京：晨光出版社，1998.

90. 郝卫江．尊重儿童的权利．天津：天津教育出版社，1999.

91. 全国少工委办公室，中国青少年研究中心．新发现：当代中国少年儿童报告．北京：中国少年儿童出版社，2000.

92. 虞永平．学前教育学．南京：江苏教育出版社，1996.

93. ［奥］茨达齐尔．教育人类学原理．李其龙译．上海：上海教育出版社，2001.

94. 陈映芳．图像中的孩子：社会学的分析．济南：山东书画出版社，2003.

95. 王雪梅．儿童权利论：一个初步的比较研究．北京：社会科学文献出版社，2005.

96. ［美］尼尔·波兹蔓．童年的消逝．吴燕莛译．桂林：广西师范大学出版社，2004.

97. ［英］大卫·帕金翰. 在电子媒体时代成长的儿童：童年之死. 张建中译. 北京：华夏出版社，2005.

98. 张文质，林少敏. 保卫童年. 厦门：福建教育出版社，2004.

99. 刘晓东. 儿童教育新论. 南京：江苏教育出版社，1998.

100. 刘晓东. 儿童精神哲学. 南京：南京师范大学出版社，1999.

101. 卢乐山. 学前教育原理. 北京：北京师范大学出版社，1991.

102. 王天一. 外国教育史. 北京：北京师范大学出版社，1984.

103. ［英］博依德·金. 西方教育史. 任宝祥等译. 北京：人民教育出版社，1986.

104. 王天一. 西方教育思想史. 长沙：湖南教育出版社，1996.

105. 曹孚. 外国教育史. 北京：人民教育出版社，1979.

106. 赵祥麟. 外国现代教育史. 上海：华东师范大学出版社，1987.

107. 杨汉麟等. 外国幼儿教育史. 南宁：广西教育出版社，1998.

108. 日本世界教育史研究会. 世界幼儿教育史. 长春：吉林人民出版社，1986.

109. 张焕庭. 西方资产阶级教育论著选. 北京：人民教育出版社，1996.

110. 吴杰. 外国现代主要教育流派. 长春：吉林教育出版社，1989.

111. 赵祥麟. 杜威教育论著选. 上海：华东师范大学出版社，1981.

112. ［美］杜威. 民主主义与教育. 王承绪译. 北京：人民教育出版社，1990.

113. ［俄］乌申斯基. 人是教育的对象. 郑文樾译. 北京：人民教育出版社，1989.

114. 裴斯泰洛齐教育论著选. 夏之莲等译. 北京：人民教育出版社，1992.

115. 任钟印. 夸美纽斯教育论著选. 北京：人民教育出版社，1990.

116. ［法］卢梭. 爱弥儿. 李平沤译. 北京：商务印书馆，1983.

117. ［法］卢梭. 社会契约论. 何兆武译. 北京：商务印书馆，1982.

118. ［英］洛克. 教育漫话. 徐诚，杨汉麟译. 北京：人民教育出版社，1997.

119. ［法］蒙田随笔. 梁宗岱等译. 长沙：湖南人民出版社，1987.

120. ［捷］夸美纽斯. 大教学论. 傅任敢译. 北京：人民教育出版社，1979.

121. ［美］黛安 E·帕普利等. 儿童世界. 曹秋平等译. 北京：人民教育出版社，1981.

122. ［意］蒙台梭利. 童年的秘密. 马荣根译. 北京：人民教育出版社，1990.

123. ［意］蒙台梭利. 蒙台梭利幼儿教育科学方法. 任代文译. 北京：人民教育出版社，1993.

124. ［美］卡罗·斯费尔特等. 现代美国幼儿教育学. 姚伟等编译. 长春：北方妇女儿童出版社，1990.

125. ［奥］弗洛伊德．精神分析引论．高觉敷译．北京：商务印书馆，1986.

126. ［瑞士］让·皮亚杰．教育科学与儿童心理发展．傅统先译．北京：文化教育出版社，1981.

127. ［美］瓦兹沃思．皮亚杰的认知和情感发展理论．徐梦秋，沈明明译．厦门：厦门大学出版社，1989.

128. ［美］R. M. 利伯特等．发展心理学．刘范等译．北京：人民教育出版社，1984.

129. ［英］洛克．人类解释论．关文运译．北京：商务印书馆，1991.

130. ［美］玛格丽特·米德．代沟．曾胡译．北京：光明日报出版社，1988.

131. ［美］阿里克斯·英格尔斯．人的现代化：心理·思想·态度·行为．殷陆君编译．成都：四川人民出版社，1985.

132. ［英］阿·汤比因，［日］池田大作．展望二十一世纪：汤比因与池田大作对话录．荀春生等译．北京：国际文化出版公司，1985.

133. 虞友谦．当代中国文化走向．南京：河海大学出版社，2000.

134. 刘建军．演进的诗化人学．长春：东北师范大学出版社，1998.

135. 柳鸣九．萨特研究．北京：中国社会科学出版社，1981.

136. ［法］萨特．存在主义是一种人道主义．周煦良，汤永宽译．上海：上海译文出版社，1988.

137. ［法］萨特．存在与虚无．陈宣良等译．北京：三联书店，1987.

138. 郑晓红等．西方人生精神．南宁：广西人民出版社，1997.

139. 肖川．教育的理想与信念．长沙：岳麓书社，2002.

140. 杨东平编．教育：我们有话要说．北京：中国社会科学出版社，1999.

141. 陈会昌．德育忧思：转型期学生个性心理研究．华文出版社，1999.

142. 鄢烈山等．杞人忧师．北京：中华工商联合出版社，1999.

143. 康天竞．世界现代前期文化教育史．北京：中国国际广播出版社，1999.

144. ［新西兰］戈登·德莱顿，［美］珍妮特·沃斯．学习的革命：通向 21 世纪的人才护照．顾瑞荣，陈标，许静译．北京：三联书店，1997.

145. 孙培青．中国教育史．上海：华东师范出版社，1999.

146. 朱智贤等．儿童心理学史．北京：北京师范大学出版社，1988.

147. Neil Postman. The Disappearanceof Childhood. Delacorte Press.

148. Early Childhood Education 88/89 – Annual Editions. The Dushkin Publishing Group.

149. Elln McMcy. Where Have All The Children Gone. Early Childhood Education 88/89 – Annual Editions. The Dushkin Publishing Group.

150. David Elkind. Miseducation——preschoolers at Risk. Alfred A. Knope, Publisher, 1986, New York.

151. Maria Montessori. The Montessori Method. Schocken Books, 1964, N. Y.

152. Maria Montessori. The Absorbent Mind. Dell Publishing Co. 1967. N. Y.

153. Maria Montessori. The Childinthe Family. Avon Books, 1956, N. Y.

154. Maria Montessori. Secretof Childhood. Ballantine Books, 1966, N. Y.

155. John Cleverley D. C Philips. Visionsof Childhood, influential Modelsfrom Lock to Spock. Teachers College Press, 1986, Newyork and London.

156. David Elkind. The Hurried Child, Growing Up Too fast Too Soon. Addison – Wesley Publishing Company, 1981.

157. Evelyn Weber. IdeasInfluencing Earlychildhood Education. Teacher College Press 1987.

论文部分：

1. 王逢贤. 为创造以人为本的未来世界培养一代代创造型新人. 载中国教育改革发展 20 年. 北京师范大学出版社，1999.

2. 王逢贤. 现代教育先行论再探. 东北师范大学学报（教育版），1986（3）.

3. 王逢贤. 中国教育现代化与跨文化交流结合点的探索科学. 新华文摘，1993（6）.

4. 王逢贤. 青少年价值教育及其在新世纪将面临的挑战. 高等教育研究，2000（5）.

5. 王逢贤. 对教育优先发展战略的再认识. 中国教育学刊，1998（1）.

6. 王逢贤. 少年期的本质特征和教育的几个问题. 教育研究，1983（9）.

7. 鲁洁. 论教育之适应与超越. 教育研究，1996（2）.

8. 韩庆祥等. 从文艺复兴"人的发现"到现代"人文精神的反思"：近现代西方人的问题研究的清理与总结. 北京大学学报（社会科学版），1999（6）.

9. 韩庆祥. 能力本位与 21 世纪中国的发展. 求实，1996（10）.

10. 韩庆祥，郭立新. 当代中国人学研究兴起的深层动因. 文史哲，1998（4）.

11. 韩庆祥. 我的人学观，江海学刊，1996（1）.

12. 高清海. "人"只能按照人的方式去把握：再论人与哲学的关系问题. 新华文摘，1997（3）.

13. 吴军. 论以人为本. 四川师范大学学报（社会科学版），2000（4）.

14. 李振刚．珍惜生命热爱和谐：21 世纪的文化价值观．现代哲学，1999（1）．

15. 李德顺．文化：跨世纪的话题．新视野，2000（1）．

16. 李火林．人的开放性与人的本质力量系统的生成．浙江学刊，1999（3）．

17. 刘放桐．"人本主义"和"人本主义哲学思潮"．新华文摘，2000（2）．

18. 陈志良，杨耕．建构反思反映：关于马克思主义认识论的再思考．新华文摘，2000（9）．

19. 杨耕，张立波．关于后现代主义的再思考．新华文摘，1998（5）．

20. 季国清．20 世纪哲学的历史转向．求是学刊，1998（6）．

21. 张曙光．建构面向 21 世纪的生存哲学．华中理工大学学报（社科版），1999（4）．

22. 邱仁宗．论"人"的概念：生命伦理学的视角．哲学研究，1998（9）．

23. 夏甄陶．人：关系活动发展．新华文摘，1998（1）．

24. 周国平．哲学与精神生活．新华文摘，1998（4）．

25. 徐雁．科学精神与东西方文化：科学与人文对话．新华文摘，1999（2）．

26. 王晓春．论网络技术对个人社会化的影响．毛泽东、邓小平理论研究，2000（3）．

27. 郭洁敏．信息文化：人类文化发展的新走势．文化研究，2000（10）．

28. 顾明远．关于教育现代化的几个问题．中国教育学刊，1997（3）．

29. 邴正．教育国际化与后发展国家的文化．教学与研究，1997（9）．

30. 叶澜．时代精神与新教育理想的构建：关于我国基础教育改革的跨世纪思考．教育研究，1994（10）．

31. 叶澜．更新教育观念．创建面向 21 世纪的新基础教育，中国教育学刊，1998（2）．

32. 叶澜．面向 21 世纪的新基础教育．中国高等教育，1999（13）．

33. 刘超良．类精神：教育人"成为人"的应然追求．学术论坛，2000（1）．

34. 毛亚庆．论两大教育思潮的矛盾冲突及其边际与限度．教育研究，1997（3）．

35. 夏正江．对话人生与教育．华东师范大学学报（教育科学版），1997（4）．

36. 刘铁芳．生命情感与教育关怀．湖南师范大学社会科学学报，2000（5）．

37. 尚致远等．文化的现代化转型与当代教育的命题．北方论丛，1999（3）．

38. 涂艳国．现代教育与儿童解放．华东师范大学学报（教育科学版），1998（3）．

39. 刘炎．增强儿童权利保护意识．全面认识教育职能．教育研究，1996

（6）．

40. 王本陆．面向 21 世纪的学生观．课程·教材·教法，1998（10）．

41. 郝德永．试论教育观念现代化．东北师范大学学报（社会科学版），1997（4）．

42. 孙绍涛．关于教育观的思考．教育理论与实践，1999（4）．

43. 杨孔炽．论卢梭的儿童观及其现代意义．教育研究，1998（1）．

44. 黄希尧．儿童的发现．武汉教育学院学报，2000（2）．

45. 刁培萼．文化与儿童：我国实验小学整体改革目标审视．教育研究与实验，1992（1）．

46. ［巴巴多斯］桑德拉·普鲁内拉·马松．儿童在教育中享有的权利：《儿童权利公约》解读．新华文摘，2000（9）．

47. 王坤庆．新世纪人文主义教育价值观的思考．教育研究，2000（8）．

48. 辛涛、申继亮．论教师的教育观念．北京师范大学学报（社会科学版），1999（1）．

49. 铁省林．西方哲学中主体性问题的历史嬗变．齐鲁学刊，2003（2）．

50. 鞠玉翠．教师教育与教师个人实践理论的更新．教育探索，2003（4）．

51. 石中英．波兰尼的知识理论及其教育意义．华东师范大学学报（教育科学版），2001（6）．

52. 齐学红．儿童：一个悖论式的存在．教育科学研究，2005（11）．

53. 张剑抒．从人的生存状态解读马克思的自由思想．学习与探索，2006（1）．

54. 张正明，徐才．现当代人类的生存状况与人性批判．云南社会科学，2002（4）．

55. 项贤明．教育与人的发展新论．教育研究，2005（5）．

56. 姚伟，关永春．儿童教育与儿童的生活质量．东北师范大学学报（哲学社会科学版），2004（2）．

57. 张兴国．可持续发展与人的主体地位．北京大学学报，2003（2）．

58. 蔡春，扈中平．从"独白"到"对话"：论教育交往中的对话．教育研究，2002（2）．

59. 边霞．儿童文化与成人文化．学前教育研究，2001（3）．

60. 刘晓东．论儿童文化：兼论儿童文化与成人文化的互补互哺关系．华东师范大学学报（教育科学版），2005（6）．

61. 裘指挥．理解儿童文化．学前教育研究，2003（2）．

后　记

在夜深人静时，为自己的书稿画上了最后一个句号，我竟没有期望中的那种轻松感。望着满屋满地的书和纸，我有忐忑不安，也有了一种出征的豪情。我想起了我最喜欢的一首诗《热爱生命》中的一段话：我不去想是否成功，既然选择了远方，便只顾风雨兼程；我不去想是否赢得爱情，既然钟情于玫瑰，就勇敢地吐露真情；如果目标是地平线，留给世界的只能是背影。我感觉写论文的过程，就像是自己在用全部的生命向一个纯真的孩子表露自己，倾诉自己，而自己又被那个孩子引领着走向道路的深处，我知道前面必定是桃花源。研究儿童的过程就像自己经历了一次灵魂的洗礼，让我重新找寻了一次自己。以哲学反思的方式研究儿童，让我对人、人生、生命的意义有了新的理解，人文关怀的种子在我心中快速滋长、生根，让我对儿童世界充满了敬畏，倍感生命的神奇与珍贵、生活的多彩与美好。

书稿是在我博士论文的基础上修改而成的。在博士学习中，我感觉收获最大的是与导师的一次次交流与交往，导师不仅具有渊博的学识、超越性的分析问题的视角，以及对各种问题非凡的洞察力，使我受益非浅；而且导师高尚的人格和严谨认真的学风，更使我受到潜移默化的熏陶。与导师的交流，每每让我感到精神世界的充盈与提升。导师对我的指导与帮助更是及时、具体，从选题、撰写论文、修改论文，每一步都有导师的指导与点拨，对导师的感激之情是无法言表的。

这些年有太多的人给了我太多的帮助，借此表示我深深的谢意！忠心地感谢我的师长和朋友们：柳海民教授、马云鹏教授、袁桂林教授、于伟教授、张向葵教授、曲铁华教授、王小英教授、杨颖秀教授、陈旭远教授、杨兆山教授、王凌皓教授、邬志辉教授、缴润凯老师、赵宏义老师、许鸿老师、陈蓉辉老师、孙彩平老师、王萍、刘秀丽、于冬青、张宪冰、吴琼等等。感谢学院里做行政工作的老师们对我的帮助与照顾；感谢我的研究生们，他们不仅给予我及时的帮助，而且把我们在学校的师生情发展成浓浓的友情和亲情。感谢其他院校的同行和好朋友们。

感谢师母施老师对我多年的关心与照顾。

感谢我的父母与亲人，感谢我的丈夫，他们不仅给了我幸福的童年时光，而且让我今天也葆有童心，这是我乐观生活的重要源泉。

太多人需要感谢，你们给予我的关爱是我永远的人生财富！

不断的求学、进取，让我的视野更开阔，理论思维水平不断提高，而且充分体会了求索之途的苦涩与甜美，深切地感到学无止境。我会继续不断努力，以报答关心我、爱护我的人们！

姚　伟